Katharina Meuser

WARUM NICHT JETZT?!

KATHARINA MEUSER

Warum nicht Jetzt?!

Über Frauen, Gott und die Welt

DEUTSCHE LITERATURGESELLSCHAFT

Die Deutsche Nationalbibliothek verzeichnet diese Publikation in der Deutschen Nationalbibliografie; detaillierte bibliografische Daten sind im Internet über dnb.dnb.de abrufbar. Die Schweizerische Nationalbibliothek (NB) verzeichnet aufgenommene Bücher unter Helveticat.ch und die Österreichische Nationalbibliothek (ÖNB) unter onb.ac.at.

Unsere Bücher werden in namhaften Bibliotheken aufgenommen, darunter an den Universitätsbibliotheken Harvard, Oxford und Princeton.

Katharina Meuser:
Warum nicht Jetzt?! Über Frauen, Gott und die Welt
ISBN: 978-3-03831-164-5

Buchsatz: Danny Lee Lewis, Berlin: dannyleelewis@gmail.com

Deutsche Literaturgessellscht ist ein Imprint der
Europäische Verlagsgesellschaften GmbH
Erscheinungsort: Zug
© Copyright 2017
Sie finden uns im Internet unter:
www.Deutsche-Literaturgesellschaft.de

Die Literaturgesellschaft unterstützt die Rechte der Autoren. Das Urheberrecht fördert die freie Rede und ermöglicht eine vielfältige, lebendige Kultur. Es fördert das Hören verschiedener Stimmen und die Kreativität. Danke, dass Sie dieses Buch gekauft haben und für die Einhaltung der Urheberrechtsgesetze, indem Sie keine Teile ohne Erlaubnis reproduzieren, scannen oder verteilen. So unterstützen Sie Schriftsteller und ermöglichen es uns, weiterhin Bücher für jeden Leser zu veröffentlichen.

Sieben Frauen,
die unterschiedlicher nicht sein könnten, treffen während eines Unwetters in einer Almhütte aufeinander.

Sieben Frauen,
jede an einem Punkt in ihrem Leben angekommen, an dem sie nicht weiß, wie es weitergehen wird.

Theresa nicht bereit, sich altersgerecht zu verhalten

Ilse kämpft um ihre Existenz

Susanne gab immer mehr, als sie bekam

Gerlinde ein ganzes Leben in der Warteschleife

Anna krankmachendes Anspruchsdenken

Josefa hat die Qual der Wahl

Alia hasst ihre neue Heimat Deutschland

THERESA

Vor der Hütte sitzend genießt Theresa einen der wenigen regenfreien Momente. Schon lange nicht mehr jung, aber noch immer eine Erscheinung. Eine starke Ausstrahlung, die manche fasziniert, andere eher abstößt. Mit brennendem Ehrgeiz und genialen Einfällen betreibt sie seit vielen Jahren äußerst erfolgreich ein Architekturbüro. Ungeduldig mit sich und anderen, süchtig nach Aufmerksamkeit, Erfolg und Anerkennung. Nicht davor zurückschreckend, hin und wieder auch die eine oder andere Grenze zu überschreiten. Keine Gelegenheit auslassend, immer im Mittelpunkt zu stehen. Hart und skrupellos, wenn es das erklärte Ziel erforderlich macht. Zielstrebig und konsequent bis zur Selbstaufgabe. »Brave Mädchen kommen in den Himmel und böse Mädchen überallhin«, so heißt es. »Aber eigentlich ist das doch nur die halbe Wahrheit. Einfach nicht zu Ende gedacht. Denn wenn böse Mädchen überallhin kommen, kann das doch nur bedeuten, dass sie dann irgendwann doch noch in den Himmel kommen. Anzunehmen, dass sie dann aber eindeutig mehr Spaß im Leben gehabt haben dürften«, überlegt sie. Eigentlich hatte sie den ganzen Sommer lang hier oben auf der Alm eine Auszeit nehmen wollen. Ganz weit weg von allem. Erschöpft, ausgebrannt, rat- und planlos. Bestandsaufnahme ihres bisherigen Lebens. Unsicher darüber, wie es in Zukunft weitergehen soll. Aber schon kurz nach ihrer Ankunft hat sich Giovanni, der Hüttenwirt, der eigentlich Hans heißt, den Arm gebrochen. Nur mit Alia und Josefa, den beiden Küchenhilfen, ist die Hütte nicht zu bewirtschaften. Er bittet Theresa um die Hilfe, auf die er so dringend angewiesen ist. Einen andern Ersatz, jetzt zu Beginn der

Hochsaison, hatte er nicht mehr finden können. Hans alias »Giovanni« hat die Alm von Milchwirtschaft auf Gastwirtschaft umgestellt. Er hatte es sattgehabt, sich von früh bis spät um das liebe Vieh kümmern zu müssen. Jetzt gibt er für seine Gäste lieber das alpine Urgestein und den charmanten Entertainer. Außerdem erfüllt er jedes Klischee eines waschechten Schürzenjägers. Vor allem im Winter, wenn er als Skilehrer ganze Heerscharen weiblicher Fans um sich herum versammelt. Inzwischen hat sich die Alm zu einer beliebten Raststation für Spaziergänger und Wanderer entwickelt. Bei schönem Wetter ist es fast unmöglich, überhaupt einen freien Platz in der Hütte oder im Biergarten zu finden. Aber eigentlich ist immer Betrieb. Viele Pilger auf ihrem weiteren Weg nach Westen machen hier Station. Theresa hatte nicht lange gezögert und Giovanni sofort ihre Hilfe angeboten, um den Betrieb dann aber gleich so gründlich an sich zu reißen, dass Giovanni sogar schon von feindlicher Übernahme gesprochen hatte. Theresa aber war mehr als dankbar für diese Gelegenheit. Hatte sie doch jetzt einen sehr guten Grund gefunden, nicht mehr weiter nachdenken zu müssen. Über Unsicherheit und Zukunftsangst, die sie jetzt trotzdem ganz langsam einzuholen scheinen.

Sie hatte sich das alles so ganz anders vorgestellt. Jetzt, Anfang Juni, die schönste Zeit hier oben. Hatte geträumt von atemberaubenden Sonnenaufgängen mit kühler und klarer Morgenluft, von blühenden Almwiesen und bimmelnden Kuhglocken. Von einem Sommer voller Sonne und Wärme, der ihr Stärke, Energie, Mut und Zuversicht zurückgeben sollte. Stattdessen regnet es seit fast zwei Wochen ununterbrochen. Die Prognose für die nächsten Tage bringt immer noch keine Besserung. Unpassierbare Wege, die sich in Matsch- und Gerölllandschaften verwandelt haben. Regen- und Nebelschwaden, die ihr das Gefühl von grenzenloser Einsamkeit und Verlassenheit geben. Gefühle, die ihr bisher völlig fremd waren. Empfindungen, die jetzt genau das Gegenteil von dem bewirken, was sie sich von dem Aufenthalt hier oben eigentlich erhofft hatte. Weit und breit keine Menschenseele in Sicht. Nur noch der nörgelnde Giovanni, der über fehlende Einnahmen jammert, und die beiden Mädels in der Küche, die mit sich und ihrer Langeweile nichts anzufangen wissen. Da ist Alia, nicht nur geflüchtet vor dem Krieg in ihrer Heimat, sondern auch aus der Gemeinschaftsunterkunft unten im Tal. Geflüchtet vor Enge, Untätigkeit, Behördendeutsch, vor Anfeindungen und Vorurteilen. Und da ist Josefa, die Eingeborene unten aus dem Ort. Ein spätes Mädchen, für das sich kein passender Mann gefunden hatte und das oft genug als »Josefa, der Restposten« verspottet wurde. Theresa, Alia und Josefa sind wie Feuer und Wasser. Unsicherheit und Vorurteile lassen sie Abstand voneinander halten.

»Wer bestimmt denn eigentlich, was und wer ein böses Mädchen ist?«, überlegt Theresa weiter. »Ist man nur deswegen schon ein böses Mädchen, weil man nicht dem allgemeinen, gängigen Rollenverständnis entspricht? Weil man sich denkt: ›Einen Scheiß muss ich?!‹ Wann hört man eigentlich auf, ein böses Mädchen zu sein? Dann, wenn du morgens wach wirst und ganz plötzlich feststellst, dass du eigentlich schon längst alt bist? Viel zu alt? Lange jenseits der sogenannten besten Jahre und der allgemein gängigen Grenze des weiblichen Verfalldatums? Viele der Frauen in meinem

Alter sind doch schon längst unsichtbar geworden und haben sich scheinbar in nichts aufgelöst. Frauen, die nicht mehr wahrgenommen werden, durch die man einfach nur noch hindurchsieht. Das meiste Leben schon gelebt. Oft frustrierende Erkenntnisse über verpasste Gelegenheiten und Chancen. Resignation darüber, in einem Rollenverhalten gefangen zu sein, in das man oft unbewusst und schleichend hineingewachsen ist. Enttäuschung über falsche Entscheidungen und Lebensrichtungen, die oft genug nicht die eigenen waren. Was, wenn die einstigen Schmetterlinge im Bauch die letzten 25 Jahre nicht überlebt haben? Was, wenn von den ehemaligen Wünschen und Träumen nur noch hängende Mundwinkel geblieben sind? Verschüttete Vorstellungen von geplanten Lebensentwürfen und Zielen, die langsam, aber sicher mit dem Gefühl und der Gewissheit wieder ans Licht kommen, nicht mehr wirklich etwas ändern zu können. Zu spät, zu spät.«

»Deine tollen Erfolge und deine Erinnerungen kann dir doch keiner mehr nehmen. Freue dich doch, dass du so viele wunderbare und schöne Dinge erleben durftest. Jetzt sind eben andere dran. Genieße doch einfach, dass du den ständigen Druck endlich hinter dir lassen kannst. Verreise, mach endlich all das, wofür du sonst nie Zeit hattest.« Theresa hasst solche Sätze wie die Pest. Vor allem auch deswegen, weil sie in letzter Zeit immer öfter kommen. Von ihren beiden Söhnen, die den Betrieb endlich übernehmen und alleine führen wollen. Aber auch von ihrem Ehemann Robert, der sich schon zurückgezogen hat. Nicht nur aus der gemeinsamen Firma, sondern auch von ihr. Der längst schon dazu übergegangen ist, den Sugardaddy für sehr, sehr junge Frauen zu spielen, die er in rasantem Tempo immer öfter zu wechseln scheint.

Was aber, wenn so manche Erinnerungen alles andere als so toll und schon gar nicht so schön gewesen sind, wie es den Anschein hat? Wer hat eigentlich das verdammte Recht zu bestimmen, wann sie aufzuhören und wie ihr zukünftiges Leben auszusehen hat? Ja, berauschende Erfolge und tolle Erinnerungen gibt es tatsächlich genug. Aber warum soll sie ab jetzt darauf verzichten? Nur noch still und leise auf ihr Leben zurückblicken? Sie war nie leise und still. Sie wird es auch ganz sicher in Zukunft nicht sein. Sie will und wird nicht aufhören. Sie braucht den Erfolg wie die Luft zum Atmen. Diese grenzenlose Lust auf Erfolg und Anerkennung. Das ist der Mittelpunkt ihrer Welt. Sie braucht auch und gerade den Druck, der damit verbunden ist. Das ist ihr ganz spezielles Lebenselixier, ihr Motor. Das ist das, was sie jung bleiben lässt. Und genau das will sie, jung bleiben. Sie denkt ja gar nicht daran abzutreten. Das mit dem nächsten Regen anrollende Gewitter zwingt Theresa zurück in die Hütte. Draußen geht wettertechnisch mal wieder die Welt unter. »Aufgeladene Atmosphäre, der Himmel düster und bedrohlich. Genau wie meine Stimmung. Weit und breit keine wirkliche Abwechslung in Sicht«, stellt sie missmutig fest.

15:00 Uhr
Theresa steht hinter dem Tresen und poliert aus Langeweile die schon längst makellos blitzenden Zapfhähne. »Es hätte so schön sein können!« Diese Hütte ist ein Ort wie aus dem Bilderbuch. Angefangen von dem großen

Wintergarten, in dem man auch bei kühlen Temperaturen die wärmenden Sonnenstrahlen genießen konnte, bis hin zu den beiden Gaststuben, die im Winter von einem rieseigen Kachelofen beheizt wurden. Pure Wohlfühlatmosphäre, von der sie sich so viel erhofft hatte. Zu viel?

Während Theresa sehnsüchtig ihren Gedanken nachhängt, schlägt kurze Zeit später die vordere Türe zum Wintergarten mit einer Mischung aus Wind und Regen auf. Zwei vollkommen durchnässte Gestalten stürmen herein und lassen sich völlig erschöpft auf die nächste Bank fallen. »Wo kommt ihr denn bei diesem Wetter her? Ihr seht ja aus wie nasse Katzen, die man versucht hat zu ersäufen. So nass wie ihr seid, braucht ihr unbedingt trockene Klamotten, einen heißen Tee und einen ordentlichen Schnaps dazu. Übrigens, ich bin Theresa.« »Ich bin Ilse«, antwortet ihr die in Schwarz gekleidete Frau, und auf die andere Frau deutend: »Das ist Gerlinde.« Theresa mustert Gerlinde fasziniert und findet im Stillen: »Gerlinde, die menschgewordene Karikatur der unsichtbaren Frau. Tatsächlich. Eine Figur, die völlig aus dem Ruder gelaufen ist. Köpermaße hoch wie breit, die eher dem Format eines Ölofens entsprechen. Dazu auch noch gekleidet in dieser unsäglichen Farbkombination von Beige und Grau, in der sich Frauen ab einem bestimmten Alter offensichtlich mit wachsender Begeisterung kleiden. Die Ausmaße der Regenjacke erinnern eher an die Ausmaße eines Hauszelts.« Gerlindes Frisur hat der Regen in eine graue Dauerkrause verwandelt, die ihr jetzt in allen Richtungen vom Kopf absteht. »Ich heiße Huber«, antwortet Gerlinde spitz. »Hier oben duzt man sich«, wird sie von Ilse gereizt belehrt. »Wir sind eigentlich mit einer Reisegruppe unterwegs. Der Bus ist nach dem letzten Stopp oben auf der Passhöhe diesmal tatsächlich ohne uns weitergefahren«, erklärt Ilse weiter. »Du hättest ja ohne mich gehen können. Es hat dich keiner gezwungen, auf mich zu warten«, erwidert Gerlinde aggressiv. »Aha, jetzt also auch noch Gewitterstimmung bei den beiden«, denkt Theresa ironisch. »Ihr müsst schleunigst raus aus den klitschnassen Klamotten. Ich gebe euch am besten was von mir.« »Ich ziehe mich doch hier nicht aus!«, empört sich Gerlinde kopfschüttelnd. »Auch gut, Frau Huber. Wenn du weiterhin in den nassen Klamotten bleiben willst, deine Sache. Dann trink wenigstens schon mal einen Schnaps, bis der Tee kommt, der wärmt dich on innen.« Gerlinde kippt den Schnaps in einem Zug und verlangt dann noch einen Doppelten. Theresa schaut fragend zu Ilse. »Ja, der Alkohol scheint für Gerlinde so eine Art Witwentröster zu sein«, erklärt diese schulterzuckend. »Ich nehme das Angebot mit den trockenen Sachen aber sehr gerne an. Wo kann ich meine nassen Sachen zum Trocknen aufhängen?« Theresa nimmt Ilse mit in die Küche, wo sie auf Alia treffen, die sich gelangweilt mit ihrem Smartphone beschäftigt, und auf Josefa, die einen Stapel karierter Tisch- und Geschirrtücher bügelt. »Das ist Alia, unsere Küchenhilfe, die gerade mal wieder fürs Nichtstun bezahlt wird, während Josefa die ganze Arbeit macht«, erklärt Theresa bissig. »Hier, neben dem Holzofen, steht ein großer Wäscheständer, da dürfte Platz genug für deine nassen Sachen sein.« Vor dem wärmenden Holzofen steht Ilse dann nur noch in ihrer Unterwäsche und genießt sichtlich die bullernde Wärme des Ofens. »Exquisite, sündhaft teure Wäsche, genau mein Stil«, findet Theresa insgeheim und gibt Ilse Hose und Pullover aus ihrem eige-

nen Kleiderschrank. »Wegen der Unterwäsche mach dir keine Sorgen, wir sind hier unter uns. Giovanni, der Inhaber und eigentliche Wirt, ist bei einer seiner Freundinnen unten im Ort und wird so schnell nicht wieder heraufkommen. Schon gar nicht bei diesem Wetter.«
»Eine Wirtin, die Kaschmirpullover trägt, hätte ich hier oben nicht unbedingt erwartet«, denkt Ilse. Theresa fordert Alia auf, Tee zu kochen, die dem nur sehr widerwillig nachkommt. »Für die Nacht ist oben im Matratzenlager Platz genug«, erklärt Theresa. »Einzelzimmer haben wir leider keine frei. Morgen wird neue Ware geliefert. Mit dem Lieferwagen kommt ihr dann wenigstens runter ins Tal und von da aus weiter.« Beide gehen zurück in die Gaststube. Um Gerlinde herum hat sich inzwischen eine Pfütze gebildet, die sie aber nicht weiter zu stören scheint. Die nasse Haarkrause klebt an ihrem vom Alkohol geröteten Gesicht. Auch das scheint sie nicht weiter zu stören. Gerlinde hat sich in der Zwischenzeit nochmals aus dem Schnapskrug bedient.

»Sagt Bescheid, wenn ihr was essen wollt, Alia wird sich darum kümmern ...« Weiter kommt Theresa nicht. Wieder schlägt die Hüttentür auf und es wankt ein Riesenrucksack auf zwei Beinen herein, der von einer zierlichen Person getragen wird. »Ein Zwerg auf Reisen«, stellt Ilse belustigt fest, und bevor sie weiter etwas sagen kann, stürzt noch eine weitere Frau herein, die offensichtlich nur mit einer Handtasche unterwegs zu sein scheint. »Auch euch ein herzliches Willkommen«, begrüßt Theresa auch diese beiden. »Wir haben uns gerade erst kurz vor der Hütte getroffen«, erklärt der Zwerg und stellt sich als Anna vor. »Ich bin Susanne«, erklärt die elegante und sehr gepflegte Handtaschendame. Theresa stellt einen weiteren Schnapskrug auf den Tisch. »Bedient euch, heißer Tee kommt auch gleich. Falls ihr trockene Sachen braucht, wird sich bestimmt auch für euch noch was Passendes finden.« »Danke, ich habe trockene Sachen im Rucksack«, entgegnet Anna. »Ich würde aber sehr gerne eine heiße Dusche nehmen. Ich bin seit Stunden unterwegs und wirklich nass bis auf die Knochen.« »Waschen geht nur am Wasserhahn draußen im Waschraum, aber es gibt genug heißes Wasser«, erklärt ihr Theresa. »Komm, ich zeige es dir. Deinen Rucksack kannst du oben im Matratzenlager abstellen und dir auch gleich ein Bett aussuchen. Noch hast du die freie Auswahl, vor den anderen hier versammelten Damen. Du bist also auf Pilgerreise? Da du die Muschel am Rucksack hast, scheinst du auf einer sehr persönlichen Reise zu sein.« »Ja, ich bin seit ein paar Tagen unterwegs«, erwidert Anna knapp. »Wieso Matratzenlager?«, mischt sich Gerlinde unsicher ein. »Weil ihr heute von hier aus nirgendwo mehr hinkommt, Schätzchen. Nicht bei diesem Wetter«, erklärt ihr Theresa. »Eben dachte ich noch, dass keine Abwechslung in Sicht sei, und jetzt gibt es auf einmal gleich eine ganze Ansammlung gestrandeter Frauen. Das könnte vielleicht ganz schön bunt werden.« denkt Theresa.

Alia bringt den Tee. »Wer ist die denn?«, will Gerlinde feindselig wissen. »Inzwischen sind die ja wirklich überall. Nirgendwo ist man mehr sicher vor diesen Kopftuchweibern. Jetzt also auch noch hier oben«, deutet sie angriffslustig in Richtung Alia. »Sprechen du Deutsch?«, fragt sie Alia böse. Alia verschwindet wortlos in Richtung Küche und schlägt die Türe lautstark hinter sich zu. »Gerlinde, das war eindeutig ein Schnaps zu viel. Du benimmst dich mal wieder ziemlich daneben«, kommt es von Ilse. »Wieso denn, ich sage doch nur die Wahrheit. Das sagen alle.« »Na ja, wenn es *alle* sagen, dann *muss* es ja stimmen«, kommt es ironisch von Anna und weiter: »Übernimmst du immer das Mehrheitsdenken? Was ist denn die Wahrheit?« »Die haben hier bei uns nichts zu suchen. Wir haben genug eigene Probleme. Ihre arabischen Brüder sollten denen helfen. Es gibt dort unten genug reiche Länder, in denen kein Krieg ist. Aber die wollen sie ja auch nicht«, erklärt Gerlinde rechthaberisch. »Na, dann gehöre ich ganz sicher nicht zu allen«, erwidert Anna. »Du scheinst ja sowieso eine komische Heilige zu sein. Bei diesem Wetter hier in den Bergen ganz alleine unterwegs zu sein, ist nicht nur besonders leichtsinnig, sondern auch völlig verrückt.« »Jeder, der nicht in Frau Hubers Weltbild passt, hat ganz offensichtlich schlechte Karten«, kommentiert Susanne die Äußerungen von Gerlinde. »Was wollt ihr denn von mir? Ich darf doch wohl noch meine Meinung sagen. Was wisst ihr denn schon von mir?« »Nichts«, antwortet ihr Theresa, »aber so, wie du dich benimmst, machst du dir hier nicht gerade Freunde.« »Sie hat offensichtlich auch keine«, stellt Ilse fest. »Du bist keine Freundin von ihr?«, will Susanne wissen. »Nein, wirklich nicht. Wir haben uns erst vor ein paar Tagen bei dieser Reise kennengelernt und saßen im Bus nur zufällig nebeneinander«, erklärt Ilse.

GERLINDE

Gerlinde hatte diese Busreise von Nichten und Neffen zu ihrem letzten Geburtstag geschenkt bekommen. Es hatte sie maßlose Überwindung gekostet, diese Reise überhaupt anzutreten. Eigentlich hat sie panische Angst vor Menschen. Schon immer. Vor allem vor denen, die sie nicht kennt. Ihre Unsicherheit überspielt sie oft mit Aggressivität und Feindseligkeit. Am größten ist die Angst aber vor der Familie. Nicht vor ihrer eigenen, es ist die Familie von Klaus, ihrem verstorbenen Mann. Nach seinem Tod vor einigen Monaten sind das die einzigen sozialen Kontakte, die ihr noch geblieben sind. Keine eigene Familie und keine eigenen Freunde. Es waren immer die Freunde und Arbeitskollegen von Klaus, die sich nach seinem Tod aber sehr schnell zurückgezogen haben. Auch an ihrem Arbeitsplatz hat Gerlinde keinen Anschluss und wird von ihren Kollegen, wenn es irgendwie geht, gemieden. In der immer stärker werdenden Einsamkeit hat sich der Alkohol inzwischen zu Gerlindes bestem und festem Freund entwickelt. Entsetzliche Angst davor, die Familie zu enttäuschen und diese am Ende vielleicht auch noch zu verlieren, hat sie diese verhasste und vor allem gefürchtete Busreise angetreten.

»Was ist das für eine Busreise?«, will Susanne weiter wissen. »Nicht gerade meine Traumreise«, gibt Ilse zu, »aber ich musste einfach mal ganz dringend, wenigstens für eine Woche, raus aus meinem Alltag. Weg von Pflichten und drückender Verantwortung. eine ganz kurze Pause, ohne mich selbst um irgendetwas kümmern zu müssen. Eine Freundin hatte sie mir vorgeschlagen und sich ebenfalls für diese Reise angemeldet. Schade war nur, dass sie kurz vor der Abfahrt krank geworden ist. Ich bin dann alleine losgefahren. Eine Woche Auszeit und es uns dabei gut gehen lassen, das war unser Plan. Jeden Tag an einem anderen Ort, mit wechselnden Programmen und viel Abwechslung.« »Um Himmels willen! Wie kommt man auf so eine Schnapsidee? Warum macht man ausgerechnet eine Busreise, wenn man Spaß haben will? Auf allerengstem Raum Mitreisenden ausgesetzt, denen man nicht ausweichen kann und die einem dann auch noch auf die Nerven gehen«, will Theresa mit Blick auf Gerlinde neugierig wissen und fragt weiter: »Wäre eine Kreuzfahrt nicht eine sehr viel bessere Alternative gewesen?« »Bestimmt wäre sie das gewesen, ich hatte auch darüber nachgedacht. Aber die Umstände erlauben mir im Moment keine solche Traumreise«, erwidert Ilse ausweichend und sagt in Richtung Anna: »Dafür scheint sie aber auf einer Art Traumreise zu sein. – Warum macht man eine Pilgerreise, vor allem bei diesem Wetter?«, will Ilse, von sich ablenkend, wissen. »Das ist ganz einfach«, antwortet Anna. »Ich versuche loszulassen, darum bin ich unterwegs«. »Das hört sich aber sehr geheimnisvoll an«, unterbricht Susanne, die sich noch immer ihre geschwollenen Füße massiert. »Das kommt davon, wenn man ohne Sinn und Verstand aus dem Auto stürmt«, erklärt sie zusammenhanglos. »Alia wird dir sicher gerne ein heißes Fußbad machen«, bietet Theresa an. »Ich habe ganz und gar nicht den Eindruck, dass sie irgendetwas gerne machen würde«, entgegnet Ilse. »Du hast recht, ganz sicher nicht«, antwortet Theresa, »das spielt hier aber überhaupt keine Rolle. Es ist einfach nur ihr verdammter Job und sie hat gerade sowieso viel zu wenig zu tun. Umgerechnet erhält sie dafür geradezu einen fürstlichen Stundenlohn.« »Ich werde sie selbst darum bitten«, bietet Susanne an. »Nein, es ist ganz allein meine Sache, dafür zu sorgen, dass die Gäste genau das bekommen, was sie brauchen. Misch dich da gefälligst nicht ein. Außerdem wird es langsam Zeit, dass es etwas zu essen gibt. Sucht euch inzwischen etwas aus der Karte aus«, erwidert Theresa energisch und verschwindet in die Küche. »Mit der möchte ich aber keinen Streit haben«, stellt Susanne schulterzuckend fest.

In der plötzlich eingetretenen Stille mustert Anna verstohlen die anderen Frauen. »Diese Gerlinde scheint ja schon sehr speziell zu sein. Mit ihren hin und her huschenden Blicken, die alles und jeden sofort taxieren«, denkt sie und schaut zu Ilse, die ihr gegenüber am Tisch sitzt. »Eine starke Ausstrahlung, fast so wie die von dieser Theresa. Aber ein völlig anderer Typ. Während Theresa mit ihrer wallenden roten Haarmähne, den grünen Augen und der eigenwilligen Kleidung sofort jedem beeindruckend ins Auge springt, scheint Ilse eher jemand zu sein, den man erst auf den zweiten Blick so richtig wahrnimmt. Schwarze Hose, schwarzer Rollkragenpullover. Schöne, sensible Hände mit langen, schmalen Fingern, die jedes gesprochene Wort mit der entsprechenden Bewegung noch einmal unterstreichen. Würde mich nicht wundern, wenn es sich um Designerklamotten handelt.« Sie schaut hinüber zu Susanne, die am Nebentisch sitzt und noch immer ihre Füße bearbeitet, und spricht sie an: »Deine Schuhe waren sicherlich nicht für einen Spaziergang hier im Gebirge gedacht?« »Nein, wir waren auf dem Weg in den Urlaub«, antwortet Susanne mit einem Blick, der jedoch keine weiteren Fragen mehr zulässt. »Gegenfrage, was ist mit dir? Was und wie ist das nun mit dem Loslassen?« »Ich versuche, mein altes Leben loszulassen. Unnötigen Ballast, überflüssige Menschen und Kontakte. Ungebetene Ratschläge und Meinungen, vermeintliche Verpflichtungen und überzogene Erwartungen. Ich versuche, mich wieder und nur noch auf das Wesentliche zu konzentrieren.« »Da hast du dir aber ganz schön viel auf einmal vorgenommen«, wirft Ilse ein, »warum dieser Wunsch nach derart massiven Veränderungen?« »Ich bin krank. Man hat bei mir eine sogenannte lebenslimitierende Krankheit festgestellt.« »Was für eine Krankheit?«, will Gerlinde verständnislos wissen. »Lebenslimitierend, das heißt nichts anderes als unheilbar. In diesem Fall ist es Krebs«, erklärt Anna gelassen. »Unheilbar«, echot Gerlinde, und fährt dann ziemlich angriffslustig fort: »Na ja, aber so krank kannst du doch gar nicht sein, so wie du aussiehst.« »Nein, noch nicht. Im Moment kann ich sogar ganz gut damit leben. Wenn ich Glück habe, sogar noch eine längere Zeit. Deswegen habe ich jetzt noch die Kraft und vor allem den Willen, jetzt diesen Weg zu gehen.« »Alles sowieso nur Kopfsache«, kommt es von Theresa, die wieder aus der Küche kommt. »Seit wann ist ein Karzinom reine Kopfsache?«, fragt Ilse. »Ich meine damit eher den Kampf gegen diese Art von Krankheit. Nicht im Selbstmitleid zu versinken, wenn's schwierig wird. Sich nicht gehen zu lassen, sich zusammenzureißen, zu kämpfen und sich durchzubeißen«, erwidert Theresa. »Na, dann ist ja alles gut. Vor allem ist es ja auch ganz einfach. Man stellt lediglich den Schalter auf ›Kampf‹ und schon geht alles wie von selbst. Vor allem wird alles ganz schnell wieder gut«, erwidert Ilse belustigt und fährt fort: »Du scheinst ganz offensichtlich eine ziemlich starke Frau zu sein, Theresa, aber es dürften nicht alle so gestrickt sein wie du. Anna, ist dieser Weg eine Art Kampfansage an die Krankheit?« »So ähnlich«, bestätigt Anna, »und damit diese Auseinandersetzung etwas sehr Reales hat, habe ich ihr sogar einen Namen gegeben. Aber eigentlich muss es *ihm* heißen. Mein neuer ständiger Begleiter heißt nicht Dieter, Alex oder Sören, sondern Pangratz.«

»Wie verrückt ist das denn?«, kommt es abfällig von Gerlinde, die sich inzwischen den nächsten Schnaps eingegossen hat, und weiter: »Und was ist das überhaupt für ein komischer Name?« »Gar keine schlechte Idee«, entgegnet Ilse. »Ilse, die Verständnisvolle«, spottet Gerlinde. »Wunderbar«, kommt es von Susanne, die dafür verständnislose Blicke erntet. »Wie bitte?«, fragen Theresa und Ilse im Duett. »Das ist ja komplett verrückt«, kommentiert Gerlinde. »Kennst du eigentlich außer *verrückt* noch andere Wörter?«, will Susanne ungeduldig von Gerlinde wissen. »Ich jedenfalls finde es beneidens- und bewundernswert, Tag für Tag die Kraft aufzubringen, sich mit allen Kräften gegen eine scheinbar unabänderliche Tatsache zu stemmen. Anna, du bist seit gut einer Woche unter diesen extremen Wetterbedingungen unterwegs. Wie schafft man das?« »Ehrlich, ich weiß es auch nicht. Aber irgendetwas zwingt mich, doch immer wieder weiterzugehen. Ich kämpfe jeden Morgen mit mir. Aber immer wieder mit dem Ergebnis, dass ich dann doch wieder losgehe. Wenn ich jetzt aufgebe, dann habe ich wirklich verloren. Wenn nicht jetzt, wann denn dann? Ich habe keine Ahnung, wie viel Zeit mir noch bleibt, um diesen Weg zu Ende zu gehen.« »Du willst diesen Weg tatsächlich bis ganz zum Ende gehen?«, will Susanne wissen. »Ja, natürlich. Und nicht nur bis Santiago de Compostela, sondern weiter bis an die Küste, bis hin zum Kap Finisterre.« »Bis ans Ende der Alten Welt«, kommentiert Ilse. Schweigend hängen alle fünf ihren Gedanken nach.

Draußen tobt inzwischen ein neues Unwetter mit Starkregen, Gewitter und Hagel, das immer heftiger wird. Gerlinde fühlt, wie sich ihre entsetzliche Angst vor Gewittern immer mehr breitmacht. Der Schnaps war da bisher wenig hilfreich. Sie schaut hinüber zu den anderen und mustert sie ganz unverhohlen. »Da scheinen sich ja welche gesucht und gefunden zu haben. Gerade mal kennengelernt und schon sitzen sie so vertraut beieinander, als wären sie alte Freundinnen beim wöchentlichen Kaffeekränzchen. Denen scheint das Wetter offensichtlich überhaupt nichts auszumachen. Vor allem der Pilgerin. Die scheint wirklich vor gar nichts zurückzuschrecken. Bei diesem Wetter unterwegs zu sein, ist an Leichtsinn nicht zu überbieten«, findet Gerlinde und weiter: »Wo bin ich hier bloß gelandet? Diese arrogante Wirtin Theresa passt eigentlich gar nicht hierher.« Ilse mit ihrem Pagenkopf, der wie ein Helm aussieht, hatte sie ja bereits auf dieser furchtbaren Busreise kennengelernt. Auf noch nähere Bekanntschaft legt sie absoluten keinen Wert. Ilse, die geborene Klugscheißerin, wie sie schon gleich zu Beginn der Fahrt festgestellt hatte. »Würde mich nicht wundern, wenn die auch noch lesbisch ist. Außerdem scheint sie ihre Hände mit Windmühlen zu verwechseln.« Susanne, mit einer Handtasche unterwegs, die mindestens dem Gegenwert des monatlichen Sozialhilfesatzes eines Asylbewerbers entspricht. Überhaupt scheint sie Unsummen für Kleidung und Kosmetik auszugeben. So blondiert wie sie ist, gehört sie offensichtlich zu den Frauen, die der Meinung sind, sie könnten ihr Alter einfach mit genug Farbe übertünchen. Wahrscheinlich bringt sie nicht nur täglich stundenlang vor dem Spiegel zu, sondern auch noch im Fitnessstudio. Woher kommt sonst sie diese tolle Figur? »Wie sicher sind wir hier eigentlich?«, fragt sie plötzlich in Richtung der anderen »Was meinst du mit *sicher*?«, fragt Theresa. »Na ja, das Dach könnte ja wegfliegen oder der Blitz einschlagen und...« Theresa lässt sie gar nicht ausreden. »Hier passiert gar nichts. Wir sind hier absolut sicher. Das Haus ist solide gebaut, ein Stück vom hinteren Teil geht sogar weit in den Felsen hinein. Tiefes Steinfundament und feste Holzkonstruktion, die auch einen Betrieb im Winter zulassen. Ich bin Anfang des Jahres schon mal zum Skilaufen hier gewesen. Es wird uns nichts passieren. Stell dich nicht so an. In deinem Alter wird es ja nicht das erste Unwetter sein, das du erlebst«, entgegnet ihr Theresa gereizt. »Was hat denn das mit meinem Alter zu tun? So viel jünger kannst du auch nicht sein«, entgegnet ihr Gerlinde aufgebracht. »Langsam reizt sie mich allein schon mit ihrer Anwesenheit und dann auch noch dieses Gerede«, ärgert sich Theresa. »Ich dachte, dass du die Eigentümerin der Hütte bist«, kommt es von Susanne. »Nein, bin ich nicht. Ich bin eigentlich auch nur Gast und wollte den Sommer hier oben verbringen. Aber der Wirt hatte einen Unfall und so bin ich eingesprungen.« »Hast du denn Erfahrung in der Gastronomie?«, will Anna wissen. »Nein, aber das kann man ja lernen. Wenn man will. Wie so vieles«, erwidert Theresa leicht überheblich. »Das muss man sich erst einmal leisten können, so einen ganzen Sommer lang hier oben zu sein«, stellt Gerlinde mit einem Anflug von Neid fest. »Ja, ich kann mir das leisten, weil ich ansonsten sehr, sehr hart arbeite. Daher kann ich mir dann von Zeit zu Zeit solche Wünsche erfüllen.« »Dann hast du also keinen Mann, der dir deine Wünsche erfüllen könnte«, stellt Gerlinde sichtlich zufrieden fest. »Doch, Huber-Schätzchen, ich habe einen Ehemann. Einen, der mir sogar auch solche

Wünsche erfüllt, von denen ich selbst noch nicht einmal träume.« erwidert Theresa honigsüß. »Allerdings ist das schon ziemlich lange her«, gesteht sie sich im Stillen ein. »Inzwischen ist er längst dazu übergegangen, die Wünsche seiner jeweils aktuellen Freundin zu erfüllen.«

Gerlinde spürt immer mehr Neid und Wut in sich aufsteigen. »Nicht nur diese Theresa, auch die anderen scheinen genau zu dieser Sorte von Menschen zu gehören, die einem immer den Spaß verderben. Die einen ständig daran erinnern, was man alles nicht ist«, denkt sie bitter. »Ich möchte noch einen Schnaps, am besten lässt du den Steinkrug gleich hier auf dem Tisch stehen. Ich schreibe dir auf, wie viele Gläser ich trinke.« Gerlinde genießt es sichtlich, Theresa Anweisungen geben zu können.

Alia kommt aus der Küche und bringt neuen Tee. »Der Elektroherd ist kaputt.« »Seit wann ist der Herd kaputt?«, will Theresa wissen. »Wahrscheinlich hat sie nur keine Lust hat zum Kochen«, kommentiert sie den Vorfall rüde und verschwindet hinter Alia durch die Küchentüre. »Im hinteren Teil der Küche scheint die Elektrik tatsächlich nicht mehr zu funktionieren«, erklärt sie, als sie wieder zurückkommt. »An den Sicherungen liegt es jedenfalls nicht, die sind in Ordnung. Na ja, für heute Abend wird's schon gehen. Kerzen haben wir genug und morgen sehen wir weiter, wenn der Versorgungswagen da ist.« »Ach, also doch Probleme«, wirft Gerlinde ein. »Frau Huber, du scheinst von den wirklichen Problemen in diesem Leben keinen blassen Schimmer zu haben«, entgegnet ihr Theresa kalt. »Wo ist denn dein Problem? Nur weil uns der Strom abhandengekommen ist und wir deswegen zum Essen nur kalte Platte haben werden?« »Aber es könnte ja noch schlimmer kommen, so wie das Wetter da draußen tobt.« Gerlindes Wut auf Theresa wird immer größer, wie auch auf die Art, wie sie mit ihr spricht,. »Wir werden uns damit beschäftigen, wenn es so weit ist, und dann eine Lösung finden. Du scheinst ganz offenbar eine von denen zu sein, die immer nur in Problemen denken und sich dabei auch noch wohlfühlen. Je größer die Probleme, je schlimmer die Katastrophen, umso besser«, entgegnet Theresa immer gereizter. »Wer gibt dir eigentlich das Recht, ständig auf mir rumzuhacken?«, schreit Gerlinde empört. Doch bevor Theresa antworten kann, schreit Susanne ebenfalls: »Ruhe! Aufhören! Hört auf! Ich kann es nicht mehr hören! Ich habe schon einen ganzen Tag voller Streit mit meinem Mann hinter mir.« »Wieso hattet ihr Streit?«, fragt Anna sie. »Wir waren auf dem Weg in den Urlaub und dann diese ewige Nörgelei von ihm. Diese ewige Besserwisserei. Immer, immer und ausschließlich geht es nur um ihn und seine lächerlichen Befindlichkeiten. Er wird meinem Vater immer, immer ähnlicher. Oh Gott, das ist so entsetzlich, so unerträglich. Ich will nicht mehr! Mir reicht es jetzt endgültig! Er hat mich derart zur Weißglut gebracht, dass mich auch dieses verfluchte Unwetter nicht davon abhalten konnte, bei der nächstbesten Gelegenheit auszusteigen«, erklärt Susanne erschöpft. »Egal wohin, nur weg. Und jetzt das hier.« »Wenn man dich so hört, könnte man meinen, eine Ehe sei nichts weiter als ein herber Schicksalsschlag«, kommt es erneut von Ilse. »Na ja, aber auch kein Spaziergang«, findet Theresa und denkt weiter: »Ich hab's geahnt. Sieben Frauen auf einem Fleck, da wird es bunt. Sogar ziemlich bunt. Diese furchtbare Frau Huber und die kranke Anna. Zwei, die auf der Flucht sind. Die eine vor ihrem Ehemann und die andere vor der Politik. Die tüchtige Josefa, dankbar für jedes gute Wort. Und dann noch diese undurchsichtige Ilse mit ihren wunderschönen dunklen Augen – was ist mit ihr los?«

ILSE

Ilse, die Jüngste von insgesamt drei Geschwistern. Zwei ältere Brüder. Die Eltern führen gemeinsam eine seit Generationen im Familienbesitz befindliche Buchhandlung. Eine angesehene und wohlhabende Familie mit Personal und großem Haus. Mit im Haus lebte eine der beiden Großmütter von Ilse. Sie macht Ilse Mut, eine eigene Meinung zu entwickeln und dafür auch einzustehen. »Wer was erreichen will, muss Widerstände aushalten können«, so ihr Leitmotiv. »Wenn du gemocht werden willst, wird es schwer, dauerhaft eine eigene Meinung zu haben und die auch noch zu vertreten«, so die Großmutter. Ein altersloser und zeitloser Typ ist Ilse. Mit intellektueller Ausstrahlung, grundsätzlich immer in Schwarz gekleidet und mit Hornbrille. Einser-Abitur mit anschließendem Studium und dem Ziel, Journalistin zu werden. Außerdem träumt sie davon, Bücher zu schreiben. Hochintelligent, Musterschülerin und sehr oft immer besser und schneller als andere.

16:00 Uhr
»Ob eine Ehe ein Schicksalsschlag, ein Spaziergang oder auch nicht ist, kann ich nicht beurteilen«, erklärt Ilse, auf das Thema zurückkommend. »Ich war noch nie verheiratet. Für mich war es immer schon extrem wichtig, ›mein eigenes Ding‹ machen zu können. Habe abso-

lut kein Interesse und auch keine Lust auf ein Leben als Ehefrau und Mutter. Ich genieße es, meine Freiheiten zu haben. Außerdem scheine ich Männer im Allgemeinen als Partnerin eher abzuschrecken.« »Ich war aber verheiratet. Es ist nun mal die Aufgabe und Pflicht der Frau, für den Ehemann und die Familie zu sorgen. Das war schon immer so. Alles andere ist doch unnatürlich. Von wegen Selbstverwirklichung, Emanzipation und die sogenannte Freiheit der Frau. So ein Schwachsinn. Alles nur Ausreden. Vor allem von denen, die keinen abbekommen haben«, kommt es arrogant von Gerlinde. »Liebste Frau Huber, offenbar ist es dir völlig entgangen, dass die Zeiten der Berufshausfrau mit ihren Schnittmusterbögen und Sammeltassen längst Geschichte sind«, entgegnet ihr Theresa süffisant. »Wieso warst du abschreckend?«, fragt Anna interessiert. »Ich bin in der Schule oft als Streberin verspottet worden. Ich wollte einfach immer nur die Beste sein. Ich hatte auch nur eine einzige Freundin. Jungs haben sich nicht für mich interessiert. Für die war ich immer nur ›Ilse, der Blaustrumpf‹. Außerdem war ich ihnen unheimlich. Ein Mädchen, das im Sportunterricht oft besser und schneller war als die meisten von ihnen. Das empfanden sie als bedrohlich, das war, das *durfte* doch eigentlich gar nicht möglich sein« Josefa, welche die gebügelte Wäsche in einen Schrank hinter dem Tresen einsortiert, hört Ilse aufmerksam zu. »Die Hänselei hat mir zwar manchmal schon was ausgemacht und mich gelegentlich auch ziemlich geärgert, aber nur manchmal. Es ging ja nicht nur darum, immer die Beste sein zu wollen, sondern ich wollte auch so schnell und so viel wie möglich lernen. Mein ganz großer Traum, von klein auf, war es Bücher zu schreiben die dann in unserer Buchhandlung verkauft werden sollten. Meine Bücher sollten Bestseller werden. Einer interessanter als der andere. An diesem Traum hat sich bis heute nichts geändert«, erklärt sie weiter. »Selbst schuld«, wirft Gerlinde ein. »Das kommt davon, wenn man anders als die anderen ist oder glaubt, was Besseres zu sein. Ich bin auch verspottet worden. Ich aber konnte nichts dafür.« »Wieso bist du verspottet worden?«, fragt Susanne. Gerlinde genießt die plötzliche Aufmerksamkeit und Neugier der anderen Frauen. Da der Schnaps ihr Mut gemacht hat, erzählt sie: »Ich war ein uneheliches Kind. Damals noch eine furchtbare Schande. Heute denkt sich ja kein Mensch mehr etwas dabei. ›Alleinerziehend‹, heißt es dann ganz einfach nur. Eine Lebensform, die inzwischen zur Selbstverständlichkeit geworden ist. Da werden ohne Sinn und Verstand Kinder in die Welt gesetzt, um die sich dann oft genug der Staat kümmern darf. ›Bastard‹, haben sie hinter mir her gerufen. Die Schwestern in der Klosterschule haben mich Tag für Tag spüren lassen, dass ich ein Kind der Sünde bin. Keines der anderen Mädchen durfte oder wollte mit mir spielen. Dabei hätte ich so gerne auch eine Freundin gehabt. Wenigstens nur eine einzige. Zu keinem Kindergeburtstag bin ich eingeladen worden. Im Sportunterricht hat mich keine der Anführerinnen in ihre Mannschaft gewählt«, schluchzt Gerlinde plötzlich, deren Verbitterung fast greifbar ist. »Was war später?«, will Anna wissen. »Später habe ich geheiratet.« »Und dann?«, fragt Anna weiter. Gerlinde schaut sie verständnislos an »Was *und dann?* Ich war wenigstens nicht mehr alleine.« Betretenes Schweigen der anderen.

Bevor jemand darauf antworten kann, kommt Alia aus der Küche. »Der Strom ist jetzt in der ganzen Küche weg und das Telefon ist tot«, verkündet sie. »Die spricht ja tatsächlich richtiges Deutsch!«, sagt Gerlinde ungläubig. »Ja, ich spreche Deutsch. Außerdem noch Englisch und Französisch«, erwidert Alia kalt mit einem funkelnden Blick. »Warum trägst du dann ein Kopftuch?«, will Gerlinde von ihr wissen. »Seit wann hat Sprache etwas mit Kopftuch zu tun?«, wird sie von Ilse gefragt. Darauf hat Gerlinde keine Antwort und gießt sich stattdessen noch einen Schnaps ein. »Könnte auch hier vorne der Strom ausfallen?«, kommt es von Susanne. »Möglich, aber ich habe keine Ahnung, wie hier die Konstruktionen so sind«, erklärt Theresa. »Wie gesagt, ich bin ja selbst auch nur Gast hier. Wir haben für heute Abend genug Kerzen, falls es wirklich dazu kommen sollte. Außerdem ist es inzwischen ja auch noch lange hell. Also kein wirkliches Problem.« »Mein Telefon hat kein Netz«, stellt Anna fest. »Nein, hier oben gibt es keinen Empfang.« »Dann könnte es aber schwierig werden, falls wir Hilfe benötigen sollten«, kommt es diesmal von Susanne. »Warum sollten wir denn Hilfe benötigen?«, erwidert Theresa gereizt, die sich immer mehr darüber ärgert, sich verteidigen zu müssen. »Dann schaut einmal nach draußen. Da wird immer mehr Matsch und Geröll den Berg runtergespült, ist schon ziemlich nahe an das Haus herangekommen«, sagt Susanne, die direkt an der vorderen Glasfront sitzt. Mit Ausnahme von Gerlinde stürzen alle zur Fensterreihe. »Durch den starken Regen ist nicht wirklich etwas zu erkennen«, stellt Ilse fest und fährt fort: »Das will ich jetzt genau wissen, ich schaue mir das direkt da draußen mal an.« »Aber doch nicht ausgerechnet gerade jetzt, bei diesem Wolkenbruch«, kommt es von Anna. Ilse zuckt mit den Schultern und stülpt sich ihre Regenjacke wieder über. »Bleib hier, Ilse«, wird sie von Anna aufgefordert, »das ist doch viel zu gefährlich.« Ilse verschwindet jedoch wortlos nach draußen. Dort wird sie sofort von den dichten Regen- und Nebelschwaden verschluckt. Die Zeit vergeht, die Minuten dehnen sich endlos. »Sie wird doch nicht etwa versuchen wollen, ins Tal zu kommen?«, fragt Susanne verständnislos. »Doch nicht freiwillig bei diesem Wetter! Das wäre doch glatter Selbstmord!«, antwortet Anna und weiter: »Da muss was passiert sein!« »Was soll denn passiert sein?«, entgegnet Susanne unsicher. »Ich kann mir auch nicht vorstellen, dass sie sich freiwillig länger als unbedingt nötig da draußen aufhalten wird«, meint Theresa zweifelnd. »Wir sollten mal nachsehen.« »Gute Idee«, antwortet Susanne und fragt: »Wer geht?« »Ich gehe«, sagt Anna und verschwindet schnell nach draußen, um dann ebenfalls nicht wiederzukommen. »›Der Herr, der schickt den Jockel aus‹, so heißt es in einem Kinderlied«, kommt es von Gerlinde mit leichter Schadenfreude. »Das ist ja gruselig. Jetzt sind beide verschwunden, wie vom Erdboden verschluckt.« »Na, dann kommst du ja jetzt doch noch voll auf deine Kosten, meine Liebe«, entgegnet Theresa böse, die immer wütender wird. Gerlinde genießt die Situation sichtlich. Die forsche Theresa etwas ratlos zu sehen und die aufgedonnerte Susanne, die immer unsicherer wird. »Aber jetzt mal im Ernst«, sagt Gerlinde, »wo sind die beiden hin und wer geht jetzt nachschauen?«, fragt sie. »Wenn jetzt eine geht, dann bin ich das«, antwortet Theresa. »Ich bin hier ja eigentlich verantwortlich. Aber ich gehe nicht alleine, ich nehme Josefa mit. Wir werden sehr vorsichtig sein, notfalls kann eine immer noch zurück, um Hilfe zu holen.« »Wo soll denn jetzt hier Hilfe herkommen?«, fragt Susanne. »Von dir und Frau Huber«, entgegnet Theresa ungeduldig. Die Vorstellung, sich in diesem Unwetter einer unbekannten Gefahr aussetzen zu müssen, lässt Gerlinde völlig hysterisch werden. »Auf gar keinen Fall!«, kreischt sie, inzwischen schon ziemlich angetrunken. »Ich bleibe hier, keinen einzigen Schritt gehe ich da raus. Vorhin war ich euch nicht gut genug. Jetzt seht zu, wie ihr ohne mich fertigwerdet.« »Wir sind doch hier nicht im Kindergarten«, kommt es kopfschüttelnd von Susanne. »Ich markiere den Weg irgendwie, den ich mit Josefa gehen werde. So wisst ihr, in welcher Richtung ihr zu suchen habt«, erklärt Theresa und ruft nach Josefa, die daraufhin wortlos ihre Jacke nimmt, um sich Theresa anzuschließen. Beide gehen nach draußen und nehmen aus dem Holzschober einige schmale Holzscheite zur Wegmarkierung mit.

Sie kommen aber nur bis zum Eingang des umzäunten Grundstücks. Zuerst sehen sie Anna und dann Ilse, beide fast hüfthoch versunken in einer Schlammkuhle, die sich immer mehr mit Wasser und nachrutschendem Schlamm füllt. »Wie konnte denn das passieren?«, will Theresa fassungslos wissen. »Ich bin ausgerutscht, als ich einer Matschlawine ausweichen wollte, die von oben runter auf mich zukam«, erklärt Ilse. »Alleine konnte ich mich aus diesem Schlammloch nicht mehr befreien.« »Mir ist es ähnlich ergangen«, erklärt Anna. »Als ich versuchte, Ilse aus diesem Loch zu ziehen, habe ich das Gleichgewicht verloren. Dabei haben sich einige Steine gelöst, mit denen ich abgerutscht bin.« »Das wird nicht ganz einfach sein, euch aus diesem Schlamm zu ziehen«, mischt sich Josefa ein. Ich gehe und hole irgendetwas, was wir zusammenknoten können. Daran können wir euch dann vielleicht leichter herausziehen.« Theresa akzeptiert dies ausnahmsweise widerspruchslos und schaut Josefa prüfend hinterher, die durch den wolkenbruchartigen Regen zurück zur Hütte rennt. »Mein Bein hat etwas abbekommen, außerdem habe ich Probleme beim Luftholen«, erklärt Ilse ruhig. »Ich bin nicht sicher, ob ich hier wirklich so einfach herauskomme.« »Was ist mit deinem Bein?«, will Theresa wissen. »Ich weiß es noch nicht, im Moment fühlt sich aufgrund der Kälte sowieso alles ziemlich taub an.« Josefa kommt sehr schnell zurück. Sie bringt nicht nur bereits zusammengeknotete Betttücher, sondern auch noch Alia mit. »Zuerst Anna«, fordert Ilse, »damit ich mit meinem Bein mehr Spielraum habe.« »Kannst du dein Bein vollständig bewegen?«, will Alia wissen. »Das weiß ich noch nicht so genau«, antwortet Ilse. »Theresa wirft Anna das eine Ende der Bettwurst zu. Während Theresa, Josefa und Alia vorsichtig daran ziehen, versucht sich Anna mit den Füßen an den Rändern hochzustemmen, um dann doch immer wieder abzurutschen. Endlich, nach unzähligen erfolglosen Anläufen, steht Anna völlig durchnässt, verdreckt und fast am Ende ihrer Kräfte wieder auf festem Untergrund. Während es weiterhin sintflutartig regnet, wird die Bettwurst Ilse zugeworfen, diesmal jedoch ohne Erfolg. »Ich habe kein Gefühl im rechten Bein und komme hier alleine nicht hoch. Außerdem habe ich Schmerzen im Oberkörper.« »Eine von uns muss runter zu Ilse, um sie anzuheben«, bestimmt Theresa. »Das schafft eine alleine nicht«, erwidert Josefa, »dazu ist der Schlamm viel zu schwer und zu zäh. Außerdem sind die Ränder nicht fest genug, daran ist Anna ja schon fast gescheitert. Wir müssen uns ziemlich beeilen«, drängt sie weiter, »es kann jeden Moment noch mehr Geröll den Hang herunterkommen und uns alle verschütten.« Theresa schaut sorgenvoll den Hang hinauf.

»Wenn der Regen nicht bald aufhört, könnte es tatsächlich für alle gefährlich werden. Und das nicht nur hier draußen«, überlegt sie. Josefa macht sich wieder auf den Weg zur Hütte. »Wir brauchen die Leiter, die im Holzschober steht. Ich hole sie«, ruft sie und rennt erneut los, stolz darauf, ein wichtiger Teil bei dieser Rettungsaktion zu sein.

JOSEFA

Josefa ist glücklich darüber, den Sommer hier oben auf der Alm verbringen zu dürfen. Das hat sie nur dem Pfarrer zu verdanken. Weg von ihrem eigenbrötlerischen Vater, der seit dem Tod der Mutter nur noch mit sich selbst beschäftigt ist. Die schwere Arbeit auf dem Hof hat er fast vollständig Josefa überlassen. Zu Lebzeiten der Mutter hatten sie den Hof alle gemeinsam geführt. Jetzt arbeitet Josefa für drei und ist am Ende ihrer Kräfte, als der Pfarrer sie anspricht. »Du musst hier raus, Josefa. Dein Vater darf das nicht länger von dir verlangen. Du hast schon deine ganze Jugend geopfert. Keine Freude, keine Freunde, keine eigene Familie. Nur Pflichten. Arbeit von früh bis spät, und das alles für einen bösen, undankbaren, alten Mann. Er wird sich auch nicht mehr ändern. Du musst hier weg, nicht nur vom Hof, sondern am besten auch ganz raus aus diesem Dorf. Hier hast du nichts mehr zu erwarten. Was Besseres findest du allemal.« »Hört sich so an wie im Märchen von den Bremer Stadtmusikanten«, erwidert Josefa unsicher, aber dankbar lächelnd. »Du wirst sehen, dass das Leben auch dir noch so viel zu bieten hat. Hier im Ort wirst du immer ›Josefa, der Restposten‹ bleiben. Ich helfe dir dabei, den Absprung zu schaffen, wenn du willst. Denke darüber nach.« Dem Pfarrer, der seit langer Zeit ihr einziger Halt ist, vertraut sie vollkommen. Er verschafft ihr die Stelle bei Giovanni auf der Alm. Ihr Vater hält sie nicht und auch sonst nichts. Ihre Freundinnen von früher sind alle längst weggezogen. Noch immer in der vertrauten Umgebung, und doch ist es ein erster Schritt in ein neues Leben. Ein so völlig anderes Leben. Die Arbeit hier oben auf der Hütte macht ihr Spaß. Giovanni ist freundlich und immer zu Scherzen aufgelegt. Er gibt ihr das Gefühl, wichtig zu sein. Für ihn wichtig zu sein. Er schätzt nicht nur ihre Tüchtigkeit. Ihr Selbstvertrauen wächst zunehmend. Egal was zu tun ist, Josefa kann es und Josefa macht es. Gut und zuverlässig. Immer wieder neue Menschen bringen Tag für Tag viel Abwechslung in ihr neues Leben. Gäste, die bei ihrer täglichen Rast einen Hauch aus einer ganz anderen Welt mitbringen. Der Wunsch, die Welt da draußen endlich kennenzulernen, wird mit wachsendem Selbstvertrauen immer größer. Nachdem sie Alia kennengelernt hat, wird die Sehnsucht nach der Welt da draußen noch brennender. Aber Alia, die nicht nur aus einer ganz anderen Welt kommt, sondern auch einen anderen Glauben mitbringt, steht sie trotzdem äußerst misstrauisch gegenüber.

»Ich steige mit dir da rein«, erklärt Alia. »Also gut, du und ich«, erwidert Theresa. Beide schauen sich abschätzend an. Josefa kommt mit der Leiter, die sie vorsichtig nach unten gleiten lassen. Da der Boden uneben und glitschig ist, findet die Leiter keinen richtigen Halt. »So wird das nichts. Los, beeilt euch. Zwei müssen auch unten die Leiter festhalten und eine muss mir auf die Sprossen helfen«, fordert Ilse. »Ich bin sowieso schon nass und dreckig, ich komme auch noch mal runter«, erklärt Anna schulterzuckend. »Josefa bleibt hier oben und hält die Leiter fest.« Sie klettert auf die Leiter, die bedrohlich hin und her schwankt. Während Theresa und Anna unten die Leiter festhalten, versucht Alia in fieberhafter Eile, Ilse behutsam auf die Leiter zu stellen. Nachdem das gelungen ist, wird die Leiter mit Ilse nach oben geschoben, wo sie von Josefa in Empfang genommen wird. Theresa, Anna und Alia folgen ebenfalls mithilfe der Leiter. Gemeinsam bringen sie Ilse in die Hütte zurück. Als sie dort ankommen, ist Gerlinde am Tisch im Wintergarten tief und fest eingeschlafen. Der Schnapskrug, der neben ihr steht, ist inzwischen leer. Susanne, die vorsorglich einige Matratzen und Decken aus dem oberen Schlafraum in die Küche geschafft hat, finden sie in der Küche. Gerade ist sie damit beschäftigt, den riesigen Kachelofen anzuheizen, der gleichzeitig die Küche und die beiden vorderen Gaststuben heizt. »Ich habe schon gedacht, ich sehe euch nie wieder«, seufzt sie, grenzenlos erleichtert, während ihr ein paar Tränen übers Gesicht laufen. »Entschuldigt, aber ich bin mit den Nerven ziemlich am Ende.« »Da bist du hier bestimmt nicht die Einzige«, entgegnet Anna, inzwischen total entkräftet. Auch bei den anderen macht sich die Erschöpfung bemerkbar. Jede von ihnen ist nicht nur völlig durchnässt, sondern auch von Schlammkrusten überzogen. Theresa kommandiert: »Zieht euch aus und nehmt erst einmal die Decken, um euch aufzuwärmen. Ich bringe euch gleich trockene Sachen zum Anziehen. Mal sehen, was sich so auftreiben lässt. Der Kachelofen wird gleich warm werden. Auf den Bänken des Kachelofens ist für uns alle Platz genug.

Auch auf der anderen Seite im Gastraum haben wir noch ausreichend Platz. Hier in der Küche ist es durch die Matratzen ziemlich eng geworden. Wir legen die Matratzen später aus. Über Nacht sollten wir in jedem Fall hier in der Küche bleiben.« »Wieso ausweichen?«, fragt Anna. »Hier in der Küche und den angrenzenden Lagerräumen sind wir in jedem Fall sicher.« »Wir haben noch die ganze Nacht und wahrscheinlich den morgigen Vormittag vor uns. Sicher ist sicher«, antwortet ihr Theresa.

Ilse spürt inzwischen ihr Bein wieder, das jetzt nicht nur höllisch schmerzt sondern auch noch mit Schürfwunden und Blutergüssen völlig übersät ist. Dazu kommt, dass ganz offensichtlich auch ihr Brustkorb etwas abbekommen hat. Alia hat sich zunächst wortlos dem verletzten Bein angenommen, reinigt es mit einem Desinfektionsmittel und verbindet es. »Das machst du aber nicht zum ersten Mal?« stellt Anna fragend fest. »Nein, auf der Flucht habe ich sehr viele Menschen verarzten müssen. Ich bin Ärztin«, erwidert Alia kurz. Die anderen sind sichtlich überrascht und schauen Alia fragend an. »Das Bein könnte gebrochen sein. Ich sollte besser eine Schiene anlegen«, erklärt diese weiter. »Brauchst du ein Schmerzmittel?«, will sie von Ilse wissen. »Der Verbandskasten ist sehr gut bestückt und für alle Fälle perfekt ausgestattet.« »Der gehört zur Ausrüstung der Bergwacht, die hier für Notfälle genug Material deponiert hat«, erklärt Theresa. »Wieso sprichst du so gut Deutsch?« fragt Anna Alia weiter. »Ich habe in Deutschland einige Semester studiert. So wie vor vielen Jahren auch schon mein Vater.« Inzwischen ist Gerlinde wach geworden und steht mit höllischen Kopfschmerzen in der Tür zwischen Gaststube und Küche. Außerdem ist ihr furchtbar übel. Sie wirft einen Blick in die Küche »Für uns alle zusammen wird es hier aber ganz schön eng«, stellt sie aggressiv fest. »Du kannst ja wieder gehen«, erwidert ihr Ilse. »Ich soll also wieder gehen? Ihr wollt mich nicht?« »Wundert dich das?«, will Susanne von ihr wissen. »Wenn hier eine geht, dann ist das die da«, Gerlinde weist mit dem Finger auf Alia. »Die hat hier wirklich nichts zu suchen.« Ilse versucht aufzuspringen und fällt stöhnend auf die Ofenbank zurück. Alia wendet sich wortlos ab und achtet nicht weiter auf Gerlinde. Dieses Gerede, diese Art von Feindseligkeit und Vorurteilen kennt sie inzwischen zur Genüge. »Dass du dich nicht schämst«, kommt es von Anna. »Du bleibst hier und Alia erst recht. Wie wir alle. Vertragt euch«, bestimmt Theresa leise, aber sehr deutlich. Sie macht sich inzwischen ernsthafte Sorgen und befürchtet im Stillen: »Das Unwetter wird immer schlimmer. Trotz des starken Regens ist sehr deutlich zu hören, wie draußen immer mehr Erde und Geröll fortgespült werden. Was ist, wenn die Hütte tatsächlich von einer Schlammlawine getroffen wird, die größeren Schaden anrichtet? Giovanni hatte ihr zwar stolz erzählt, dass die Hütte auch im Ernstfall ausreichend Schutz bieten würde, aber wann würde hier Rettung kommen können? Der hintere Teil der Hütte, mit der Küche und dem angrenzenden Lager, war in den Felsen hineingehauen worden. Selbst bei einem größeren Murenabgang würde dies zunächst nur den vorderen Teil treffen. Aber was dann? Wann würde man sie hier finden? Sieben Frauen auf allerengstem Raum. Eine davon verletzt, völlig unklar wie schwer. Das alles in einer schon jetzt hochexplosiven Atmosphäre.« »Wir werden uns später hier hinten so gut es geht einrichten«, erklärt sie den anderen zuversichtlich.

»Du rechnest mit Schlimmerem?«, fragt Susanne. »Man kann nie wissen. Wie bereits gesagt, sicher ist sicher. Es ist gut, dass du mit Matratzen und Decken vorgesorgt hast«, antwortet ihr Theresa und ist inzwischen alles andere als sicher.

SUSANNE

Aufgewachsen in einem Elternhaus, in dem strenge preußische Disziplin herrschte. Der Vater ist höherer Polizeibeamter und kein sehr angenehmer Mensch. Die Mutter eine Vorzeigehausfrau, die ihre ganze Erfüllung in strahlenden Wasserhähnen und blank polierten Fußböden findet. Ihre Tochter »Susi« bleibt ein Einzelkind und wird auf mustergültiges Benehmen gedrillt. Ein schmuckes Eigenheim am Stadtrand mit stets vorbildlich geschorenen Rasenflächen und gezirkelten Blumenbeeten. Samstag für Samstag wird pünktlich um 18:00 Uhr im Fernsehen die Sportschau mit den Fußballergebnissen angeschaut. Das Familienereignis der Woche, bei dem es dazu, ebenfalls Samstag für Samstag, Würstchen und Kartoffelsalat gibt. Der Höhepunkt dann am Sonntagmittag, das Glas Wein zum Braten, der auch immer auf die Minute genau, um Punkt 12:00 Uhr, serviert wird. Überschaubare und grundsolide Verhältnisse. Eine Familie, bei der alles in Ordnung zu sein scheint. An Spießigkeit und Muff fast nicht zu überbieten. Eine Atmosphäre, die von Susanne spätestens mit dem Beginn der Pubertät als immer unerträglicher empfunden wird. Susannes Kleidung, die vor allem strapazierfähig und zweckmäßig zu sein hat, wird von der Mutter ausgesucht. Für Susannes modische Wünsche hat sie keinerlei Verständnis. Ihre »Susi« hat ein ordentliches Mädchen zu sein. Mode und Kosmetik passen absolut nicht in das Weltbild der Eltern. Susanne hätte gerne eine weiterführende Schule besucht, um Sprachen zu lernen. Sie möchte so gerne die Welt kennenlernen. Ihre Freundin Biggi arbeitet in einer Import- und Exportfirma. Sie schwärmt von ihren Kontakten mit der großen, weiten Welt. Der Vater ist strikt dagegen. »Rausgeschmissenes Geld und Zeitverschwendung . Du heiratest sowieso«, bestimmt er, »wozu eine lange und teure Ausbildung?« Er verschafft ihr einen Ausbildungsplatz als Friseurin. »Mit diesem Beruf kannst du dir später immer ein kleines Taschengeld dazuverdienen«, erklärt er und zwingt sie in die ungeliebte Arbeit. Susanne fügt sich wie immer. Kochend vor Wut und Enttäuschung.

17:00 Uhr

Ilse hat wieder starke Schmerzen. Sie schwitzt und hat gleichzeitig Schüttelfrost. Minuten, die sich wie Stunden anfühlen. »Alia, hast du noch etwas anderes gegen die Schmerzen? Etwas, was wirklich hilft? Mein Bein tut höllisch weh.« Ilse denkt üblicherweise in klaren Strukturen, liebt Logik, Vernunft und Lösungsdenken. Probleme sind dazu da, um gelöst zu werden. Im Moment ist sie mit ihrer Hilflosigkeit völlig überfordert. Alia macht sich Sorgen um Ilse. Vor allem auch wegen deren Schmerzen beim Atmen. Es könnte vielleicht eine oder sogar mehrere Rippen gebrochen sein. Das könnte lebensgefährlich werden. Jedoch gibt es absolut keine Möglichkeit festzustellen, wie schwer die Verletzungen tatsächlich sind. Theresa hat inzwischen nicht nur ihren eigenen Kleiderschrank, sondern auch den von Giovanni ausgeräumt und trockene Kleidung an Gerlinde, Anna, Ilse und Susanne verteilt. So sitzen sie in einer abenteuerlichen Mischung aus Theresas Designerkleidung, Giovannis Arbeitsklamotten, Josefas Arbeitsdirndl und Alias langem Kaftan dicht gedrängt auf der immer wärmer werdenden Ofenbank in der Küche.

Gerlinde

Gerlinde fühlt sich mal wieder, wie so oft in ihrem Leben, ausgeschlossen. An Susanne, Ilse und Anna hatte Theresa Hosen und Pullover aus ihrem eigenen Kleiderschrank in einer Konfektionsgröße verteilt, von der Gerlinde nur träumen konnte. Sie selbst musste mit einer alten Arbeitshose von Giovanni und einem geflickten Hemd von ihm vorliebnehmen. Noch deutlicher konnte der Unterschied zwischen ihr und den anderen gar nicht sichtbar sein. »Ausgegrenzt auch deswegen, weil meine Kleidergröße nicht mit einer Drei beginnt«, denkt sie verbittert und presst ihre bebenden Lippen zusammen. Anna hatte Gerlindes Mienenspiel und deren aufsteigende Tränen aufmerksam beobachtet, als Theresa die Kleidung verteilte. Gerlinde fing an, ihr leidzutun.

»Für wie lange reichen die Vorräte, die hier lagern?«, will Susanne von Theresa wissen. »Verhungern werden wir ganz sicher nicht, Getränke sind auch genug da. Abgesehen davon wird der Versorgungswagen spätestens morgen Mittag hier sein«, antwortet Theresa, während draußen immer deutlicher hörbar Matsch und

Geröll den Hang heruntergespült werden. »Wir sollten jetzt sicherheitshalber hier in der Küche bleiben. Es wird zwar eng, aber es wird gehen. Gut, dass Susanne sich um Matratzen und Decken gekümmert hat.« Unerwartet mischt sich Alia ein: »Wir werden nicht genug Platz haben, um für uns alle Matratzen auszulegen. Also werden wir uns abwechseln müssen. Ilse muss sich auf jeden Fall hinlegen, um das Bein ausstrecken zu können.« »Können wir mit den Matratzen nicht in das Lager ausweichen?«, will Susanne erneut von Theresa wissen. »Nein, das Lager ist voll mit Getränkekästen, Bierfässern und Lebensmitteln. Wir werden uns hier über Nacht irgendwie einrichten müssen. Machen wir das Beste daraus«, gibt Theresa den anderen unmissverständlich zu verstehen.

ALIA

Geboren in Aleppo. Nicht in der größten, aber angeblich der schönsten Stadt Syriens. Aufgewachsen in einem muslimischen, weltoffenen Elternhaus. Der Koran ist wichtiger Bestandteil des täglichen Lebens. Der Vater ist ein erfolgreicher Arzt, der in Deutschland studierte und in Aleppo seine eigene Klinik leitet. Er ist Alias Held, ihr großes Vorbild. Ihm nacheifernd studiert sie ebenfalls Medizin und verbringt, so wie er, auch einige Zeit in Deutschland. Nach dem Studium arbeitet sie in der Klinik ihres Vaters, wo sie ihren Ehemann Sharif kennenlernt. Beide eröffnen nach vielen gemeinsamen Arbeitsjahren im Krankenhaus eine kleine Klinik für Kinderheilkunde. Nach Ausbruch des Bürgerkrieges protestieren Sharif und ihr Vater immer wieder gegen die schlechte Versorgungslage. Sie machen hauptsächlich die Regierung dafür verantwortlich. Irgendwann werden beide verhaftet. Danach kommt von Sharif kein weiteres Lebenszeichen mehr. Der Vater stirbt zwei Tage nach seiner Verhaftung. Woran und warum er gestorben ist, wird der Familie nicht mitgeteilt. Alia und ihre Mutter befürchten, dass man auch sie verhaften könnte, und entschließen sich Hals über Kopf zur Flucht. Sie kratzen alles Geld zusammen, das sie kurzfristig flüssigmachen können, und machen sich gemeinsam auf den Weg. Die Fluchtroute führt sie auf dem Landweg nach Europa. Von Schleusern werden sie von einem Punkt zum anderen gebracht. Ein entsetzlicher Weg auf der Balkanroute. Irgendwo im Nirgendwo stirbt Alias Mutter vor Erschöpfung. Endlich in Deutschland angekommen, empfindet Alia nur noch Hass. Neue und unwürdige Lebensumstände, die sie nicht beeinflussen kann. Gefangen in einer Situation, die sie lange zur Untätigkeit verdammt. Aus der verwöhnten Tochter und Ehefrau ohne Sorgen wird eine Bittstellerin. Angewiesen auf Almosen des Staates. Verpflichtet, Arbeiten anzunehmen und Anweisungen zu befolgen, die unter ihrer Würde sind. Keine Aussicht darauf, in absehbarer Zeit als Ärztin arbeiten zu dürfen. Wut und Hass gegenüber der neuen Heimat lassen sie immer mehr verzweifeln.

Theresa übernimmt gewohnheitsmäßig das Kommando. Selbst in Giovannis kariertem Flanellhemd, trotz abgebrochener Fingernägel und der Schlammkrusten in ihrer roten Haarmähne, ist ihre Ausstrahlung und Dominanz ungebrochen. »Wir müssen von draußen genügend Holz hereinholen, damit uns die beiden Öfen nicht ausgehen. Hier hinten kühlt es sehr schnell aus. Die Nacht, die vor uns liegt, ist noch lang. Außerdem brauchen wir noch dringend mindestens einen der Rettungskoffer für Ilse. Die Koffer sind ebenfalls in einem der Holzschuppen deponiert.« »Stopp, Theresa. Du bist ganz sicher die geborene Anführerin. Aber wir sind doch hier nicht in einem Bootcamp, in dem wir ein Überlebenstraining zu absolvieren haben. Lass uns doch erst einmal wieder zu Kräften kommen. Ich kann einfach nicht mehr«, wird sie von Anna erschöpft unterbrochen. »Ausruhen kannst du dich anschließend immer noch genug. Du scheinst offensichtlich nicht zu begreifen, dass es hier möglicherweise tatsächlich um unser Überleben geht. Wir haben absolut keine Zeit, schon gar nicht für überflüssige Diskussionen. Auf, los jetzt. Jede, außer Ilse, packt mit an. Das gilt auch für dich, Frau Huber. Du hast dich bisher aus allem rausgehalten. Es wird Zeit, dass auch du dich endlich hier einbringst und beteiligst. Wer weiß ... « Theresa kommt nicht mehr dazu, den Satz zu Ende zu bringen. Was folgt, ist so eine Art Urknall mit splitterndem Holz und klirrendem Glas. Eine Matschlawine, die den Wintergarten in ein Trümmerfeld verwandelt. Ungläubiges Entsetzen, Schockstarre und dann nur noch absolute Stille.

»Das mit dem Holzholen und dem Rettungskoffer dürfte sich damit ja eindeutig erledigt haben«, kommt es trocken von Ilse, nachdem der erste Schock abgeklungen ist. Dank der Schmerzmittel fühlt sie sich wieder deutlich besser. »Dann soll unsere pilgernde Heilige doch gleich mal den da oben anrufen«, schreit Gerlinde plötzlich wieder hysterisch, und an Anna gewandt: »Du als sein

Fußvolk hast doch bestimmt beste Verbindungen nach ganz oben. Soll er doch mal zeigen, was er kann.« Josefa bekreuzigt sich und dreht sich mutig zu Gerlinde um: »Wir müssen uns zunächst erst einmal selbst helfen. Das Wichtigste haben wir ja bereits getan. Wir haben uns in Sicherheit gebracht und für die Nacht vorgesorgt.« Theresa ist von Josefas klarer Ansage ziemlich überrascht. »Josefa hat recht, wir müssen lediglich diese Nacht überstehen. Giovanni und auch andere wissen, dass Alia, Josefa und ich hier oben sind«, erklärt sie. »Man wird uns finden. Früher oder später jedenfalls.« Wir sollten uns trotzdem den Schaden genauer ansehen«, wendet Anna ein. Ein Bild der totalen Verwüstung, das sich ihnen dann im Wintergarten bietet. Steinbrocken, gesplittertes Holz, das in Wasserpfützen schwimmt, zerbrochene Glasscheiben und geborstene Fensterrahmen. Zertrümmerte Tische, Bänke und Stühle, welche die Lawine kreuz und quer übereinander geschoben hat. Ein riesiges, klaffendes Loch in der Decke zwischen dem ehemaligen Wintergarten und dem vorderen Gastraum. Außerdem ein weit aufgerissener Spalt in der Wand der rechten Hüttenseite. Starker Regen, der jetzt ungehindert eindringen kann. Die Wand zwischen Gaststube und Küche ist jedoch intakt geblieben, sodass Theresa und Josefa mit vereinten Kräften die Türe zudrücken können. »Es ist damit zu rechnen, dass sich jetzt direkt vor der Tür weiter Matsch und Geröll ansammeln werden. Außerdem werden wir auch hier hinten mit Wasser rechnen müssen, wenn es weiter so stark regnen wird«, vermutet Ilse.

»Ich habe Angst. Ich will hier nicht sterben«, flüstert Gerlinde tonlos. »Was weißt denn du vom Sterben?«, fragt Alia bitter. Sie ist wütend und spürt wieder heftigen Zorn in sich aufsteigen. »Diese Gerlinde Huber, genauso ein Typ wie einige der Mitarbeiter bei der Asylbehörde und im Jobcenter«, denkt sie hasserfüllt. »Alles von anderen erwarten und verlangen, aber selbst nicht bereit sein, über den eigenen Schatten zu springen.« »So schnell stirbt man dann doch nicht, glaub mir«, erwidert sie. »In diesem Fall hilft vielleicht doch wieder mal ein Schnaps?«, kommt es giftig von Theresa und weiter: »Hier hinten ist immerhin genug davon gelagert, der reicht für uns alle zusammen, und nicht nur für diese eine Nacht.« »Den wir dann mit dem Wasser mischen können, das gerade unter der Türe eindringt«, stellt Anna ironisch fest und fährt fort: »Wir müssen versuchen, die Türe irgendwie abzudichten. Es scheint aber nicht sehr viel Wasser zu sein. Vorhin haben uns die Betttücher geholfen, an die wir jetzt aber nicht mehr kommen. Der Weg nach oben ist versperrt.« Auch jetzt hat die praktische Josefa wieder die Lösung. »Wir legen eine der Matratzen vor die Türe. Es wird dauern, bis sie das Wasser vollständig aufgesogen hat. Es scheint wirklich nicht viel Wasser zu sein. Außerdem müsste das Wasser doch eigentlich bergauf fließen, um uns wirklich gefährlich zu werden?« »Sag mal, wie dumm bist du eigentlich?«, dreht sich Gerlinde aggressiv zu Josefa um. »Warum sollte Josefa dumm sein? Nur weil sie auf einem Bauernhof groß geworden ist und noch nicht viel von der Welt gesehen hat?«, mischt sich Ilse ein, um Josefa zu verteidigen. »Dein Weltbild scheint ziemlich einseitig zu sein.« »Mein Weltbild ist völlig in Ordnung. Da mach dir mal keine Sorgen. Ich weiß, wie es in der Welt zugeht. Mir macht keiner was vor«, zischt Gerlinde böse zurück.

»Es gibt damit offensichtlich auch keinen Zugang mehr zu dem Waschraum, in dem ich mich heute Nachmittag umgezogen habe«, stellt Anna fest, »und damit auch keine Möglichkeit mehr, die Toilette zu benutzen.« Sie fragt Theresa: »Können wir den hinteren Lagerraum als Toilette und Waschgelegenheit nutzen?« »Nein, auf gar keinen Fall. Giovanni würde mir den Kopf abreißen. Dort lagern nicht nur Bierfässer und Getränkekisten, sondern auch offene Lebensmittel wie Schinken, Würste und Käselaibe. Danach müsste alles weggeschmissen werden. Diesen Verlust kann Giovanni nicht verkraften. Nein, wir stellen einfach zwei Eimer neben den Putzschrank in der hinteren Ecke, das muss für diese Nacht reichen. Außerdem sind wir ja unter uns.« Gerlinde spürt, wie ihr kalt und heiß wird. Eine solche Art von Intimität hat es nicht einmal während ihrer Ehe gegeben. Das kann sie nicht und will es auch gar nicht. Aber was wird ihr anderes übrig bleiben, im Fall der Fälle? Theresa ergänzt: »Auf Waschen und Zähneputzen können wir ja mal unbeschadet eine Nacht lang verzichten. Ich möchte gar nicht wissen, wie oft Alia unterwegs darauf verzichten musste und welche hygienischen Zustände da wohl geherrscht haben.« Alia zuckt mit den Schultern und schüttelt den Kopf, sagt aber nichts dazu.

»Wir sollten versuchen, uns abzulenken, damit die Zeit schneller vergeht. Vielleicht sollten wir etwas spielen, um uns die Zeit zu vertreiben«, schlägt Susanne vor. »Auf was für komische Ideen kommst du denn! Spielen? Nein, mir ist jetzt wirklich nicht nach Spielen«, erwidert Ilse. »Würde dir aber vielleicht ganz guttun«, sagt Alia fürsorglich und versucht, Ilse in eine bessere Position zu betten, »das würde dich wenigstens zeitweise ablenken.«

»Alles ist gut. Im Moment habe ich gar keine Schmerzen.« »Ich kann kein Spiel«, erklärt Gerlinde. »Was mich nicht wirklich wundert«, stellt Anna sachlich fest und fährt fort: »Einerseits kann man dich wirklich nur bedauern. Andererseits scheinst du aber auf der ständigen Jagd zu sein, anderen Fehler, Nachlässigkeiten oder Unvollkommenheit nachzuweisen. Alles nur, um dich selbst in ein besseres Licht zu rücken. Du lässt dabei aber auch gar keine Gelegenheit aus, um dich unbeliebt zu machen.« Anna fühlt sich dabei an ihren Arbeitsplatz erinnert, an dem es immer wieder Streit unter den Kolleginnen gibt. Neid, Missgunst und Konkurrenzdenken. Auch Ilse denkt nur »Weiber!!!« und weiter: »Mir ist die Zusammenarbeit mit Männern schon immer eindeutig lieber gewesen. Ich war ja noch nie eine Frauenfrau.« Sie haut ein lautes »Stopp!« in die Runde. »Hört doch endlich mit diesem kindischen Zickenkrieg auf. Der bringt uns doch nicht weiter. Wir müssen mindestens diese Nacht hier zusammen verbringen. Auf allerengstem Raum. Wir wissen nicht, was sie noch alles bringen wird. Auch wenn es schwerfällt, wir müssen jetzt Ruhe bewahren, sollten uns vertragen und zusammenhalten. Das schließt Gerlinde mit ein.« »Ilse hat recht«, findet Susanne. »Ach, plötzlich sind wir ein Team?«, fragt Theresa kalt. »Ich bin eine ganz schlechte Teamplayerin. Als Einzelkämpferin habe ich mehr Erfolg.« Ilse versucht es trotzdem weiter: »Jede von uns ist hier mehr oder weniger freiwillig gestrandet. Ich glaube, das gilt auch für dich, Theresa. Jede von uns hatte einen guten Grund, unterwegs zu sein. Das ist vielleicht gar keine so schlechte Gelegenheit, uns heute Nacht etwas näher kennenzulernen.«

ANNA

Zuerst die Schockstarre nach einer Diagnose, die keiner will und jeder fürchtet. Dann mit Trotz und Kampfansage auf der Suche nach einer geeigneten Strategie, um mit dem Unvermeidlichen umzugehen. Seit ein paar Tagen unterwegs auf dem Jakobsweg. Komplett raus aus ihrem bisherigen Leben. Als Büroleiterin in einer angesehenen Rechtsanwaltskanzlei ständig unter einem immensen Druck stehend. Mit den täglichen Überstunden ist eine 50-Stunden-Woche eher die Regel als die Ausnahme. Seit gut einem Jahr kein richtiger Urlaub mehr. Ihr Hang zum grenzenlosen Perfektionismus gehört zu Anna genauso wie die Luft zum Atmen. Dies gilt für alle Bereiche in ihrem Leben, privat wie im Beruf. Nicht bereit, Prioritäten zu setzen oder Kompromisse zu schließen. Obwohl, ein Privatleben gibt es eigentlich gar nicht. Ihr Freund Sebastian, mit dem sie seit Jahren eine Fernbeziehung führt, lebt die meiste Zeit im Jahr über in New York. Familie borgt sie sich gelegentlich für ein paar Stunden bei ihrer Schwester Klara aus. In der übrigen wenigen Freizeit liebt sie es, sich von allem zurückziehen zu können.

»Vielleicht kann uns Anna von ihrer bisherigen Reise erzählen«, schlägt Susanne vor. »Wie ist es denn so, wenn man den ganzen Tag nur mit dem lieben Gott unterwegs ist?«, will sie wissen. »Ich bin auf der Suche nach Antworten. Alles andere als einfach. Es scheint irgendwie alles mit allem zusammenzuhängen. Aber so richtig zum Nachdenken bin ich eigentlich noch gar nicht gekommen. Ich denke, das liegt aber vor allem an diesem Wetter, das mich pausenlos stresst. Dieser ständige Regen. Alle Arten von Regen, die man sich überhaupt nur vorstellen kann. Ich glaube, inzwischen bin ich zu einer richtigen Regenspezialistin geworden. Irgendwann hatte ich das Gefühl, selbst zum Regentropfen mutiert zu sein. Dabei immer auf der Suche nach einer geeigneten Unterkunft. Und dies immer noch rechtzeitig vor dem ersten Gewitter. Auf das erste Donnergrollen und den Gewitterregen am frühen Nachmittag war stets Verlass. Alleine mit mir und meiner Krankheit unterwegs im strömenden Regen. In Nebelschwaden, die die Umgebung völlig aufsaugten. Oft keine Wegweiser oder Hinweisschilder mehr zu sehen. Ihr könnt euch gar nicht vorstellen, wie oft ich mich verlaufen habe. Ständig mit dem Gefühl, der einzige Mensch auf der Welt zu sein. Das hat mir wirklich Angst gemacht.« »Und doch bist du immer wieder weitergegangen«, stellt Ilse nachdenklich fest.

Theresa weiß genau, wie es Anna damit geht. »Ich verstehe dich nur zu gut. Mir geht es ähnlich. Ich bin hier hochgekommen, um den Sommer zu genießen. Einen Sommer voller Sonnenlicht und Wärme und mit ganz vielen Schmetterlingen. Ich liebe Schmetterlinge über alles. Eine Zeit, die ich unbedingt alleine verbringen wollte. Alleine, aber doch unter Menschen. Übernachtungsgäste, meistens Pilger, gehen oft schon früh schlafen. Ansonsten sind es Wanderer, die sich spätestens ab dem frühen Nachmittag wieder auf den Rückweg machen. Stattdessen kein einziger Gast weit und breit. Dafür aber eine Art von Einsamkeit, die ich so noch nie gekannt und gespürt hatte. Statt neue Kraft und Energie zu tanken, belastet mich das alles auch noch zusätzlich«, erklärt Theresa müde.

Anna erzählt weiter: »Draußen in der Gaststube habe ich auf einem Schild gelesen: ›Der Weg der Erleuchtung ist steinig.‹ Hier im Gebirge ist er das ja im wahrsten Sinne des Wortes. Mein Weg war vor allem einsam. Bisher jedenfalls. Unbeschreiblich einsam. Dabei soll der Jakobsweg inzwischen angeblich überlaufener sein als die Brooklyn-Bridge beim New-York-Marathon. Ich wollte ihn unbedingt alleine gehen. Aber dieses Ausmaß der Einsamkeit habe auch ich nicht erwartet.« »Vielleicht geht es aber genau um diese Art von Einsamkeit, um das Zurückgeworfen sein nur auf sich selbst?«, wirft Ilse die Frage auf und meint weiter: »Keine Ablenkung weit und breit und kein Ausweichen mehr. Es geht ja immerhin um ziemlich existenzielle Fragen. Offensichtlich bei euch beiden. Auf die dürfte es auch so schnell keine einfachen Antworten geben. Am Ende könnte es aber genau das sein, was jede von euch tatsächlich weiterbringen wird.«

»Warum hast du dich für den Jakobsweg entschieden? Warum geht man überhaupt diesen Weg?«, fragt Josefa neugierig »Hier kommen jeden Tag Pilger vorbei, die Rast machen oder manchmal auch übernachten. Man sieht ihnen die Anstrengung und die Strapazen ganz deutlich an. Manche glauben, auch am nächsten Morgen einfach nicht mehr weiterlaufen zu können. Trotzdem scheinen sie auf eine ganz besondere Art und Weise zufrieden zu sein.« »Wie gesagt, ich habe mich dafür entschieden, um loszulassen«, antwortet ihr Anna.

Anna

Anna denkt zurück. »Vor einigen Wochen noch ein unbeschwertes Wochenende, mit den ersten richtigen warmen Frühlingstagen. Dann ganz plötzlich, ohne Vorwarnung. Ein einziger Augenblick nur. Nicht mehr als ein kurzer Wimpernschlag und gar nichts war mehr wie vorher. Jetzt unterwegs mit Pangratz, meinem neuen Lebensgefährten. Aber müsste es ehrlicherweise nicht *Lebensendgefährte* heißen? Immerhin wird er mich umbringen. Früher oder später jedenfalls. Wird mein Wille allein stark genug sein, um ihn aufhalten zu können?

Auf jeden Fall will ich in der Zeit, die mir noch bleibt, nicht nur noch von Erinnerungen leben. Zuerst müssen noch neue dazukommen. Ich will wenigstens noch einige von den Wünschen und Träumen umsetzen, die ich bisher immer wieder verschoben habe. Noch einmal neue Ziele und neue Herausforderungen. Wenigstens noch ein einziges Mal wieder das Kribbeln im Bauch spüren, das längst schon auf der Strecke zwischen München und New York verloren gegangen ist. Die Trennung von Sebastian, möglicherweise die allererste Konsequenz?«

»Wie hat denn dein Umfeld auf die Diagnose reagiert?«, will Ilse wissen. »Unterschiedlich. Meine Schwester und ihre Familie waren ziemlich entsetzt. Es war eigentlich so, dass ich sie habe trösten müssen. Ein großer Halt ist meine Freundin Adele. Immer, zu jeder Zeit. Verlässlich, stark und klug. Sie wollte mir sogar eine Perücke schenken, sollten mir die Haar nach der Chemotherapie ausgehen. Eine absolute Horrorvorstellung für mich, meine Haare zu verlieren und mit Glatze leben zu müssen. Diese Angst hat sie mir ganz einfach ungefragt abgenommen. Ansonsten bin ich sehr zurückhaltend damit umgegangen. Ich habe es nicht an die große Glocke gehängt. Bin generell eher jemand, der sich zurückzieht, wenn es ihm schlecht geht.« »Hast du einen Partner?«, hakt Susanne nach. »Ja, einen Freund. Schon sehr lange. Wir führen seit Jahren eine Fernbeziehung. Er lebt die meiste Zeit im Jahr über in New York, ich in München. Er hat eher neutral reagiert.« »Was heißt denn *neutral*?«, fragt Ilse irritiert »Na ja, neutral eben. Ich empfinde es wenigstens so. Das letzte Telefonat nagt auch noch ziemlich an mir. ›Du musst wissen, was jetzt für dich gut ist. Das weißt nur du alleine. Lass dich nicht beirren. Mach das, was die Ärzte dir sagen. Ich kann jetzt von hier aus sowieso nichts für dich tun. Im Moment habe ich keine Möglichkeit, nach München zu kommen. Du kennst meinen Terminkalender und meine sonstigen Verpflichtungen.‹« »Von New York nach München, das ist doch heute keine Weltreise mehr. Nicht mehr als ein paar Stunden«, unterbricht Susanne. »Das ist ja genau der Punkt«, bestätigt ihr Anna. »Ich hätte ihn wirklich gebraucht und mir gewünscht, dass er wenigstens für ein Wochenende kommt. Sebastians Terminplan ist natürlich immer brechend voll. Tagsüber in der Kanzlei, abends und an den Wochenenden dann die Art von Kontaktpflege, die von ihm erwartet wird. Ich muss aber auch zugeben, dass diese Fernbeziehung auch unbestreitbare Vorteile hatte. Da war immer jemand im Hintergrund. Wir konnten uns jederzeit, ohne schlechtes Gewissen, auf unsere jeweiligen Karrieren und Projekte konzentrieren. Aber was nützt dies alles letzten Endes, wenn man dann doch im Ernstfall alleine ist? Eigentlich waren wir schon immer unterschiedlicher Meinung darüber, was in unserer Beziehung ›Ernstfall‹ bedeuten würde. Offensichtlich sehne ich mich mehr nach Zuwendung, Nähe und Wärme als er. Ich hätte mir ja auch ganz spontan einen Flug nach New York buchen und ihn überraschen können. Aber Sebastian mag nun mal keine Überraschungen. Alles, was seine sorgfältige Terminplanung durcheinanderbringen könnte, bereitet ihm Unbehagen.« »Es würde ihm Unbehagen bereiten, wenn du ihn in dieser Situation besuchen würdest?«, unterbricht jetzt Theresa ungläubig. »Ja, ganz bestimmt sogar. Gerade mit dieser Diagnose. Ich glaube, er weiß nicht, wie er damit umgehen soll. Es macht ihm Angst. Bei näherer Betrachtung und wenn ich es richtig überlege, ist er eigentlich ein richtiger Pedant. Habe ich ihn jemals spontan erlebt? Nein. Selbst bei gemeinsamen Urlauben wird alles minutiös geplant. ›Erholung muss man sich verdienen‹, so sein Spruch.«

Sich an Josefa wendend: »Um deine Frage zu beantworten, ich weiß gar nicht mehr so ganz genau, wann ich mich entschieden habe, diese Pilgerreise zu machen. Die Idee war ganz plötzlich da. Viele, die den Roman von Hape Kerkeling gelesen haben, dürften danach diesen Wunsch gehabt haben. Mir ging es jedenfalls so. Nachdem ich das Buch damals gelesen hatte, wäre ich an liebsten sofort aufgebrochen. Aber auch das habe ich wie so vieles andere auch auf *irgendwann* verschoben. Aber es ist immer im Hinterkopf geblieben. In dieser berühmten ›Zukunftsschublade‹, in der man all das aufhebt, was man sich dann für *später einmal* vornimmt.« Ilse unterbricht Anna »Ich glaube, dass man am Ende nicht so sehr seine Fehler bereut, sondern all das, was man *nicht* gemacht hat. All das, was man so lange für *später* aufgehoben hat, bis es dann eines Tages endgültig *zu spät* ist.« »Bei mir hat es dann ja noch ziemlich genau 10 Jahre gedauert, bis ich endlich losgelaufen bin. Andererseits hatte ich auch kurz überlegt, wieder ins Kloster zu gehen. Aber ich wollte einfach nur raus und weg von allem. Raus in die Natur, um unterwegs zu sein in dem gerade beginnenden Frühsommer. Es hätte so schön werden können.« »Du gehst freiwillig in ein Kloster?!«, fragt Gerlinde völlig fassungslos und denkt: »Ich habe es von Anfang an gewusst, die ist nicht ganz dicht.« »Ja, natürlich. Es ist für mich Wellnessurlaub für den Kopf und die Seele. Und damit natürlich auch für den Körper. Manchmal nur für ein Wochenende, manchmal aber auch länger«, erklärt Anna weiter. »Was machst du dann da?«, will Susanne genauer wissen. »Nichts.« »Nichts?« »Nein, rein gar nichts. Vor allem nicht denken. Nicht mehr zu denken und einfach alles loszulassen, das ist für mich, wenn es denn gelingt, der allergrößte Luxus überhaupt.«

»Loslassen scheint offensichtlich dein Thema zu sein«, stellt Ilse nachdenklich fest. »Ja, das kann schon sein. Ich bin überzeugt davon, dass man Altes erst einmal loslassen muss, um Neues überhaupt zulassen zu können. Das ist so eine Art oder der Versuch, das Leben aus einem anderen Blickwinkel heraus zu sehen oder sogar neu zu denken. Aufgrund der Erfahrungen, die ich damit im Kloster gemacht habe, war die Reise auf dem Jakobsweg vielleicht auch nur eine logische Fortsetzung, wenn ich es mir so richtig überlege.« Ilse will mehr wissen. Ihr gefällt der Gedanke. Statt dieser unsäglichen Busreise hätte dies tatsächlich eine Alternative sein können. Aber sie hatte sich noch nie damit beschäftigt. »Wie funktioniert das denn?«, will sie weiter wissen. »Ich gehe seit Jahren immer in das gleiche Kloster. Dort hat man die Möglichkeit, sich entweder in eine Kapelle oder in einen Meditationsraum zurückzuziehen. Du kannst aber auch in deinem Zimmer meditieren. Du musst dich um absolut nichts kümmern. Das Essen wird dir im Speisezimmer für Gäste serviert. Ansonsten bist du dir völlig selbst überlassen. Keiner will etwas von dir. Kein Mensch versucht auch nur ansatzweise, dich bekehren zu wollen. Aber wenn du das Bedürfnis hast, über deine Gedanken zu sprechen oder vielleicht eine Meinung zu Lösungsansätzen zu hören, steht dir dafür immer eine Schwester zur Verfügung.« »Ich kann mir das überhaupt nicht vorstellen. Nicht zu denken, ist für mich völlig unmöglich«, wirft Theresa zweifelnd ein. »Es hört sich auch einfacher an, als es ist. Obwohl, manchmal gelingt es tatsächlich ganz einfach. Dann ist es mal wieder schwieriger und dann wieder geht es überhaupt nicht. Aber was ist schon mein Weg gegen den Weg, den Alia gehen musste? Eine Strecke von über 3.500 Kilometern. Könnt ihr euch das überhaupt vorstellen? 3.500 Kilometer, zu Fuß. Einfach unfassbar. Ohne zu wissen, ob und wie es überhaupt weitergehen wird. Ich bin bisher gerade mal ungefähr 200 Kilometer gelaufen. Habe abends in den meisten Fällen in angenehmen Gasthöfen gut gegessen und noch besser geschlafen. Bin dann am nächsten Morgen nach einem ausgiebigen Frühstück ausgeruht weitergelaufen. Alia dürfte auf ihrer Flucht Erfahrungen der etwas anderen Art gemacht haben.«

»Andere Erfahrungen machen müssen«, erwidert Alia bitter. »Meine Mutter wäre sicher noch am Leben, wenn wir uns unterwegs genügend hätten ausruhen können. Erst haben wir wochenlang an der türkischen Grenze in Matsch und Kälte ausharren müssen. Wir konnten nicht einmal in einem Zelt unterkommen. Man hat uns nur eine Plane gegeben, unter der wir nur notdürftig Schutz gefunden haben. Als es dann endlich weiterging, sind wir wie Tiere von Ort zu Ort gehetzt. Es gab Gerüchte, dass die Grenzen, die noch vor uns lagen, geschlossen werden würden. Dass man dabei sei, Zäune zu errichten. Ständig die furchtbare Angst, es nicht mehr rechtzeitig zu schaffen. Vielleicht bin ich ungerecht. Viele Menschen haben uns geholfen. Sehr viele sogar. Aber bei so vielen Flüchtlingen war es am Ende dann doch zu wenig Hilfe.« »Also habe ich doch recht. Es sind einfach viel zu viele von euch gekommen«, unterbricht sie Gerlinde heftig. »Ja, Hauptsache du hast recht«, wirft Theresa hart ein. »Lass es, Theresa«, bittet Alia, »außerdem möchte ich jetzt nicht weiter darüber sprechen. Ihr könnt euch das sowieso nicht vorstellen. Anna soll weitererzählen.«

»Ich kann es eigentlich gar nicht so richtig beschreiben«, wehrt Anna kopfschüttelnd ab. »Es fällt mir schwer, die richtigen Worte zu finden. Achterbahnen voller Gedanken und Emotionen. Wie gesagt, ab dem ersten Tag nur Regen, Wolkenbrüche, Hagel und aufziehende Gewitter. Außerdem hatte ich zunächst auch noch Probleme mit meinem Rucksack. Es war schon ziemlich gewöhnungsbedürftig mit diesem großen Rucksack auf dem Rücken. Aber endlich loszulaufen und auf dem Weg zu sein, fühlte sich dann erst einmal einfach nur verdammt gut an, trotz Katastrophenwetter. Auf die Strecke hatte ich mich eigentlich gut vorbereitet. Auf alles andere nicht. Ich hatte mir gedacht, ich werde schon sehen, was passiert, oder auch nicht. In meinem Alltag bin ich fast völlig verplant. Mehr oder weniger durch meinen Terminkalender fremdbestimmt und auf die Minute getaktet. Es war ein so ganz wunderbares Gefühl, plötzlich völlig frei und zeitlos unterwegs sein zu können. Schade, dass ich diese Erfahrung erst jetzt mache, wo es eigentlich schon zu spät ist. Außerdem war ich total neugierig auf das, was mich erwarten würde.«

»Hast du denn keine Angst gehabt, so alleine?«, fragt Josefa fasziniert und fährt fort: »Ich war noch nie im Leben alleine, und schon gar nicht alleine unterwegs. Ich kann mir das überhaupt nicht vorstellen.« »Nein, ich habe eigentlich nur sehr selten Angst. Mein Umfeld hatte dagegen riesige Bedenken. Mein Freund Sebastian und auch meine Familie, allen voran meine Schwester Klara. Sie konnten sich nicht vorstellen, dass man so einen Weg überhaupt geht, und schon gar nicht alleine. Ich habe ein sehr ausgeprägtes Gottvertrauen und bin daher eher angstfrei. Außerdem ist es ja durchaus möglich, dass mein Leben nun sehr viel schneller zu Ende gehen wird als gedacht.. Was soll mich denn da noch schrecken?«

»Kann man wirklich so cool sein?« Theresa ist skeptisch. »Ob das cool ist oder nicht, kann ich dir nicht beantworten. Aber ich bin bisher nicht nur diesen Weg gegangen, sondern auch durch alle Höllen, die man sich überhaupt nur vorstellen kann. Außerdem ist es ein Prozess, der sich seit der Diagnose ständig weiterentwickelt. Der sich manchmal sogar noch stündlich verändert. Ich hatte unterwegs einen faszinierenden Traum, der mir sehr viel Ruhe, ja sogar regelrecht Frieden gebracht hat.« »In dem dir wahrscheinlich ganz viele liebe Engel oder vielleicht Gottvater selbst erschienen ist?«, kommt es abfällig von Gerlinde. »Sie kann es einfach nicht lassen«, meint Ilse resignierend, deren Schmerzen wieder stärker werden. »Nein, mir sind keine Engel und auch nicht der liebe Gott erschienen. Ich habe von einem Fahrstuhl geträumt. Lange schon vor meiner Reise habe ich einen Roman gelesen, in dem es im Wesentlichen um Rohstoffvorkommen auf dem Mond geht. Vor allem geht es um die Ausbeutung und den Abbau dieser Rohstoffe und den damit verbundenen Transport zur Erde. Das Material wird mit dafür eigens konstruierten Fahrstühlen vom Mond zur Erde gebracht. In die andere Richtung nimmt dieser Fahrstuhl dann Fahrgäste wieder mit hinauf. Gäste, die in einem Luxushotel auf dem Mond Urlaub machen und von dort aus Ausflüge unternehmen können.« »Auf dem Mond Urlaub machen?« Gerlinde ist irritiert. »Sommer, Sonne, Strand und Meer oder in die Berge, das ist für mich Urlaub. So wie für alle anderen auch.« »Alles andere dürfte wahrscheinlich auch außerhalb deines Vorstellungsvermögens liegen«, urteilt Susanne genervt. »Lass Anna doch weitererzählen. Ich will mehr von diesem Traum wissen.« »Es ist eine spannende Geschichte. Von einem meiner Lieblingsautoren. Natürlich eine rein fiktive Geschichte.« »Wir sind ja nicht blöd«, unterbricht Gerlinde erneut, ohne dass diesmal jemand darauf eingeht. »Ich habe an einer Startrampe in einer kleinen Gruppe von Menschen gestanden. Zusammen haben wir ganz ungeduldig darauf gewartet, dass die Reise und das Abenteuer zum Mond endlich losgehen. Auf einem roten Teppich wurde ich in eine von mehreren Fahrstuhlkabinen geführt. Alles sehr komfor-

tabel und edel. Es hätte genauso gut der Empfangsbereich auf einem luxuriösen Kreuzfahrtschiff sein können. Nachdem der Fahrstuhl dann aber endlich losgefahren ist und immer schneller wurde, habe ich plötzlich festgestellt, dass ich ganz offensichtlich der einzige Fahrgast auf dieser besonderen Reise zum Mond war. Wo waren die anderen? Was war passiert? Ich war zunächst ziemlich überrascht und verwirrt und hatte dann sogar auch Angst. Als ich aus dem Fenster nach unten schaute, habe ich dann all die anderen gesehen, die ursprünglich gemeinsam mit mir hätten fahren sollen. Sie standen noch immer unten an der Startrampe der Mondfähre. Alle schauten nach oben und winkten hinter mir her. Dann, ganz plötzlich, war die Angst weg. Ich hatte ein ganz unbeschreibliches Gefühl. Unsicherheit und Angst wandelten sich in ein Gefühl voller Ruhe und Frieden. Ja, sogar in ein regelrechtes Glücksgefühl. Je schneller der Fahrstuhl wurde und je weiter er sich von der Erde entfernte, umso stärker wurden diese Empfindungen. Dann hatte ich nur noch einen einzigen Gedanken. *Ihr da unten, ihr macht jetzt ganz einfach ohne mich weiter. Ja, ihr macht jetzt ohne mich weiter. Ich hab's jetzt nur noch gut. Unbeschreiblich gut.* Kein Druck und kein Ballast mehr. Einfach nur noch Ruhe und Frieden.«
»Das ist Gänsehaut pur«, sagt Susanne leise in die eingetretene Stille, um dann pragmatisch festzustellen: »Wir müssen Holz nachlegen, das aber für beide Öfen nicht mehr reichen wird.« Theresa bestimmt: »Deshalb sollten wir uns auf den Herd konzentrieren. Darauf können wir notfalls Wasser heiß machen, um Tee oder Kaffee zu kochen. Außerdem ist es noch warm genug«, sagt sie und denkt: »Wer weiß, wie lange noch. Es kann hier hinten sehr schnell sehr feucht werden.« »Ich habe heute in

der Früh eine Suppe vorgekocht«, erklärt Josefa und holt einen riesigen Topf aus dem angrenzenden Lagerraum, den sie zum Aufwärmen auf den Herd stellt.

»Du hast fast in jedem Satz von Ruhe und Frieden gesprochen«, kommt es von Ilse. »Ist es das, was du auf deinem Weg zu finden hofftest?« »Ja, auch. Ruhe und Frieden, statt der Panikattacken, die mich manchmal überfallartig anspringen und mir die Luft zum Atmen nehmen. Aber in Wirklichkeit suche ich doch nur einzig und allein Plan A. Nichts weiter als die verzweifelte Suche nach dem ultimativen Masterplan, der mich einfach nur wieder gesund werden lässt. Plan B ist natürlich, die nötige Ruhe und Kraft zu finden. Für den Fall der Fälle. Es dann tatsächlich annehmen zu können, was da kommen wird. Das, was mich seit der Diagnose wirklich umtreibt, ist die Frage, was mache ich, wenn es wirklich ernst wird. Im Moment ist alles noch immer ziemlich abstrakt. Ich fühle mich ja auch nicht wirklich krank. Der Tod scheint noch so weit entfernt zu sein. Allerdings habe ich keine Ahnung, wie weit er tatsächlich noch entfernt oder wie nah er schon ist. In welchem Tempo kommt er jeden Tag näher? Angst vor dieser Begegnung habe ich eigentlich nicht mehr. Aber wo und in welchem Zustand werde ich die unmittelbare Zeit davor verbringen? Ich suche auch eine Strategie, so eine Art Notfallplan.« »Wie soll so ein Plan B oder C denn aussehen? Kann man sich darauf wirklich vorbereiten?« »Ilse, ich weiß es nicht. Ich weiß nur eins, dass mir dieser Traum bereits sehr geholfen hat. Es hat noch das eine oder andere Ereignis gegeben, darüber möchte ich aber jetzt nicht sprechen.«

»Du hast auch von gesundem Gottvertrauen gesprochen. Glaubst du eigentlich wirklich an Gott oder ist das nur ein krankheits- oder situationsbedingter Glaube, den du da mit dir herumschleppst?« »Nein, nicht erst seit der Diagnose. Ich glaube schon seit meiner frühesten Kindheit an Gott. Ein ganz selbstverständlicher und fest verwurzelter Glaube. Das kam völlig unerwartet. Meine Eltern wollten beide weder mit Gott noch mit der Kirche etwas zu tun haben. Irgendwelche Erlebnisse im Zweiten Weltkrieg, über die sie sich aber nicht näher ausgelassen haben. Ich aber hatte ein Erlebnis im Kindergarten. Wir durften mithelfen, den Altar für ein Erntedankfest zu schmücken. Dieses Bild habe ich bis heute nicht vergessen. Während des Erntedankgottesdienstes fiel ein ganz besonderer Lichtstrahl auf all die Körbe und Schüsseln mit Gemüse, Obst und Getreide. Das hat mich so sehr berührt, dass ich ab diesem Moment angefangen habe, mit Gott zu reden. Immer wieder, fast täglich, und das bis heute.« Gerlinde kann nicht glauben, was sie da hört. »Du redest mit Gott? Was antwortet er dir denn so? Ich kann mit deinem Gott nichts anfangen. Wo war er denn, als ich Kind war? Warum hat er zugelassen, dass mich seine Klosterfrauen über viele Jahre hinweg so schlecht behandelt haben? Oder gibt es ihn einfach gar nicht? Mir hat er jedenfalls nicht geholfen, noch nie.« Anna schaut Gerlinde prüfend an und erzählt weiter: »Wir hatten in unserem Haus einen Wäscheboden mit einem riesigen Dachfenster. Immer wenn ich Ärger hatte, bin ich hoch auf den Wäscheboden und habe mich unter das Dachfenster gestellt, um mit Gott zu reden. Und ich hatte ziemlich oft Ärger. Vor allem mit meiner Mutter. Ich dachte, da oben auf dem Wäscheboden bin ich dem Himmel und ihm ein Stück näher und er kann mich da auch besser hören. Aber eigentlich war meine erste Begegnung mit Gott schon unmittelbar nach meiner Geburt. Ich bin in einem Krankenhaus zur Welt gekommen, das von Ordensschwestern betrieben wurde. Meine Eltern wollten mich eigentlich auf den Namen Annika taufen lassen. Damit waren die Schwestern absolut nicht einverstanden. Keine Chance. Sie erklärten, dass es sich hierbei um keinen christlichen Namen handeln würde. So wurde aus Annika Johanna. Genannt wurde ich aber immer nur Anna.« Josefa, in ihrem Glauben fest verwurzelt, nickt zustimmend, sagt dazu aber nichts. »Ja, Gerlinde, es gibt für mich tatsächlich Antworten. Nicht im Äußeren. Für diese Art von Antworten musst du zuerst zu dir selbst kommen. Das gelingt mir in der Meditation. Zugegeben nicht immer, aber einen Versuch ist es immer wieder wert. Allerdings muss man schon sehr, sehr genau hinhören.« »Wer hört denn heutzutage überhaupt noch zu?«, fragt Ilse. »Es geht doch meistens immer nur um den eigenen, unverrückbaren Standpunkt. Sich auf den anderen oder dessen Argumente einzulassen, ihm oder ihr zuzuhören oder gar jemanden anzuhören, das findet doch sehr oft gar nicht mehr statt.«

»Hinhören oder zuhören, das hab ich noch nie gekonnt. Wollte es auch gar nicht«, stellt Gerlinde für sich fest. Ganz im Gegenteil! Wie oft hatte sie sich früher die Ohren zugehalten, um dem Spott und der Hänselei ihrer Mitschülerinnen oder dem Gezeter ihrer Großmutter zu entgehen. Später in ihrer Ehe hatte sie einfach abgeschaltet, wenn sie keine Lust mehr hatte zuzuhören. »Gerlinde, du hörst mir schon wieder nicht zu!«, hatte sich ihr Ehemann immer wieder beklagt.

»Na, ich halte es da eher mit Papst Leo X. Der hat im sechzehnten Jahrhundert erklärt, dass das Märchen von Christus der Kirche viel Nutzen gebracht habe«, wirft Ilse ein. »Außerdem, was soll man denn von einem Glauben halten, dessen Geschichte erst viele Jahre nach dem Leben und Tod Jesu von den Evangelisten aufgeschrieben wurde? Das Johannesevangelium wurde erst rund 100 Jahre später geschrieben. Durchsetzen konnten sich nur vier Evangelien, obwohl es sehr viele gegeben hat. Allerdings mit sehr unterschiedlichen Auslegungen über das Wirken und Leben Jesu. Es ist so, als würden wir beispielsweise erst heute anfangen, die Dinge aus dem Ersten Weltkrieg aufzuschreiben. Nur mündlich überlieferte Informationen. So nach dem Stille-Post-Prinzip. Jedes Land mit seiner eigenen Wahrheit über Sieg und Niederlage. Historischer Mischmasch, je nach Betrachtungsweise. Äußerst fragwürdig, wenn ihr mich fragt. Ich halte mich da eher an die naturwissenschaftlichen Fakten.« »Ich bin absolut überzeugt davon, dass Naturwissenschaft und Glauben zusammengehören«, erklärt Anna nachdenklich und fährt dann fort: »Ich denke, dass das eine ohne das andere einfach gar nicht möglich ist.«

»Das ganze Gerede und Getue um Gott, Jesus und Glauben kommt doch immer nur von denen, die sonst niemanden haben und verzweifelt auf der Suche nach Halt sind«, wirft Gerlinde heftig ein. »Was für ein philosophischer Ansatz, meine Liebe. Hätte ich dir gar nicht zugetraut, Frau Huber«, kommt es sarkastisch von Theresa. »Wie meinst du das genau?«, will Josefa wissen, die sich angegriffen fühlt. »Ja, der Glaube ist für Leute, die genau so sind wie du. Schau dich doch an. Du bist das beste Beispiel. Ganz alleine auf der Welt. Keinen Freund und keinen Mann, keine Familie. Da bleibt einem wahrscheinlich nur noch die Flucht zum lieben Gott. Wenigstens einer, an den man sich halten kann. Gott sozusagen als Partner- oder Familienersatz. Glaube aus Verzweiflung vor der Einsamkeit.« Josefa reagiert empört. »Was bist du doch für eine unglaubliche Krampfhenne«, faucht sie Gerlinde an. »Na ja, vielleicht ist ein Glaube oder Gott im Gegensatz zu deinem persönlichen Tröster, dem Alkohol, dann doch die bessere Wahl«, ergänzt Theresa hart mit funkelnden Augen. »Das geht dich überhaupt nichts an!«, schreit Gerlinde, jetzt wieder vollkommen aus der Fassung gebracht. »Nein, es geht mich auch nichts an. Mir persönlich ist es auch völlig schnuppe, ob jemand glaubt oder nicht. Ob an Gott, Jesus, den Propheten Mohammed, Buddha oder wie die sonst noch alle heißen mögen. Mir ist es auch völlig egal, ob du dich früher oder später totsäufst, Schätzchen. Von mir aus kann jeder nach seiner eigenen Fasson glücklich werden. Jeder kann machen, was er will, solange es nicht auf meine Kosten geht und mir niemand damit im Weg steht.« »Es ist doch egal, ob man an Gott und die Existenz von Jesus Christus glaubt«, schaltet sich Susanne ein. »Auch wenn beide nicht existieren sollten, die Werte, die mit dem Christentum verbunden sind, bilden doch die Grundlage unserer Gesellschaft.« »Von welchen euren ›Werten‹ sprichst du denn?« fragt Alia angriffslustig. »Doch nicht etwa von den Werten eurer Spaßgesellschaft. Wie heißt es wieder in einem Werbeslogan? ›*Hauptsache, du hast Spaß!*‹ Eine Gesellschaft voller Egoisten. Jeder glaubt, Anspruch auf ein sorgenfreies Leben zu haben, am besten zum Nulltarif. Ein Recht auf die sofortige und vollständige Befriedigung von Konsumwünschen, egal um welchen Preis.« »Und das ist bei euch anders?«, zweifelt Anna. Alia schüttelt schulterzuckend den Kopf, antwortet aber nicht auf Ilses Frage.

»Oh bitte, jetzt keine Diskussion über die sogenannten Werte des Abendlands. Das Christentum hat in seiner rund zweitausendjährigen Geschichte mehr als genug Unheil angerichtet«, erklärt Ilse energisch. »Jemanden wie mich haben sie noch vor weniger als 250 Jahren auf den Scheiterhaufen geschickt. Die letzte Hexe wurde in Deutschland am 04.04.1775 verbrannt.« »Du kennst dich aber gut aus. Woher weißt du das so genau?«, will Josefa gespannt wissen, für die solche Gespräche absolutes Neuland sind. »Ja, ich habe mich in den letzten Jahren intensiv mit dem Thema Emanzipation und Feminismus beschäftigt. Dazu gehört auch die Rolle der Frau in der Kirche. Die meisten Frauen, die von den Männern der Inquisition auf die Scheiterhaufen geschickt wurden, waren für damalige Verhältnisse meistens sehr unabhängig. Sie kannten sich oft auch in naturwissenschaftlichen Dingen sehr gut aus. Davor hatte die Kirche höllische Angst, so wie sie überhaupt Angst vor jeglicher Form von Bildung hatte. Wenn man die Leute nur dumm genug hielt, würden sie auch keine Fragen stellen, schon gar keine, welche die Kirche in Gefahr bringen könnten.« Anna unterbricht Ilse: »Am schlimmsten finde ich, dass die Kirche über viele Jahrhunderte die Menschen in Angst und Schrecken vor einem strengen und strafenden Gott gehalten hat.« Ilse fügt hinzu: »Und Frauen hat die Kirche schon immer besonders übel mitgespielt. Schon zu Beginn des Christentums hatte die Kirche bereits ihre Probleme mit den Frauen. Maria Magdalena, die einst die wichtigste Jüngerin Jesu gewesen sein soll, wurde als Hure denunziert.« »Sie soll sogar angeblich die Ehefrau von Jesus gewesen sein, die ihm Kinder geboren hat. Später soll sie nach Frankreich geflohen sein, wo heute noch Nachkommen der beiden leben sollen«, ergänzt Anna. »Ja, es gibt jede Menge Spekulationen darüber. Vor allem in den einschlägigen Romanen dazu, die sich bestens verkaufen«, sagt Ilse. »Dann gab es Junia, eine berühmte Apostelin. Sie wurde einfach in einen Mann verwandelt. Phöbe, Vorsteherin einer frühen Christengemeinde, wurde auf eine Hilfskraft von Paulus reduziert. Von Lydia, der ersten bekannten Christin Europas, wusste man 2000 Jahre nichts. Vier Frauen mit elementarer Bedeutung für das Christentum. Verbannt in das Dunkel der Geschichte. An dieser Ignoranz hat sich doch bis heute nichts geändert. Die katholische Kirche behandelt auch die Frauen des 21. Jahrhunderts noch immer als Menschen zweiter Klasse. Nichts hat sich daran geändert«, erklärt Ilse leidenschaftlich, »ich habe zwei Bücher zu diesem Thema veröffentlicht. Zugegeben keine Bestseller, aber immerhin sehr beachtet. Die Institution Kirche ist für mich persönlich nach wie vor grenzenlos scheinheilig. Und das gilt, wie ich finde, für beide Konfessionen. Auch wenn in der katholischen Kirche der jetzige Papst sein Möglichstes versucht, viel wird dabei nicht herauskommen. Die wirklich Mächtigen im Vatikan werden auch in Zukunft schon dafür sorgen, dass ihre Privilegien weitgehend unangetastet bleiben. Außerdem finde ich, dass niemand das Recht hat, seinen Glauben oder Nichtglauben über einen anderen Glauben zu stellen. Zumal Juden, Christen und Moslems in Abraham den gleichen Ursprung haben. Der Ansatz der Tempelritter, die den Plan gehabt haben sollen, alle Glaubensrichtungen zu vereinen, war meiner Ansicht nach genau richtig. Das musste die katholische Kirche aber um jeden Preis verhindern. Im Jahr 1312 hat sie die letzten der Tempelritter auf dem Scheiterhaufen verbrannt. Die Katharer ließ die damalige Kirche ebenfalls ausrotten. Im Jahr 1209 richtete sie ein entsetzliches Blutbad unter ihnen an. Mehr als 30.000 Menschen wurden bestialisch umgebracht. Die Katharer lehnten das Streben der Kirche nach Macht und Reichtum radikal ab. Außerdem waren sie der Ansicht, dass jeder Mensch direkt mit Gott in Kontakt treten sollte. Alle Glaubensgrundsätze der Katharer standen in krassem Widerspruch zu den Lehren der Kirche. Außerdem vertraten sie eine dualistische Theologie. Der zufolge müsse es neben dem gütigen und barmherzigen Gott auch noch einen ebenso mächtigen, aber bösen Gott geben, der für all die Schrecken verantwortlich war, die die Welt heimsuchten. Der gute Gott war der Schöpfer von Himmel und Erde, während der böse Gott Einzug in den Menschen gehalten hatte.

Ich persönlich halte mich da auch wesentlich lieber an Fakten. An der Existenz Gottes kann man ja berechtigte Zweifel haben. Aber sicher ist doch, dass das Böse existiert.« »Ilse, der personifizierte Fakten-Checker«, stellt Anna lächelnd fest. »Nein, die geborene Klugscheißerin«, ergänzt Gerlinde im Stillen. »Ja, in einer Zeit, in der von alternativen Fakten gesprochen wird und sogenannte ›Fake-News‹ inzwischen wie selbstverständlich zum Alltag gehören, wird die Wahrheit doch immer wichtiger. Postfaktisches Zeitalter, nennt man das heutzutage. Wenn nicht einmal gewählte amerikanische Präsidenten vor den sogenannten ›alternativen Fakten‹ zurückschrecken, läuft da doch etwas in eine völlig falsche Richtung«, antwortet Ilse gelassen. »Es gab und gibt sicher sehr viele Dinge, für die man die Kirche kritisieren kann«, antwortet ihr Anna, »und trotzdem glaube ich, dass der Glaube und die Kirchen heute eine große Chance hätten. Ich persönlich nehme die Kirche eher als schweigende Mauer und nicht als Problemlöser wahr. Im Kleinen, lokal und regional wird von den Pfarreien, den Ordensleuten und auch in den Klöstern sicher sehr viel getan. Großartiges Engagement. Dass Interesse an Kirche und Glaube vorhanden ist, sieht man ja auch bei den jeweiligen Kirchentagen der beiden Kirchen. Immer mehr junge Leute fühlen sich angesprochen.« »Na ja«, wirft Ilse ein, »für mich als Konfessionslose eher eine fragwürdige Veranstaltung. Immerhin werden 50% der Kosten dafür von Steuergeldern bezahlt. Also auch von meinem Geld. Mit welchem Recht eigentlich? Die Kirchen sind doch reich genug.« »Ich kann dir darauf keine Antwort geben«, erwidert Anna. »Aber in einer Zeit, in der immer mehr Menschen nach Antworten und Orientierung suchen, braucht es den großen Wurf. Der Altbundespräsident Roman Herzog hat mal davon gesprochen, dass ein Ruck durch diese Gesellschaft gehen muss. Ich denke, es ist höchste Zeit, dass ein Ruck auch durch die Kirche geht. Dass sie sich als kompetente Problemlöserin anbietet, die sie mit ihrem riesigen Potenzial sein könnte. Sie hätte nämlich genau dieses Potenzial, das heute so dringend gebraucht wird. Wenn man sich nur ansieht, wie viele Aktionen jetzt im laufenden Lutherjahr angeschoben und wie sie von der Bevölkerung angenommen werden.« »Auch mit Luther habe ich so meine Probleme«, erwidert Ilse. »Seine späten antisemitischen Äußerungen und Schriften waren schon mehr als nur grenzwertig. Allerdings muss man anerkennen, dass mit der Reformation begonnen wurde, die Welt zu hinterfragen. Also, wenn es nach dir gehen würde, Anna, benötigt Gott nur ein cleveres Marketingkonzept?« Ja, vielleicht. So ungefähr nach dem Motto »*tue Gutes und rede viel darüber*« »Was ist denn die Wahrheit? Oder wer hat denn den wahren Glauben? Wie ist das denn mit dem Islam, der angeblich zu Deutschland gehört?«, will Gerlinde nach längerer Stille aufgebracht wissen. »Das Thema Islam ist doch völlig überbewertet. Es kocht doch im Moment nur deswegen über, weil es derart massive Probleme mit den Flüchtlingen gibt und damit auch der Terrorismus immer näher kommt. Nur circa 6% aller Deutschen sind überhaupt Muslime. Auch wenn der Islam derzeit teilweise ein ziemlich entmenschlichtes Gesicht zeigt...«, antwortet ihr Anna, bevor sie heftig von Alia unterbrochen wird. »Nicht der Islam zeigt ein entmenschlichtes Gesicht. Es sind Mörderbanden aller Art, die den Namen des Islams missbrauchen. Allen voran die Krieger des sogenannten Islamischen Staates. Ihr maßt euch Urteile über Dinge an, von denen ihr nicht den Hauch einer Ahnung habt. Wer von euch hat sich jemals mit dem Koran beschäftigt oder ihn sogar gelesen? Viele Muslime, die in Deutschland leben, sind fester und friedlicher Bestandteil eurer Gesellschaft. Niemand hat das Recht, sie unter Generalverdacht zu stellen.«

Alia

Alia und ihre Familie führten bis zum Beginn des Bürgerkriegs ein angenehmes, privilegiertes Leben. Ein großes, lichtdurchflutetes Haus am Stadtrand inmitten eines riesigen Gartens, fast schon ein Park. »Dieser gerade beginnende und sich immer weiter ausbreitende arabische Frühling macht mir Angst«, hatte ihr Vater vor Jahren erklärt. Ein einziger Funke wird genügen, um unser Land in ein Schlachtfeld zu verwandeln. Es gibt einfach zu viele unterschiedliche Gruppierungen, die nur darauf warten, endlich losschlagen zu können. Allen voran die Kämpfer des sogenannten Islamischen Staates. Wehe allen, die denen in die Hände fallen werden.«

»Es ist doch wie immer«, stellt Anna fest. »Einige wenige sind für extreme Handlungen verantwortlich.« »Einige wenige?«, fragt Susanne irritiert. »Ja, wenige im Verhältnis zu den Armeen in den jeweiligen Ländern, allen voran im Irak. Es waren gerade mal circa 30.000 Kämpfer des sogenannten Islamischen Staates, die in Syrien und im Irak kämpften«, ergänzt Ilse und fährt fort: »Entstanden ist der IS im Jahr 2003 im Irak, gegründet vor allem von Widerstandskämpfern gegen die US-Besatzung. Die meisten IS-Kämpfer sind Sunniten, die sich politisch und religiös von den Schiiten unterdrückt fühlen. Ihre Anführer sind größtenteils ehemalige Offiziere der irakischen Armee. Die ersten Anführer stammten aus dem Terrornetzwerk Al Kaida.« »Sie ist sogar eine Oberklugscheißerin«, denkt Gerlinde böse. »Du scheinst dich ja tatsächlich perfekt auszukennen«, entgegnet ihr Alia verbittert. »Ich sage es noch einmal, ihr versteht nichts und wisst nichts. Rein gar nichts. Was bildet ihr euch eigentlich ein? Aber wie konnte ich es bloß vergessen! Ihr Deutsche, ihr seid ja das Maß aller Dinge! Ein ganzes Land voller Besserwisser. Oberlehrerhaft, allen voran eure Angela Merkel.« »Das ausgerechnet du dich über die deutsche Kanzlerin beschwerst, ist schon sehr speziell«, erwidert Ilse. »Ohne sie hätten es viele von euch erst gar nicht bis nach Deutschland geschafft. Irgendwo gestrandet in Ungarn, der vorläufigen Endstation im Sommer 2015. Das kannst du nicht vergessen haben«, mischt sich Gerlinde wütend ein. »Regelrecht eingeladen hat sie euch, ja direkt aufgefordert hierherzukommen.« »Es war eine humanitäre Geste der Kanzlerin, während viele andere nur zugeschaut haben«, wirft Ilse ein und Anna ergänzt: »Zur Humanität gibt es keine Alternative.« Josefa steht wortlos auf und füllt Suppe in dicke Suppenschalen die sie an alle verteilt. »Bevor es weiter unsinnigen Streit gibt, sollten wir besser was essen.« Alia schaut Gerlinde hasserfüllt an, wendet sich dann aber ab. Erneute Stille, während alle die Suppe löffeln. »Wie verschieden wir doch alle sind«, denkt Josefa.

»Du hast gesagt, dass wir nicht den Hauch einer Ahnung vom Islam und eurer Geschichte haben. Da hast du sicher recht«, wirft Theresa in die Stille ein. »Aber du und deine Landsleute, ihr habt offensichtlich auch keine Ahnung. Keine Vorstellung davon, was dieses Land in den letzten beiden Jahren geleistet hat. Immer wieder beschweren sich alle über die Deutschen. So wie du jetzt. Aber wenn es Probleme gibt, sind wir doch die Ersten, die gerufen werden. Ich halte es immer noch mit Angela Merkel und ihrem Satz ›Wir schaffen das.‹ Nur leider hat sie vergessen zu erwähnen, wie lange es dauern wird und wie es zu schaffen ist. Die in deinen Augen so besserwisserischen Deutschen, allen voran die unzähligen freiwilligen Helfer, haben unglaubliche Hilfe und

Unterstützung geleistet. Ich erinnere mich noch genau an die Ankunft der ersten Züge im Hauptbahnhof in München. Ich war selbst dort, allerdings nur zufällig. Ich wartete auf einen Anschlusszug und habe sie gesehen, die ankommenden Flüchtlinge, und in welchem Zustand sie waren. Gesehen habe ich aber auch die unglaubliche Hilfsbereitschaft der Menschen, die sie in Empfang genommen haben. Eine Willkommenskultur, über die wir hier in Deutschland sehr erstaunt waren. Damit hatte niemand gerechnet. Am allerwenigsten wir Deutschen selbst.

Viele von euch haben wahrscheinlich gedacht, das geht auf Dauer so weiter. Aber das hier ist nicht das Schlaraffenland. Ihr müsst euren eigenen Beitrag dazu leisten. Sonst wird es nicht funktionieren. Wir können euch nur Hilfe zur Selbsthilfe geben. Dazu gehört vor allem eure Bereitschaft zur Anpassung und Integration in unsere Gesellschaft. Nicht wir müssen uns anpassen, ihr seid gefordert.« »Ihr erwartet, dass wir so funktionieren sollen wie ihr? Wer oder was seid ihr denn?«, höhnt Alia heftig. »Seid ihr ein Volk? Oder eher doch nur eine riesige Arbeitsgemeinschaft? Ihr seid so funktionierend wie Zahnräder. Kalt, pünktlich, fleißig und arbeitsam!« »So siehst du uns?«, will Susanne wissen. Theresa mischt sich gelassen ein: »Pünktlichkeit und Fleiß sind nicht unbedingt die schlechtesten Eigenschaften. Ich habe auch noch nicht gehört, dass es jemals geschadet hätte, arbeitsam zu sein. Ich habe einen eigenen Betrieb und erwarte von meinen Mitarbeitern, dass sie dafür auch die entsprechende Leistung bringen. Ich überweise am Monatsende ja auch kein Falschgeld.«

»Wie viele Mitarbeiter beschäftigt dein Betrieb?«, will Anna wissen. »Es kommt immer darauf an, in welcher Projektphase wir uns gerade befinden. Wir haben einen festen Personalbestand von durchschnittlich 20 Mitarbeitern. Dazu kommen noch meine beiden Söhne Jonathan und Roman. Beide sind nach dem Studium im Betrieb eingestiegen und ergänzen sich ganz fabelhaft. Jonathan ist der kreativere Kopf der beiden, während sich Roman eher der Kosten-Nutzen-Analyse verschrieben hat. Ein echtes ›Dream-Team‹, meine beiden. Allerdings können sie es nicht erwarten, ihre alte Mutter endlich loszuwerden. Mein Mann ist inzwischen längst ausgeschieden. Er genießt, wie er sagt, nur noch die Sonnenseite des Lebens beziehungsweise den ewigen zweiten Frühling. In Spitzenzeiten sind wir aber auch zusätzlich auf Aushilfen und Praktikanten angewiesen.« »Dann gehörst du also auch zu denen, die ganze Legionen von Praktikanten beschäftigen«, stellt Ilse vorwurfsvoll fest. »Praktikanten bringen auch immer wieder neue Ideen oder Lösungsansätze für die nächste Ausschreibung mit. Das zwingt uns manchmal, in ganz andere Richtungen und auch immer wieder quer zu denken. Außerdem kann es sich kein Betrieb leisten, gleichbleibend immer so viele Mitarbeiter zu beschäftigen, dass damit auch Zeiten mit hohen Auftragsspitzen abgedeckt werden können. Gerade am Anfang eines Projekts fällt ein wesentlich höherer Arbeitszeitbedarf an als während der eigentlichen Abwicklungsphase. Abgesehen davon ist es eine sogenannte Win-win-Situation. Wir haben national und international einen hervorragenden Ruf. Den meisten unserer Praktikanten, die an einem unserer Projekte mitgearbeitet haben, stehen anschließend viele Türen offen.« »Trotzdem werden viele dieser Praktikanten von Leuten wie dir doch nur ausgebeutet«, behauptet Gerlinde rechthaberisch und weiter, »das ist unanständig.« Theresa versucht, ihre erneute Wut gegenüber Gerlinde zu unterdrücken. »Unanständig? Unsere Praktikanten lernen was bei uns. Das kostet uns Zeit und Geld. Bei uns bekommen sie am Ende auch eine Anerkennungsprämie und werden bei der Verteilung von erfolgsabhängigen Bonuszahlungen ebenfalls berücksichtigt. Sie kommen in den Genuss der kostenlosen Mahlzeiten, die wir unseren Mitarbeitern zukommen lassen. Genauso wie Getränke und das täglich frische Obst. Wir kümmern uns um unsere Mitarbeiter. Es ist eine besondere Form der Anerkennung und Wertschätzung ihrer Arbeit.« »Wie dem auch sei, so ganz uneigennützig ist das Rundumsorglos-Paket für eure Belegschaft ja wohl nicht«, stellt Anna nach einiger Zeit sachlich fest. »Ich finde es sogar ganz schön clever , dieses Verwöhn-Programm.«

»Ich sage dir, was unanständig ist. Unanständig sind für mich die Zeitarbeitsfirmen, die sich auf Kosten der Allgemeinheit eine goldene Nase verdienen. Zeitarbeitsfirmen, die ihren Mitarbeitern nur den Mindestlohn zahlen. Die dann darauf angewiesen sind, vom Jobcenter Hartz-IV-Leistungen zu beziehen, um mit ihren Familien überhaupt über die Runden zu kommen. Das ist unanständig, meine Liebe.« Theresa kocht vor Wut und alle anderen schweigen nach diesem Ausbruch. »Was gibt es denn für Alternativen zum Mindestlohn oder zur Verlagerung von Produktionsstätten ins Ausland?«, will Theresa, noch immer aufgebracht, wissen. »Solange ›Geiz ist Geil‹ zum Mantra dieser Gesellschaft gehört, wird extreme Ausbeutung von Mensch und Natur zur Normalität«, ergänzt Ilse sachlich und weiter: »Wen interessiert es schon, wenn in China oder Bangladesch Menschen unter furchtbaren Umständen ums Leben kommen? Eingesperrt in Produktionsstätten, in denen sie für einen Hungerlohn unter unzumutbaren Arbeitsbedingungen zu Höchstleistungen gezwungen werden. Es geht aber nicht nur um Geiz und Kostendruck. Den meisten Konzernen geht es vor allem um den größtmöglichen Profit, der sich aus dem Elend dieser Menschen generiert. Aber das will keiner wirklich so genau wissen.« Keine der anderen geht weiter auf den Einwand von Ilse ein. Sie müssten dann wahrscheinlich zugeben, dass sie selbst auch zur schweigenden Masse derer gehören, die diese Fakten akzeptiert.

Nachdem Alia sich etwas beruhigt hat, wendet sie sich schließlich wieder an Theresa. »Sicher, ihr habt Hilfe angeboten und es bleibt uns gar nichts anderes übrig, als sie anzunehmen. Aber die Art und Weise, wie das oft passiert, kränkt uns. Wir sind keine Menschen zweiter Klasse und schon gar keine Versager. Theresa, du hast von den vielen freiwilligen Helfern gesprochen. Euer Staat ist auf diese Helfer dringend angewiesen, ansonsten würde vieles gar nicht funktionieren. Viele meiner Landsleute haben großartige Erfahrungen gemacht. Helfer, die ihnen Deutschland und das Leben hier erklären. Die sie bei den Behörden unterstützen und bei der Wohnungssuche behilflich sind.« »Diese selbst ernannten Gutmenschen sind ja fast noch schlimmer als ihr«, unterbricht Gerlinde höchst aggressiv, »sie machen uns das Leben noch zusätzlich schwer mit ihrer grenzenlosen Empörung darüber, dass ihre Schützlinge nur Anspruch auf das Existenzminimum haben. Für die meisten dieser Helfer ist es der erste Kontakt mit der Lebenswirklichkeit von Hartz-IV-Empfängern. Fehlendes Verständnis dafür, dass es auch bei Wohnungseinrichtungen nur um die Deckung des Grundbedarfs gehen kann. Da ist kein Raum für Sonderwünsche. Wie oft wird uns Willkür und fehlendes Verständnis vorgeworden.« »Wer ist *uns*?«, will Anna von Gerlinde wissen, die darauf aber nicht antwortet, sondern nur Alia hasserfüllt anschaut, die jedoch ungerührt weiterspricht: »Sie sind für uns schon wichtig. All die Sprachpaten oder die, die Freizeiten und Begegnungen organisieren. Aber nicht alle haben nur uneigennützige Motive. Einigen von denen, die ich bisher kennengelernt habe, geht es in Wirklichkeit einzig und allein um sich selbst. Das sind die, deren eigenes Leben offensichtlich nicht spannend genug ist. Wir Flüchtlinge sind doch ein sehr beliebtes Thema, bei dem jeder mitreden und fast jeder mitmachen kann. Dabei ist es völlig egal, welche Vorurteile oder Klischees dafür herhalten müssen. Da sind zum Beispiel die gelangweilten Ehefrauen, die endlich mal was Aufregendes erleben und sich interessant machen können. Dann gibt es noch weitere Helfer, die, die uns nur dazu benutzen, um sich selbst ins Rampenlicht zu rücken.« Anna unterbricht Alia: »Das ist aber jetzt auch so ein Klischee, da bist du in deiner Beurteilung auch nicht besser.« Alia lässt sich nicht unterbrechen und geht auch nicht auf den Einwand von Anna ein. »Dann die Mitarbeiter in den Ämtern, die uns genau vorschreiben, was wir zu tun und zu lassen haben. Es wird offensichtlich erwartet, dass wir unsere Identität aufgeben. Wir sollen so werden wir ihr. Wir sollen einfach nur funktionieren. Wir sind so völlig anders als ihr. Warum könnt ihr das denn nicht verstehen? Wir haben ein völlig anderes Lebens- und Wertesystem, einen ganz anderen Lebensrhythmus. Ihr erwartet, dass wir das, was uns als Volk ausmacht, aufgeben und uns total anpassen. Das wollen wir aber nicht. Die meisten meiner Landsleute kennen beispielsweise überhaupt gar keine abhängigen Beschäftigungen. Sie haben sich in ihrem Familienverbund nützlich gemacht. Jeder hatte seinen Platz. Für jeden wurde innerhalb der Familie gesorgt.« »Wenn ihr hier leben wollt, habt ihr euch anzupassen, nicht wir an euch«, kommt es böse von Gerlinde. »Am besten wäre es, wenn man euch alle irgendwo in den entvölkerten Landstrichen in der ehemaligen DDR ansiedeln würde. Weit weg von uns. Da könnt ihr Neu-Aleppo oder Neu-Homs aufbauen. Dort gibt es freie Wohnungen, die nur auf euch warten. Ganze Plattensiedlungen, die da drüben leer stehen. Da könnt ihr euch nach Herzenslust ausleben«, sagt sie und fährt aggressiv fort: »Ich bin eine von den Mitarbeitern in den Ämtern, von denen du gerade gesprochen hast. Ich habe jeden Tag mit solchen Leuten wie dir zu tun. Und das macht mir wirklich keine Freude. Glaub mir, gar keine Freude. Ich weiß, wovon ich rede.« Ein Paukenschlag. »Du bist so eine Behördentante?«, will Susanne überrascht wissen. Sprachlose Stille, bis Susanne weiterredet: »Die Vorstellung, so jemandem wir dir ausgesetzt zu sein, macht mir eine Höllenangst. Gott gebe, dass ich niemals in eine Situation kommen werde, in der ich darauf angewiesen bin.« »Es gibt Gesetze, auf deren Grundlage Entscheidungen zu treffen sind«, entgegnet Gerlinde kalt und wird von Ilse unterbrochen: »Und was ist mit den Ermessensentscheidungen? Es fällt mir schwer zu glauben, dass ausgerechnet du deinen Kunden mit Respekt und auf Augenhöhe beggegnest.«

Alia springt auf und stürzt sich mit einem hasserfüllten Blick auf Gerlinde, wird aber von Theresa zurückgehalten. »Alia, das bringt doch alles nichts. Nicht hier und nicht heute Abend. Wir haben auch so schon genug Probleme. Außerdem ist das Thema doch viel zu komplex, als dass wir es sachlich diskutieren könnten.« »Das Thema ist ganz einfach«, kommt es hartt von Gerlinde. »Sie kommen und wollen Hilfe. Wir haben Hilfe zu leisten, ob wir wollen oder nicht. Und sie haben sich anzupassen, ob sie wollen oder nicht. So einfach ist das. Alle von euch wollen doch nur deswegen nach Deutschland, weil wir mit den höchsten Flüchtlingsstandard in Europa haben. Darum geht es und nur darum. Es wird immer nur gefordert. Das fängt ja schon damit an, dass bei vielen von euch gar keine Bereitschaft vorhanden ist, überhaupt einen Sprachkurs zu besuchen. Aber es seid ja nicht nur ihr, die kommen. Es kommen ja auch alle anderen, denen es nur darum geht, in Deutschland Sozialleistungen zu bekommen. Es ist doch ein absoluter Wahnsinn, wenn Polen, Bulgaren, Ungarn und Rumänen in Deutschland Kindergeld in voller Höhe für die Kinder beziehen, die weiterhin im Heimatland leben. Und alles zahlt der deutsche Steuerzahler. Meiner Meinung nach nichts weiter als staatlich subventioniertes Schmarotzertum.« Gerlinde hat sich in Rage geredet, wird aber von Ilse unterbrochen. »Du willst aber nicht sagen, dass es nur Ausländer sind, die den Sozialstaat ausnutzen oder vielleicht sogar betrügen? Das wäre doch bestimmt nicht nur eine sehr einseitige, sondern ganz sicher auch eine unzutreffende Behauptung.« Gerlinde zuckt lediglich die Schultern, antwortet darauf aber nicht. Alia fühlt sich weiter herausgefordert: »Es dauert doch alles viel zu lange. Wartezeiten bei der Anerkennung als Flüchtling,

Wartezeiten in den Jobcentern. Wartelisten bei Sprachkursen. Wartelisten ohne Ende. Wir können die Sprache nicht lernen, wenn wir keine Möglichkeit dazu bekommen«, kommt es weiterhin aggressiv von Alia. »Was, glaubst du, kann eine Gesellschaft in so kurzer Zeit für so viele Menschen leisten?«, entgegnet Ilse. »Menschen, die unsere Sprache nicht sprechen. Viele, die erst mühsam das Alphabet lernen müssen. Viele, wie du selbst sagst, die auch gar nicht die Bereitschaft mitbringen, sich hier zu integrieren.« »Wie lange hätte es denn bei euch gedauert? Oder wie hätte euer Staat reagiert, wenn sich eine Million Christen auf dem Weg nach Syrien gemacht hätte?«, fragt Gerlinde polemisch weiter, wird aber erneut heftig von Ilse unterbrochen. »Gar nichts wäre passiert. Weil die Türkei sie gar nicht erst durchlassen würde. Aber Alia hat recht, es dauert zu lange. Ich meine damit aber nicht nur all die Integrationsbemühungen, sondern vor allem den Krieg. Die Urachen der Flüchtlingsströme, die ganz offensichtlich nicht zu beseitigen sind. Es herrscht seit mehr als fünf Jahren Bürgerkrieg. Jede der Parteien beansprucht für sich das absolute Recht oder den einzig wahren Glauben. Sunniten, Schiiten, Alewiten, Jesiden und all die anderen Gruppierungen, die sich um den Bart des Propheten streiten, wenn ich das mal so platt ausdrücken darf. All das wird die Flüchtlingszahlen weiterhin steigen lassen.« Alia hält aufgebracht dagegen: »Ihr hier in Europa schaut doch nur zu. Der russische Präsident hat Kriegsschiffe geschickt und wirft Bomben über Aleppo ab. Eure empörten Aufschreie halten ihn doch nicht auf. Den hält doch keiner auf. Was tut ihr in Europa denn dagegen? Nichts tut ihr.« »Alia, wie naiv bist du eigentlich? Wer sollte denn den russischen Präsidenten ernsthaft aufhalten können? Vor allem womit denn? Solange er sicher sein kann, dass ihm die anderen nicht ebenfalls mit Bomben und Militär antworten werden, kann er ungestört Fakten schaffen«, entgegnet ihr Ilse und fährt fort: »Vielleicht ist Assad nur deshalb noch nicht gestürzt worden, weil er dem Westen mehr nützt als schadet? Der Krieg in Syrien ist doch schon längst kein Konflikt mehr zwischen dem Regime und seinen inneren Gegnern. Hier geht es längst um geostrategische Auseinandersetzungen der verschiedensten Interessengruppen und Staaten, egal ob Iran oder Saudi-Arabien. Sie sitzen alle mit im Boot. Unzählige Milizen bekämpfen Assad und seine Unterstützer, nicht zu reden von den Kämpfern des sogenannten Islamischen Staates. Assads einziges Ziel ist es doch, weiterhin an der Macht zu bleiben. Dabei schreckt er offenbar auch nicht davor zurück, auch weiterhin Giftgas einzusetzen.«

ALIA

Alia hört das Dröhnen der Bomber. Nur noch wenige Augenblicke und sie würden wieder ihre tödliche Fracht über dem Ostteil von Aleppo abwerfen, gnadenlos. Keine Gnade, für niemanden. Bomben auf Krankenhäuser, Kindergärten und Schulen. Ein hoch effizient tötendes Gemeinschaftsprojekt der syrischen und russischen Regierungen. Der Präsident ermordet mit russischer Hilfe sein eigenes Volk. Sie denkt an ihre ungeborenen Kinder. An die, die nicht hatten kommen wollen und an die, die nicht geblieben sind.

Damals, vor vielen Jahren mehrere Fehl- und Frühgeburten innerhalb von nur fünf Jahren. »Meine Kinder waren offensichtlich klüger als ihre Eltern. Sie wollten nicht auf diese Welt und auch nicht in dieser Welt bleiben. Wer weiß was Ihnen alles erspart geblieben ist.« Jetzt sind meine kleinen Patienten meine Kinder. Vergessene und traumatisierte Kinder. Täglich Tod und Verfolgung. Bestialische Brutalität vor Augen, die niemand erleben und sehen sollte, schon gar nicht Kinder. Verlust von Eltern, Zuhause und Geborgenheit. Hunger, Durst und Schmerzen. Ohne Zuversicht auf Sicherheit oder auf einen Ausweg aus dieser von Menschen gemachten Hölle. Zu viele kämpfen gegeneinander. Wer weiß eigentlich noch, wer für was steht in diesem Bürgerkrieg. Neben dem Nötigsten fehlt es vor allem an ausreichender medizinischer Versorgung.

»In den Nachrichten haben sie heute wieder von fehlender medizinischer Versorgung gesprochen« hatte Sharif verbittert beim Abendessen am Vorabend erzählt. Es hört sich so neutral an. Eigentlich nicht weiter schlimm, es fehlt eben nur etwas. Wen interessiert denn noch der Einzelne? Gestern 50 Tote, heute 35 Tote. Morgen vielleicht 100 oder mehr. Unzählige Schmerzensschreie, jede Minute, jede Stunde, jeden Tag. Fehlendes Verbandsmaterial und keine Medikamente mehr. Die Notstromaggregate liefern nicht lange und ausreichend genug Strom um dringend notwendige Operationen durchführen zu können. Kein sauberes Wasser. Nichts. Es ist nur noch Nichts. Davon ist aber genug vorhanden. Es ist immer wieder ein Wunder, dass trotz alle dem viele diese Zustände überhaupt überleben. Die, die es nicht schaffen, tauchen in keiner Statistik mehr auf. Wir sind verdammt zur Hilflosigkeit.« Sharif hatte sich immer mehr in Wut und Verzweiflung geredet. Alia wird immer besorgter über Sharifs Zorn, der sich täglich steigert. Zorn und Wut auf die eigene Regierung, auf Russen und auf all die anderen, die diese Tragödie nicht nur zulassen, sondern täglich auch noch vergrößern.

»Wir müssen etwas unternehmen« hatte Sharif am Vorabend zu ihrem Vater gesagt. »Ich kann und werde all dem nicht mehr tatenlos zusehen. Die Kinder können doch nichts dafür. Es geht einzig allein um Macht, die keiner abgeben will. Jede Gruppe verteidigt ihre jeweilige Wahrheit als die einzige Wahrheit. Bis zum bitteren Ende. Um jeden Preis. Bisher haben nur die Toten das Ende des Krieges gesehen. Nicht absehbar wer am Ende gewinnen wird. Wer weiß wie lange das noch dauern wird. J.F. Kennedy hat einmal gesagt die Menschheit muss dem Krieg ein Ende setzen, sonst setzt der Krieg der Menschheit ein Ende. Daran hat sich bis heute nichts geändert. Bis dahin haben wir keine Chance und werden weiter tatenlos zuschauen müssen. Ich kann dem nicht mehr zuschauen. »Vielleicht sollten wir auch fortgehen« hatte ihr Vater geantwortet. »Niemals. Niemals werde ich gehen und Alia wird auch nicht gehen. Nicht auch noch wir. Wir dürfen uns denen die gehen nicht auch noch anschließen« hatte Sharif ruhig bestimmt.

»Wo oder auf welcher Seite stehen wir eigentlich?«, hatte Alias Mutter leise gefragt. »Da, wo wir schon immer gestanden haben«, hatte Sharif entschieden geantwortet. »Immer auf der Seite derer, die unsere Hilfe brauchen.«

18:30 Uhr
»Das mit den Religionen, dem Krieg und den Flüchtlingen ist sicher ein spannendes Thema. Wir können uns damit auch noch die ganze Nacht lang beschäftigen. Aber mir persönlich ist das jetzt gerade völlig egal. Ich verstehe nichts von Politik. Habe noch nie etwas davon verstanden. Es interessiert mich auch nicht. Die machen ja sowieso alle, was sie wollen. Außerdem scheint das auch alles viel zu theoretisch zu sein. Alia hat recht, wer weiß denn wirklich, was die Wahrheit ist? Wir doch ganz bestimmt nicht. Wir wissen nur das, was wir wissen oder glauben sollen. Wir können auch nur das wissen, was überhaupt veröffentlicht oder diskutiert wird. Und dann kommt es doch auch immer entscheidend darauf an, von welcher Seite was veröffentlicht wird.« »Theoretisch? Susanne, wo lebst du denn? Wie blind und taub bist du eigentlich?«, fragt Theresa fassungslos. »Dass unsere liebe Frau Huber hier einen besonderen Blickwinkel auf die Dinge hat, habe auch ich inzwischen verstanden. Da wundert mich gar nichts mehr. Aber du? Das hätte ich wirklich nicht erwartet. Krieg und Flüchtlinge sind alles andere als theoretisch. Beides ist inzwischen zu unserem Alltag geworden. Fester Bestandteil unseres Lebens. Gar nicht zu reden vom Terrorismus, der immer öfter immer näher kommt. Offensichtlich scheint dir völlig entgangen zu sein, dass uns genau all das gerade ziemlich um die Ohren fliegt.« »Doch, natürlich. Trotzdem, mir persönlich ist das gerade völlig egal«, antwortet Susanne erschöpft. »Ich muss ganz schnell ganz reale Lösungen für mein eigenes Leben finden. Das fliegt mir nämlich gerade auch ganz praktisch um die Ohren.«

»Erst Anna und jetzt noch eine weitere Suchende«, stellt Theresa trocken fest und wird von Ilse unterbrochen: »Ach, Theresa. Wenn ich das richtig verstanden habe, bist du doch selbst auf der Suche. Also kein Grund, über Susanne zu spotten oder sich aufzuregen. Mich würde viel mehr interessieren, wen oder was du eigentlich suchst«, will sie wissen. »Warum hast du denn hier oben allein den Sommer verbringen wollen? Weit weg von deinem eigentlichen Leben?« »Ja, da hast du nicht so ganz unrecht. Vielleicht bin auch ich auf der Suche. Im Moment fühle ich mich einfach nur ziemlich ausgebrannt und ohne Ideen. Keine Energie und keine Lust mehr. Mir fehlt die Kraft, um mich erfolgreich gegen meine Familie, das heißt eigentlich gegen meine Söhne, durchzusetzen.« »Was wollen deine Söhne von dir?«, fragt Anna. »Meine Söhne, Jonathan und Roman, wollen mich aus der Firma drängen. Ich soll nicht nur die Geschäftsleitung abgeben, sondern ganz verschwinden. Die rote Karte für Theresa, endgültiger Platzverweis. Ich soll mich endlich altersgerecht verhalten. Als ob sich auch nur ein Mensch wirklich ernsthaft vorstellen kann, dass ich als Oma meinen Enkeln Gutenachtgeschichten erzählen würde. Lächerlich. Ich bin keine herzige Oma. Ich bin Geschäftsfrau, Künstlerin und der eigentliche Motor meines Betriebes. Mir geht es genauso wie dem berühmten alten Zirkuspferd. Das dreht in der Manege so lange seine Runden, bis es eines Tages plötzlich tot umfällt.«

Theresa

»Theresa, kommst du bitte? Es wird Zeit, dass wir endlich unsere Plätze einnehmen. Du willst doch nicht zu deiner eigenen Preisverleihung zu spät kommen?« Jonathan zieht seine Mutter mit einem entschuldigenden Lächeln von der Gruppe fort, bei der sie gerade sehr selbstbewusst und charmant Hof hält. »Ohne mich können und werden sie ganz sicher nicht anfangen«, erwidert sie lässig. »Sie kann es einfach nicht lassen«, stöhnt Roman genervt. »Jetzt gönn es ihr doch, es ist ihr Abend und ihr Preis«, versucht sein Vater zu vermitteln. »Ihr Preis? Ja, das denkt hier ja offensichtlich jeder. Das macht mich so unglaublich wütend. Das ist doch lächerlich! Den Preis haben wir alle gemeinsam gewonnen. Als Team. Wenn es nach Theresa gegangen wäre, hätten wir den Auftrag erst gar nicht bekommen. Und damit schon gar nicht diesen Preis. Heutzutage kannst du ausschließlich mit Stil und Kreativität keine Aufträge mehr an Land ziehen.« Theresa ahnt, wie es in ihren Söhnen aussieht, und denkt: »Es ist mein Erfolg. Ihr mit euren ewigen Kosten-Nutzen-Analysen. Damit würdet ihr gar nichts erreichen. Effizienz um jeden Preis? Nein, ganz bestimmt nicht, und schon gar nicht mit mir. Das hier ist heute mein Abend. Mein Preis, meine Ehrung, und all das werde ich jetzt sehr ausgiebig genießen.« Sie erinnert sich noch an ihren ersten öffentlichen Auftritt. Damals hatte sie noch Schnappatmung, bis das in ihr schlummernde Rampensau-Gen endlich freie Bahn hatte. Heute gibt es nichts Besseres als solche Abende. Glamour, Luxus, Rampenlicht und sie selbst als der absolute Mittelpunkt. Die Beste zu sein, Siegerin zu sein, bedeutete,

Theresa zu sein. Das einzigartige Geschenk des Lebens an sie.

Nach dem offiziellen Teil der Veranstaltung ziehen Jonathan und Roman ihren Vater mit sich in eine ruhige Ecke. »Du musst endlich mit Theresa sprechen. Ihr klarmachen, dass ihre Zeit endgültig vorbei ist. Du hast noch immer deine Anteile in der Firma und kannst damit Einfluss ausüben. Diesen Preis haben wir zwar gewonnen, nur leider täuscht er über unsere aktuelle wirtschaftliche Situation hinweg. Die ist leider alles andere als rosig. Bei den letzten Auftragsvergaben waren wir immer nur noch zweiter Sieger. Unser Auftragsbestand reicht gerade noch für die nächsten 7 bis 10 Monate. Es hat Zeiten gegeben, da waren wir für über fast zwei Jahre ausgebucht«, stellt Roman unzufrieden fest. »Auch bei den vorliegenden Ausschreibungen besteht sie konsequent auf ihrem Stil«, ergänzt Jonathan. »Abgesehen davon, dass er inzwischen immer weniger gefragt ist, kann und will das inzwischen auch kein Mensch mehr bezahlen. Wer fragt denn heute noch nach der Seele eines Hauses? Sogar dieser ganze ›Feng-Shui-Quatsch‹ hat sich inzwischen längst überlebt. Wenigstens in Europa. Einfache, klare und zweckmäßige Strukturen, ohne jeden Firlefanz. Wem nützt ein optisch angedeuteter Wintergarten, wenn er doch nicht genutzt werden kann? Es geht hier um öffentlich geförderten Wohnungsbau und nicht um die Realisierung von Lebensträumen Einzelner. Sie muss sich zurückziehen. Nicht irgendwann. Jetzt. Andernfalls können wir unseren Laden in absehbarer Zeit dichtmachen.« »Der Betrieb ist Theresas Ein und Alles. War es immer und wird es immer sein. Meine Gesellschafteranteile spielen dabei überhaupt keine Rolle. Alles andere hat immer dahinter zurückgestanden, das wisst ihr. Es ist immer noch ihr Laden«, erklärt Robert, »sie hat ihn groß gemacht. Ihr werdet sie niemals dazu bringen, ihn aufzugeben. Wenn euch das alles nicht passt, solltet vielleicht ihr besser gehen. Macht euren eigenen Laden auf. Freiwillig wird sie jedenfalls nicht abtreten.« Robert weist in Richtung seiner Frau, die am kalten Büfett steht. »Schaut sie euch doch an. Sie ist weder jung noch ist sie die Schönste hier. Aber sie ist bei Weitem die attraktivste und lebendigste von allen anwesenden Frauen. Sie sprüht förmlich vor Energie und Tatkraft. Ich glaube auch nicht, dass ich der Einzige bin, der das so sieht. Eine bessere Werbung gibt es doch gar nicht. Versucht, Kompromisse zu finden.« »Als wenn es mit Theresa Kompromisse geben würde, wer wüsste das nicht besser als du!«, kommentiert Roman, der jetzt immer wütender wird die Worte seines Vaters. »Als ob dir das jemals wirklich gelungen wäre.« »Was zwischen Theresa und mir ist, geht euch beide absolut nichts an«, erwidert Robert gelassen. »Diesen Preis habt ihr für ein Projekt gewonnen, in dem ihre und eure Vorstellungen realisiert worden sind. Erzählt mir also nicht, dass keine Kompromisse möglich wären. Wie hieß es in der Laudatio? ›Eine gelungene Kombination aus Effizienz und Stil.‹ Man kann nicht immer jeden Auftrag bekommen, zumal der Wettbewerb immer härter wird. Macht euch klar, dass Theresas Name noch immer das wichtigste Zugpferd ist. Außerdem habe ich immer mehr den Eindruck, dass es euch eigentlich um etwas ganz anderes geht. Ihr solltet darüber mal ehrlicherweise nachdenken.«

Theresa beobachtet aus den Augenwinkeln heraus, wie Robert intensiv mit Roman und Jonathan diskutiert. »Sie versuchen also schon wieder, an meinem Stuhl zu sägen. Ich hätte es wissen müssen. Verdammte Bande. Nicht einmal an diesem Abend können sie es lassen.«

Theresa wendet sich zurück an Susanne: »Entschuldige bitte, Susanne. Was also ist genau passiert?« »Ich habe heute meinen Mann verlassen. Endgültig. Für mich gibt es keinen Weg mehr zurück. Wenn ich morgen wieder im richtigen Leben ankomme, werde ich mir zuerst ein Hotel und dann eine eigene Wohnung suchen. Ich habe mich in den vergangenen 30 Jahren ausschließlich um Mann, Kinder, Haus, Hunde und Katzen gekümmert. Jetzt sind es die Enkel, die fraglos und ganz selbstverständlich bei mir geparkt werden. Eine Selbstverständlichkeit. Mama Susi oder Oma Susi, die geborene Selbstverständlichkeit. Susi, die man jederzeit nutzen oder auch benutzen kann. Oft genug belächelt, nicht ernst genommen. Dabei habe ich mich immer bemüht, es allen recht zu machen. Für mich selbst hat es am Ende nicht gereicht. Eine Einbahnstraße, die mindestens schon seit 20 Jahren in die falsche Richtung führt. Alles gegeben und nichts bekommen. Nichts. Für meinen Mann bin ich schon seit sehr langer Zeit nur noch die perfekte Hauswirtschafterin, so eine Art Pfarrhausköchin. Bei offiziellen Anlässen bestenfalls noch Gastgeberin und Gattin. Ich habe mir lange genug, schon viel zu lange eingeredet, dass dies in einer so langen Beziehung ganz normal ist. Aber warum muss das so sein? Wie oft sehe ich Paare, die offensichtlich auch nach vielen gemeinsamen Jahren immer noch Händchen halten. »Du willst in deinem Alter Händchen halten?«, fragt Gerlinde irritiert. »Huber-

Schätzchen, auch wenn das außerhalb deiner Vorstellungskraft liegt, so etwas soll es tatsächlich geben«, lästert Theresa. »Meine Kinder laden jederzeit alles ungefragt bei mir ab. Inzwischen nicht nur ihre Kinder und die schmutzige Wäsche, sondern auch den Ärger untereinander. Ich habe immer versucht zu vermitteln, um dann am Ende immer als die Böse und Unruhestifterin dazustehen. Zu Geburtstagen gab es dann immer die ganz tollen praktischen Geschenke wie einen Thermomixer, eine Rasenkantenschere oder die neueste Dampfbügelstation. ›Ach Mutti, du übernimmst doch gerne unsere Bügelwäsche. Mit dem neuen Gerät ist das doch jetzt das reinste Kinderspiel. Außerdem hast du ja genug Zeit.‹ Aber nie auch nur ein einziges Dankeschön. Keinerlei Zeichen von Anerkennung oder Wertschätzung, von Zuneigung ganz zu schweigen. Auf die Idee, dass ich vielleicht auch Wünsche oder Interessen haben könnte, ist in dieser Familie noch nie jemand gekommen.« »Als ob es im Leben um Wünsche gehen würde«, kommentiert Gerlinde abfällig. »Gerlinde, mich würde es schon sehr interessieren, was für ein Art Leben du eigentlich führst oder geführt hast. Für mich hört sich alles ziemlich trostlos an, was du da so von dir gibst«, unterbricht Anna sie und wendet sich dann wieder Susanne zu: »Vielleicht hast du es ihnen die ganzen Jahre auch einfach viel zu leicht gemacht? Warum sollten sie sich Mühe geben, wenn du ihnen alles von jeher abgenommen hast?« »Ja, sicher habe ich auch Fehler gemacht. Sehr viele sogar. Das ist mir völlig klar. Ich wollte aber allen immer nur ein harmonisches Zuhause bieten. Ohne Streit und ohne Zank. Jeder sollte sich in unserem Zuhause wohl- und geborgen fühlen. Von so einem Zuhause habe ich schon als kleines Kind immer nur geträumt.

Es gibt Menschen mit Zukunft und Menschen ohne Zukunft. Wenn ich bei meiner Familie bleibe und mich weiter in dieser Form benutzen lasse, habe ich keine Zukunft mehr. Ich fühle mich immer noch jung genug, um noch mal anzufangen.« »Jung genug?«, fragt Gerlinde fassungslos. »Du bist Großmutter, eine alte Frau.« »Und deswegen soll ich den Rest meines Lebens weiterhin unglücklich bleiben, das soll dann alles gewesen sein?«, will Susanne wissen. »Frau Huber hat offensichtlich noch nichts von demografischer Entwicklung gehört«, wirft Ilse spöttisch ein. Gerlinde geht jedoch nicht darauf ein. »Unglücklich? Du hast einen Mann, Kinder und ein großes Haus. Du scheinst dir ganz offensichtlich teure Kleidung, noch teurere Taschen und Schuhe leisten zu können. Von dem, was du an Kosmetik im Gesicht hast, will ich gar nicht erst reden. Für das, was du alleine heute an Kleidung trägst, müsste ich wahrscheinlich einen ganzen Monat arbeiten. Ich glaube, dir geht es einfach nur zu gut. Das ist mehr, als die meisten haben und von dem viele nur träumen können. Mein Mann und ich, wir haben uns kein eigenes Haus leisten können, obwohl wir beide gearbeitet haben. Wie kann man nur so furchtbar undankbar und egoistisch sein? Das alles willst du aufgeben, um dann in einer kleinen Wohnung alleine zu ein? Einsame Abende und Sonntagnachmittage, die man höchstens noch mit dem Fernsehapparat verbringen darf. Hast du überhaupt genug Geld, um dir das leisten zu können?« »Gerlinde, sieht vielleicht *dein* Leben genauso aus?«, wirft Anna dazwischen. »Das geht dich überhaupt nichts an, wie mein Leben aussieht.« »Nein, natürlich nicht, würde aber so manches erklären, erwidert Anna nachdenklich und bittet Susanne weiterzuerzählen.

»Ich muss es für mich machen. Jetzt. Endlich nur für mich. Mein Mann würde mir zunächst Unterhalt zahlen müssen. Ich habe mich in den letzten Wochen bereits ausführlich informiert. Aber eigentlich will ich von ihm gar nichts. Meine Eltern haben mich nach ihrem Tod immerhin wohlversorgt zurückgelassen. Außerdem werde ich mir Arbeit suchen. Ich brauche weder ihn noch die Kinder.« »Was willst denn du für eine Arbeit finden?«, fragt Gerlinde überheblich. »Was kannst du denn schon, außer Böden wischen?« »Was ist denn dabei, Böden zu wischen?«, will Josefa wissen, die sich von Gerlinde schon wieder angriffen fühlt. »Man findet immer etwas«, wirft Theresa ein. »Ja, so sehe ich das auch. Ich muss es machen. Jetzt ist der richtige Moment gekommen, um sich für einen neuen Weg zu entscheiden. Das wird mir hier heute Abend immer klarer.« »Ich kann mir nicht vorstellen, dass es einfach werden wird«, wirft Anna ein, »wirst du denn gar nichts vermissen, wenn du gehst?« »Doch, natürlich. Allem voran wird es mein Gewächshaus sein. Das war meine Oase, in die ich mich immer wieder zurückgezogen habe. Die meiste Zeit im Jahr über warm und sonnig. Ursprünglich war das Gewächshaus Thomas' Idee. Er hatte dort angefangen, Bonsaibäume zu züchten, an denen er ständig penibel herumgeschnippelt hat. Ich habe es erst nach und nach für mich entdeckt. Ansonsten hätte ich nur noch Schröder vermisst. Der lebt aber seit drei Wochen nicht mehr.« »Und wer ist jetzt Schröder?«, will Theresa wissen. »Schröder war unser Hund. Eine Mischung aus Border Collie und Berner Sennenhund, den wir wegen Altersschwäche einschläfern lassen mussten. Mir ist zwar noch nicht so ganz klar, wo die Reise hingehen soll, aber das wird sich finden.« »›Nur wer das Ziel kennt, findet seinen Weg.‹ So heißt es jedenfalls in der einschlägigen Motivationsliteratur«, kommt es ironisch von Ilse, »oder, nachdem wir hier ja in den Bergen sind, ›Der Glaube an die Unmöglichkeit schützt die Berge vor dem Versetztwerden.‹« Auch Anna leistet ihren Beitrag dazu: »Oder ein alter Spruch der Jakobspilger: ›Neue Wege entstehen dadurch, dass man sie geht‹ oder: ›Die Seele verleiht dem Körper Flügel.‹« »Wunderbar, hoch lebe das Klischee«, kommt es wieder von Ilse, »und dazu noch eine Binsenweisheit: ›Ob die Entscheidung richtig oder falsch war, wird sich ohnehin erst später herausstellen.‹« »Sprach Ilse, die kluge Hexe, und schwang sich auf ihren Besen«, ergänzt Theresa belustigt.

Gerlinde wird immer wütender. »Hört ihr euch eigentlich selber zu? Was glaubt ihr eigentlich, wer ihr seid?« »Auf keinen Fall derart verbittert wie du, Huber-Schätzchen. Ich frage mich, wann du das letzte Mal Spaß hattest. Vielleicht weißt du ja gar nicht, wie schön es sein kann, Spaß zu haben. Eigentlich tust du mir leid. Du scheinst ganz offensichtlich eine von diesen Spaßbremsen zu sein, die alle Singenden für verrückt halten, nur weil sie selber die Musik nicht hören können«, entgegnet ihr Theresa und wendet sich wieder fragend an Susanne: »Warum hast du das überhaupt so lange mitgemacht? Wenn ich dich richtig verstanden habe, leidest du seit mindestens 20 Jahren Frustration und Gleichgültigkeit. Wie hält man das aus?« »Es war mir zunächst gar nicht bewusst. Anfangs war meine Ehe und mein Leben sogar genauso, wie ich mir das nach meiner Rückkehr aus Amerika gewünscht hatte.« Josefa ist mal wieder völlig hingerissen. »Du warst in Amerika?« »Ja, einige Jahre. Eine unglaubliche und unsichere Zeit. Aus heutiger Sicht trotz allem die beste Zeit meines Lebens. Weil es mein Leben und nicht das meines Mannes oder meiner Kinder war.«

Susanne

»Susi, stell die Haube bei Frau Krause ab und nimm die Lockenwickler raus«, kommt es von ihrer Chefin, die Inge Schulz heißt. »Salon Chantal«, der ödeste Platz auf dieser Welt, wie Susi findet. Statt Chic und Eleganz, wofür der Name »Salon Chantal« stehen könnte. Austauschbare und biedere Alltagsfrisuren für noch biederere Hausfrauen. Waschen, Schneiden, Färben. Einheitsfarben und Einheitsschnitte. Einfach nur grenzenlose Langeweile.

Wenn es denn schon dieser Beruf sein musste, dann hätte es doch wenigstens einer dieser modernen Salons in der Innenstadt sein können. Salons, in denen pfiffige Frisuren und Kreativität geboten wurden. Dort, wo man auch interessanten Leuten begegnen konnte. Susi ist süchtig danach, neue und interessante Leute kennenzulernen. Sie verbindet damit die Hoffnung, endlich den ersehnten Absprung zu schaffen. Auf eigenen Füßen zu stehen, endlich selbst über ihr Leben bestimmen zu können. Vor allem ganz, ganz weit weg von ihren Eltern.

Der Lohn, den sie hier bekam, war nicht viel höher als ihr bisheriges Taschengeld. Sie verrichtete Hilfsarbeiten, wurde herumkommandiert und ständig kritisiert. Hier war es nicht besser als zu Hause. Weder ihrer Chefin noch den anderen Friseurinnen konnte sie es recht machen. Tag für Tag stand sie sich freudlos die Beine in den Bauch. Susanne verzweifelte immer mehr bei der Vorstellung, dass ihr Leben immer so trostlos bleiben könnte. Allein der Gedanke, dass sie eines Tages genauso unfroh werden könnte wie ihre eigene Mutter, machte ihr furchtbare Angst. Außerdem möchte sie endlich, endlich was erleben. Es gab da ein Lokal in der Innenstadt, in dem immer die neuesten Schallplatten gespielt wurden. Susannes Freundin Biggi ging dort regelmäßig ein und aus. Aber die Eltern erlaubten es nicht. »Negermusik«, wie ihr Vater fand. Nicht der passende Ort für eine Tochter aus gutem Hause und schon gar nichts für seine Tochter. »Nicht die geringste Freude gönnen sie mir. Nur aus Angst, dass die Nachbarn reden könnten.« Wenigstens gelegentlich mal mit ihren Freundinnen ausgehen. Andere junge Leute treffen. Sie erwartete ja gar nichts Besonderes. Etwas Spaß konnte doch nicht zu viel verlangt sein. Zunächst war es einfach nur der Gedanke, wie es wäre, wenn sie einfach davonlaufen würde. Alles hier hinter sich zu lassen. Fort aus diesem Salon, weg von zu Hause, weg von dem strengen Vater und der freudlosen Mutter. Das würde aber bedeuten, dass sie auch die Stadt verlassen müsste. Hier würde sie dann auf gar keinen Fall bleiben können. Aber wohin?

20:00 Uhr

»Als ich 17 Jahre alt war, bin ich dann von zu Hause ausgerissen. Meine Ausbildung habe ich kurz vor dem Abschluss tatsächlich hingeschmissen. Ich habe es einfach nicht mehr ausgehalten. Nicht in meiner Lehre und schon gar nicht mehr mit meinen Eltern. Es gab nur noch zwei Alternativen: entweder weglaufen oder zur

Mörderin meines Vaters werden. Ich konnte gar nicht weit genug kommen. Jürgen, der Bruder meiner Freundin Biggi, hat mir dann dabei geholfen. Er studierte in Berlin und bot mir sofort Unterschlupf in seiner Wohngemeinschaft an. Statt eines eigenen Zimmers bekam ich nur eine Matratze auf dem Fußboden in seinem Zimmer. War mir aber völlig egal. Alles hat eben seinen Preis, habe ich mir gedacht. Endlich war ich weit weg von Engstirnigkeit, von dieser trostlosen Langeweile und Spießigkeit. Die Susi aus der Provinz gehörte damit endgültig der Vergangenheit an. Berlin. Ich war in Berlin. Was für eine Stadt. Was für ein Kontrast. Ganz plötzlich war ich mittendrin im Geschehen. Ich! Jeden Tag neue Erlebnisse, neue Leute, neue Ansichten und Aussichten. Das Leben war nur noch eine einzige Party. Wenn jemand Geld hatte, wurde so lange geprasst, bis nichts mehr übrig war. Dann hatte wieder ein anderer Geld und das Ganze ging wieder von vorne los. Irgendwann hatte ich komplett die Orientierung verloren. War völlig plan- und ziellos. Berlin Ende der 60er-Jahre, Anfang der 70er-Jahre. Gelebte Politik hautnah, die ich damals nicht einmal ansatzweise verstanden habe. APO, Demos, Krawalle und ständige Auseinandersetzungen mit der Polizei. Wohngemeinschaften, in denen ein ständiges Kommen und Gehen war. Berge von schmutzigem Geschirr, ungemachten Betten und verdreckte Badezimmer, für die sich keiner zuständig fühlte. Egal. Freie Liebe und Drogen. Kein einziges Klischee aus dieser Zeit, das nicht tatsächlich bedient worden wäre. Dann plötzlich gab es ziemlichen Ärger mit der Polizei. Jürgen und einige seiner Freunde mussten ganz schnell verschwinden. Jürgen rief mich von Hamburg aus an, von wo aus er eine Möglichkeit gefunden hatte, auf einem Frachtschiff in die USA zu kommen. Ich überlegte nicht lange, trampte nach Hamburg und fuhr ganz selbstverständlich mit. Das Abenteuer Berlin war damit zu Ende. Aber das Abenteuer Amerika schloss sich nahtlos an. Amerika, davon hätte ich niemals zu träumen gewagt. Als wir mit dem Schiff dort ankamen und ich die Freiheitsstatue sah, hatte ich das Gefühl, als würde mir die Welt ganz alleine gehören. Es war so, als hätte diese Stadt einzig und allein nur auf mich gewartet. New York! Auch diesmal dachte ich, was für eine Stadt. Die Stadt, die angeblich niemals schläft. Sperrstunde hatte es in Berlin ja auch nicht gegeben. Da hatte ich schon gedacht, dies sei die Krone der Schöpfung. Aber in New York merkst du eigentlich nur am Tageslicht oder an der Dunkelheit, ob es Tag oder Nacht ist. Allein die Silhouette von Manhattan mit den Wolkenkratzern. Die hatte es mir ganz besonders angetan. Wie würde es sein, dort leben zu dürfen? Genug Geld zu haben, um sich das leisten zu können? Am besten an der Südspitze in Downtown Manhattan. Grandiose Aussichten auf den Hudson River oder den East River. Aber New York war auf Dauer einfach unbezahlbar. Die Dealer, bei denen Jürgen den Stoff für uns besorgte, wurden inzwischen lebensgefährlich. Jürgen hatte einen Freund in San Francisco. Der hatte uns eingeladen, dort auf einem Anwesen zu wohnen.« »Wovon habt ihr eigentlich gelebt?«, will Ilse wissen. »Jürgen hatte immer genug Geld. Die Eltern waren sehr wohlhabend und haben ihn großzügig unterstützt.

Mit dem Greyhound Bus sind wir dann von New York nach San Francisco gefahren. Ich wäre sehr viel lieber in New York geblieben. Ich hatte irgendwie das Gefühl, dass dies meine Stadt hätte werden können. Aber ich war auf Jürgen angewiesen, war einfach zu jung und zu unerfahren, um auf eigenen Füßen zu stehen. Ich hätte gar nicht gewusst, wie ich es alleine hätte schaffen können. Zu diesem Zeitpunkt konnte ich ja noch kein einziges Wort Englisch. Die Fahrt mit diesem berühmten Greyhound Bus war unbeschreiblich aufregend. Von der Ostküste zur Westküste, einmal quer durch ganz Amerika. Anfangs hatte ich noch ein ziemlich mulmiges Gefühl, ja fast Angst. Aber dann war es einfach nur noch Faszination und Aufregung pur. Ganz besonders hatten es mir die Wüstenlandschaften angetan. Einfach nur unbeschreiblich. Innerhalb von nur einem Jahr hatte ich mehr erlebt als die ganzen 17 Jahre zuvor.

Der Freund von Jürgen lebte zusammen mit vielen anderen in einer Hippie-Kommune in den Bergen, etwas außerhalb von San Francisco. Er hatte sich dort schon vor Jahren niedergelassen. Auch hier war es grenzenlos aufregend. Die Tage und Nächte waren eigentlich viel zu kurz, um all das unterzubringen, was wir ständig erlebten. Susi, der kleine Friseurlehrling aus der Provinz in Deutschland, jetzt als Flower-Power-Girl auf Demos gegen den Vietnamkrieg in Amerika. Im Gegensatz zu den Demos in Berlin waren die aber absolut friedlich. Es ging immer nur um passiven Widerstand. Von Politik hatte ich aber immer noch nichts verstanden. Ich nannte mich jetzt Sue und kam mir unglaublich erwachsen und sehr besonders vor. Es waren Jahre, in denen es absolut keine Grenzen mehr gab. Alles war möglich. Jeden Tag nur Sonne und Strand und immer genug Joints. Es gab überhaupt keine Probleme und wenn doch, dann lösten sie sich ganz einfach und ganz schnell in Rauch auf.«

»Im wahrsten Sinne des Wortes«, stellt Anna trocken fest und will wissen: »Ist das alles wahr? Du hast wirklich gekifft? So, wie du heute aussiehst, absolut unvorstellbar. Wissen das deine Kinder eigentlich?« »Nein, was denkst du denn. Auch mein Mann weiß das nicht.« »Unglaublich! Ich fasse es nicht! Du bist seit über 30 Jahren verheiratet und dein Mann hat keine Ahnung davon, was du in Amerika so alles getrieben hast?«, bohrt Anna nach. »Nein, wirklich nicht. Glaubst du denn, der hätte mich geheiratet, wenn er die Wahrheit über Sue, Berlin oder San Francisco gewusst hätte? Als ich aus Amerika zurückkam, war ich wieder clean und sah äußerlich wie eine junge schicke Amerikanerin aus. Ich hätte gut und gerne einem Werbeplakat entstiegen sein können. Absolut kein Vergleich mehr zu der Hasch-Sue und ihrem Flower-Power-Leben in den Hügeln von San Francisco. Geld zum Leben und für den nächsten Joint war weiterhin immer genug da. Außerdem wurde das, was wir so zum Leben brauchten, zum größten Teil selbst angebaut. Vor allem Obst und Gemüse. Ich habe nie nachgefragt, woher das Geld wirklich kam. Jürgen wurde ja, wie gesagt, immer sehr großzügig von seinen Eltern unterstützt. Nachdem er sich aber geweigert hatte, nach Deutschland zurückzukehren, um sein Studium zu beenden, wurden irgendwann die regelmäßigen Zahlungen eingestellt. Dann stellte ich fest, dass sich Jürgen und die anderen Mitbewohner zeitweise als Kleinkriminelle durchs Leben schlugen. Sie finanzierten damit nicht nur meinen Lebensunterhalt, sondern auch meinen Drogenkonsum. Ich fiel aus allen Wolken und kam sehr schmerzhaft in der Realität an. Das hat mich dann aber auch endlich zur Vernunft gebracht. Ich wollte auf gar keinen Fall in einem dieser amerikanischen Gefängnisse landen, in denen es vor Schwarzen und Latinos nur so wimmelte. Davor hatte ich panische Angst. Wir hatten danach fast täglich heftigen Streit und ich wusste nicht mehr, wie es weitergehen würde. Ich hatte zu dieser Zeit auch immer wieder andere Männer, von denen es in der Kommune ja genug gab. Es hat dann aber noch ziemlich lange gedauert, bis ich den Absprung tatsächlich schaffte. Ich hing auch noch sehr an Jürgen, mehr als ich zugeben wollte. Er war nicht nur mein erster Freund und Mann, sondern hatte die ganzen Jahre über wie ganz selbstverständlich für mich gesorgt. Ich hätte damals mutiger sein müssen. Wenn ich nicht wieder weggelaufen wäre, hätten wir beide vielleicht eine Chance gehabt.« »Ja, und heute läufst du schon wieder weg«, stellt Gerlinde bissig fest. »Ja, aber zwischen dem Weglaufen von damals und heute liegen mehr als 30 Jahre. Ich denke, diesmal habe ich es lange genug ausgehalten. Nachdem ich die Kommune verlassen habe, jobbte ich zunächst als Friseurin in einem Hotel direkt am Strand.« »Du hast doch deine Ausbildung gar nicht abgeschlossen«, unterbricht Gerlinde zweifelnd. »War doch völlig egal. Da drüben fragt dich doch keiner nach einer abgeschlossenen Ausbildung. Ein halber Tag Probearbeit und ich konnte sofort dableiben. Ich verdiente zwar zunächst nicht sehr viel Geld, bekam aber immer sehr gutes Trinkgeld. Ich konnte es mir nach einiger Zeit sogar leisten, mir schicke und ausgefallene Garderobe zu kaufen. Es war ein schönes Hotel direkt am Meer, in dem ich unterm Dach ein winziges Zimmer hatte. Und zum ersten Mal hat mir Arbeit tatsächlich Spaß gemacht. Abgesehen davon habe ich sehr viel gelernt. Das war völlig neu für mich. Ich durfte Kosmetikkurse besuchen, die mir der Salonmanager sogar bezahlte.« »Warum bist du nicht dort geblieben, wenn es dir so gefallen hat?«, will Josefa wissen. »Du kannst dir gar nicht vorstellen, wie oft ich mich das selbst schon in den letzten Jahren immer wieder gefragt habe. Ich hatte doch alles. Ich war jung, hatte inzwischen sogar eine anspruchsvolle Arbeit und neue Freunde gefunden. Ein möbliertes Zimmer in einem sehr guten Hotel mit netten Gästen. Ich hatte mein eigenes Geld und war mein eigener Herr. Ich hatte all das, wovon ich immer geträumt hatte, ja sogar noch viel mehr. Auch hier hätte ich mutiger sein müssen. Vielleicht wollte ich die Zeit und die Erfahrungen, die ich in Berlin und San Francisco gemacht hatte, einfach nur abschließen. Vielleicht wollte ich es aber einfach nur meinen Eltern zeigen. Sie hatten unrecht gehabt. Aus mir war tatsächlich – auch ohne ihr Zutun – etwas geworden.

Mit dem Bus bin ich den ganzen Weg von San Francisco nach New York auch wieder zurückgefahren. Ich war so grenzenlos optimistisch, dass alles gut gehen würde. Ich hatte es geschafft, clean zu werden, hatte inzwischen beruflich was erreicht und konnte was vorweisen. Ich machte mir überhaupt keine Sorgen darüber, wie es in Zukunft weitergehen würde. Ich hatte genug Geld, um mir sogar ein Flugticket zurück nach Deutschland zu kaufen. Ich fand mich selbst einfach nur unglaublich toll. Sah todschick aus und kam immerhin mit dem Flugzeug aus Amerika zurück. Dieser Flug zurück war eigentlich das letzte wirkliche Abenteuer in meinem Leben. Bis heute Abend.«

»Und wie war das so, plötzlich wieder zurück zu sein?«, will Ilse gespannt weiter wissen. »Ja, dann war ich tatsächlich wieder da, wo ich eigentlich nie wieder hinwollte. Zurück in der Provinz. Komisches Gefühl. Ich weiß auch gar nicht, warum ich nicht wieder nach Berlin oder in eine andere Stadt gegangen bin. Aber das hing wohl mit meinen Eltern und damit zusammen, dass ich es ihnen zeigen wollte. Ich mietete mir ein Zimmer in einer kleinen, aber feinen Pension, die ich noch von früher kannte. Ich hatte mir damals immer vorgestellt, wie es wohl sein würde dort zu wohnen zu dürfen. Genug Geld hatte ich ja zunächst, sodass ich mir in Ruhe eine Stelle suchen konnte, die ich auch schon nach wenigen Tagen hatte. Zunächst auch wieder nur als Hilfskraft, aber genau in einem dieser Friseursalons, von denen ich früher auch immer nur geträumt hatte. Der Salon war auf das Modernste eingerichtet und hatte viele interessante Kunden. Es hatte sich ganz offensichtlich sehr schnell herumgesprochen, dass ich wieder zurück war. Eines Morgens stand meine Mutter plötzlich im Laden. Ich hatte das Gefühl, als würde ich einem Racheengel gegenüberstehen. Ich werde diesen Anblick und peinlichen Auftritt von ihr vor allen Kunden und Kollegen niemals vergessen. Sie forderte mich auch im Namen meines Vaters auf, sofort und auf der Stelle mit ihr nach Hause zu kommen.« »Und wie hast du reagiert?«, fragt Theresa neugierig. »Gar nicht. Ich war ja inzwischen volljährig. Ich habe sie weggeschickt und sie dann einfach im Laden stehen gelassen. Das war dann die wirkliche Befreiung. Sie konnten mich nicht mehr einschüchtern. Ich hatte mein Auskommen und sie kein Druckmittel mehr. Ein paar Wochen später ging ich freiwillig hin. Besuchte sie an einem Sonntagnachmittag, mit dem befreienden Gefühl, nach ein paar Stunden wieder gehen können.

Für die Kunden im Salon wurde ich nach und nach zur absoluten Sensation: eine junge Frau, die in Amerika gelebt hatte und so unglaublich schick und gepflegt aussah. Mein Chef hatte das sehr schnell begriffen und reagierte prompt. Er gab mir Zeit und Gelegenheit, meine Kosmetikkenntnisse anzuwenden. Er war damit stolzer und erster Inhaber des Kosmetiksalons in der Stadt. Die Kosmetikbranche steckte noch in den Kinderschuhen, boomte aber bereits. Das war schon etwas sehr Besonderes. Für uns beide eine echte Win-win-Situation, wie man heute sagen würde. Wir konnten uns vor Kundinnen kaum retten. Nach und nach kamen sogar Männer zur Maniküre. Es gab absolut nichts Vergleichbares. Er wurde reich damit oder, besser gesagt, er wurde reich durch mich. Aber auch ich verdiente gut. So konnte ich mir wenigstens weiterhin das Zimmer in der Pension leisten, obwohl es auf Dauer ziemlich teuer war. Aber das war mir meine Unabhängigkeit wert. Außerdem habe ich die fürsorgliche Art der Pensionswirtin sehr genossen. Sie wurde in dieser Zeit fast zu einem Mutterersatz für mich. Inzwischen hatte ich mir einen guten Namen gemacht und war stadtbekannt. Ganz plötzlich waren meine Eltern stolz auf mich. Dann lernte ich meinen Mann Thomas im Salon kennen. Er kam jede Woche zur Maniküre. Ein angehender Steuerberater mit guten Manieren und sehr gepflegtem Äußeren. Zu meinen ehemaligen Drogen-Freunden in San Francisco war er das absolute Kontrastprogramm. Er war sehr nett und damals auch noch fröhlich. Er lud mich immer wieder ein. Immerhin galt ich ja als standesgemäß. Ich war eine junge Frau mit eigenem Beruf, gutem Namen und aus akzeptablem Elternhaus. Ihm hatte ich erzählt, dass ich wegen der beruflichen Möglichkeiten in Amerika gewesen war. Das hat ihn sehr beeindruckt. Irgendwann bestand er darauf, meinen Eltern vorgestellt zu werden. Ihr könnt euch gar nicht vorstellen, wie erfreut sie über diesen potenziellen Schwiegersohn waren.«

Susanne

»Sorge dafür, dass er dich heiratet!« Sooft sie sich sahen, lag ihr die Mutter mit diesem Satz lamentierend in den Ohren. »Ein krisensicherer und angesehener Beruf, den er da hat. Die Familie hat Geld und Besitz. Er wird eines Tages die Kanzlei seines Vaters übernehmen. Was Besseres wirst du nicht finden. Du kannst nicht immer in diesem Pensionszimmer hausen. Eine alleinstehende, unverheiratete Frau, das gehört sich einfach nicht. Das ist direkt unanständig. Für mehr wird dein Geld auch in Zukunft nicht reichen. Außerdem wirst du nicht jünger. Du hast schon genug Zeit vergeudet. Es ist allerhöchste Zeit, dass du heiratest. Mit ihm hast du ausgesorgt. Dein Vater und ich wären sehr froh über diese Verbindung. Das hatten wir gar nicht mehr zu hoffen gewagt, dass sich für dich tatsächlich noch die Chance auf eine so gute Partie ergeben würde. Dann müssen wir uns auch endlich keine Gedanken mehr über deine Zukunft machen. Ich kann nur hoffen, dass du deine früheren Eskapaden für dich behalten hast. Wir werden die Kosten für die Einrichtung der Wohnung und auch der Hochzeit übernehmen. Denk endlich auch mal an uns. Das bist du uns schuldig, nach allem, was du uns angetan und zugemutet hast.« So die Mutter, immer und immer wieder.

»Was hat deine Mutter mit den Eskapaden gemeint? Du wirst doch keine Einzelheiten von Berlin und Amerika erzählt haben?« »Um Gottes willen, natürlich nicht. Sie hätten mich nicht mehr gekannt, wenn sie das alles gewusst hätten. Nein, aber sie hatten von meiner Freundin Biggi immer mal wieder gehört, dass ich mit ihrem Bruder zusammen war. Allein das war schon ein riesiger Skandal in ihren Augen. Eine wilde Ehe! Schließlich waren wir ja nicht verheiratet. Ich aber wollte gar nicht heiraten. Ich hatte komplett andere Pläne. Heiraten gehörte eigentlich nicht dazu.« »Was waren das für Pläne?«, will Anna wissen. »Ich hatte ganz plötzlich die Idee von meinem eigenen Kosmetikstudio. Die Kunden kamen ja nur wegen mir. Ich war weit und breit die Einzige mit dem nötigen Know-how. Außerdem mochten sie mich und waren mit meiner Arbeit sehr zufrieden. Ich machte mir da gar keine Sorgen, dass sie mir nicht folgen würden. Wenigstens die meisten von ihnen. Mein Chef war reich mit mir geworden. Warum also nicht auf eigenen Beinen stehen und selbst reich werden? Erst war es nur ein flüchtiger Gedanke, eine Idee. Dann der ganz große Traum vom eigenen Studio, der immer konkreter wurde. Er schien zum Greifen nahe. Mit der Kosmetikfirma, deren Produkte ich in der Kabine benutzte, hatte ich heimlich erste Gespräche geführt. Der Vertreter, der alle vier Wochen kam, war inzwischen auch ein Verehrer von mir.« »Meine liebe Susanne, ich glaube, du hattest es faustdick hinter den Ohren«, kommt es grinsend von Theresa. »Wieso, man muss doch sehen, wo man bleibt. Welche Frau hat denn was dagegen, wenn sie bewundert wird? Mein Traum von einem kleinen Studio, mit ein oder zwei Behandlungskabinen, wurde immer realer. Es sollte exklusiv und einzigartig sein. Ein Traum in Weiß, Rot und Gold. Zierliche, weiße Schleiflackmöbel im Rokokostil. Bezüge aus rotem Samt und überall goldene Spiegel. Jede Frau, die zu mir ins Studio kommen würde, sollte sich wie eine Königin fühlen. Deswegen sollte mein Studio auch »QUEEN« heißen, mit einer ganz kleinen Krone als Markenzeichen. Eine Art Aushängeschild in der kommenden und boomenden Kosmetikbranche.«

»Aus dem aber ganz offensichtlich nichts geworden ist«, stellt Anna trocken fest. »Nein, es scheiterte an der Finanzierung. Ich hatte ja keine größeren Ersparnisse. Die Kosmetikfirma hätte mich zwar sehr großzügig unterstützt, aber das alleine reichte hinten und vorne nicht. Ich brauchte ja auch Bargeld. Den perfekten Laden, mein eigenes kleines Königreich, hatte ich ja bereits gefunden. Die eigentliche Ladenmiete wäre ohne Probleme aufzubringen gewesen. Aber was nutzen dir die großzügigsten Angebote, wenn du nicht ein Minimum an Geld hast, um sie anzunehmen? Kein Geld für die Kaution und die erste Ladenmiete, fehlendes Geld für Material und keinerlei Rücklagen für die ersten Monate. Auch für Teile der Einrichtung und Kleingeräte hätte ich noch zusätzliches Geld gebraucht.« »Hättest du dir das fehlende Geld nicht bei der Bank leihen können? Mit der Herstellerfirma im Rücken hättest du doch eine gute Ausgangslage gehabt«, meint Theresa interessiert. »Die Bank?«, erwidert Susanne fragend. »Du hast ja keine Ahnung. Das Gespräch bei der Bank war vernichtend. »Sie haben eine Idee, Fräulein? Nichts weiter als eine Idee? Keine richtige Ausbildung! Keine Erfahrung als Geschäftsfrau! Eine alleinstehende Frau ohne Sicherheiten! Ohne Ehemann!« Der Filialleiter der Bank war entsetzt, ja regelrecht empört. Er hat sich aufgeführt, als hätte ich ihm einen unsittlichen Antrag gemacht.« »Du hast aufgegeben?«, kommt die Frage von Ilse. »Ich bin zu meinen Eltern gegangen. Ich war so unglaublich naiv. Das Gespräch war noch schlimmer als das bei der Bank. Mein Vater war regelrecht außer sich. Es hätte mir eigentlich klar sein müssen, dass er meinen Wunsch nicht verstehen würde. Ich hatte aber nicht damit gerechnet, dass er derart ausrasten würde. ›Du willst also was Besseres sein als dein Vater. Wer bist du denn, was bildest du dir ein? Eine Geschäftsfrau will das Fräulein Tochter spielen. Mit nichts weiter als einem Traum im Kopf.‹ Ich habe versucht, ihm meine Kostenkalkulation zu erklären, bei der mir der Vertreter der Kosmetikfirma geholfen hatte. Wollte ihm klarmachen, dass ich mit dieser guten und bekannten Firma im Rücken eine wirkliche Chance haben würde. Das war für ihn aber offensichtlich überhaupt das Allerschlimmste. Unerträglich für ihn die Vorstellung, ich könnte tatsächlich erfolgreich sein. Eine absolute Horrorvorstellung. Es muss ihm regelrecht körperlich wehgetan haben. Bei seinem Selbstverständnis, als Beamter und der Mann im Haus, war dies völlig undenkbar.

Aus der Traum! Auch wenn ich nicht schlecht verdiente, die benötigte Summe würde ich neben den Ausgaben für meinen Lebensunterhalt nicht auch noch zusätzlich verdienen können. Nicht in den nächsten Jahren. Höchste Zeit, sich der Realität zu stellen. Vielleicht wäre es doch besser zu heiraten? Oder wieder die Stadt verlassen? Vielleicht das Ganze in Berlin versuchen? Dort würde man meiner Idee vielleicht eine Chance geben. Nein. Die Gespräche mit der Bank und meinem Vater hatten mir jeden Mut genommen. Ich hatte mich schon wieder einschüchtern lassen. Meine Mutter hat es dann tatsächlich geschafft, mich zur Heirat zu überreden. Es erschien mir auf einmal wie ein sicherer Hafen. Die Vorstellung von einem verlässlichen Ehemann in soliden Verhältnissen war plötzlich sehr verlockend. Keine Zukunftsängste mehr, solide und überschaubare Verhältnisse. Die Zeit der Abenteuer und Träume war damit endgültig vorbei. Ich entwickelte mich dann ganz unaufhaltsam genau in die Richtung, vor der ich mich als Teenager so sehr gefürchtet hatte. Ich muss zugeben, dass ich irgendwann sogar einige der Eigenschaften meiner Mutter übernommen habe, die ich früher so sehr an ihr gehasst hatte. Ich war stolz auf mein immer blitzblank geputztes Haus, den makellosen Garten, die tadellose Ordnung und auf meine gute Küche. Auf die gut erzogenen Kinder, die ohne Probleme durch die Schule und die Pubertät kamen. Alles vorbildlich. Meine Eltern hätten ihre helle Freude gehabt, wenn sie noch gelebt hätten. Vielleicht sollte ich es auch mal mit einer Pilgerreise versuchen. Klarheit und Abstand, um für einen neuen Weg offen zu sein. Auf jeden Fall aber, um den nötigen Abstand zu gewinnen.«

»Weißt du, was aus Jürgen geworden ist?«, fragt Anna. »Ja, das ist auch so ein wunder Punkt. Wenn ich damals mutiger gewesen wäre, könnte ich heute vielleicht seine Frau sein. Nicht nur ich habe den Absprung geschafft. Auch er. Ihr werdet es nicht glauben, aber er ist seit vielen Jahren Vorsitzender Richter einer Strafkammer in Berlin.« »Hast du nicht gesagt, er hätte damals Ärger mit der Polizei gehabt?«, wirft Ilse ein. »Ja, hatte er auch. Obwohl ich keine Ahnung habe, um was es damals wirklich gegangen ist. Offensichtlich sind ihm seine Jugendsünden verziehen worden. Er muss sein Studium dann irgendwann doch beendet haben. Wurde erst Staatsanwalt und dann Richter«, erzählt Susanne melancholisch weiter. »Na ja, mit Beziehungen lässt sich halt so manches aus der Welt schaffen, wenn man die richtigen Leute kennt«, kommt es von Gerlinde.

Josefa sammelt die Suppenschalen wieder ein und verteilt dafür Schnapsgläser. Sie stellt einen neuen Tonkrug auf den Tisch. »Ein selbst gebrannter Obstschnaps. Nach einem Geheimrezept von meiner Mutter«, fügt sie stolz lächelnd hinzu. »Die Gäste können davon gar nicht genug bekommen«, ergänzt Theresa. »Du verkaufst diesen Schnaps an Gäste? Das scheint ja der zu sein, den ich heute Nachmittag schon getrunken habe. Hast du überhaupt eine Genehmigung dafür? Oder brennst du den Schnaps etwa heimlich? Das wäre dann allerdings strafbar. Dafür werden sich die Behörden sehr interessieren«, stellt Gerlinde mit Genugtuung fest. »Der Schnaps ist wirklich spitze, Josefa«, bestätigt Theresa und weiter, an Gerlinde gewandt: »Es war sozusagen eine Art Probelauf. Eine Verkostung bei den Gästen. Eine eigene Obstbrennerei könnte immerhin eine neue Existenzgrundlage für Josefa bedeuten « »Egal, strafbar bleibt es trotzdem«, grinst Gerlinde selbstzufrieden. »Erschlagen sollte man die alte Krampfhenne«, denkt Josefa empört und schaut Hilfe suchend zu Theresa. »Unsere allseits geschätzte Frau Huber hier gehört ganz offensichtlich zu den äußerst seltenen Exemplaren von Menschen, die absolut fehlerfrei sind. Man sollte sie direkt ausstopfen und ins Museum stellen. Jemand, der so absolut einzigartig ist wie sie, darf der Nachwelt auf gar keinen Fall verloren gehen«, schlägt Theresa erbarmungslos vor.

21:30 Uhr
»Dein Thomas ist Steuerberater?«, will Anna wissen. »Steuerberater, Wirtschaftsprüfer und Fachanwalt für Steuerrecht. Die Kanzlei hat er nach der Übernahme von seinem Vater ständig vergrößert. Immer mehr neue Mandanten, immer wichtigere Mandanten und eine ständig ansteigende Anzahl von Mitarbeitern. Darauf ist er ungeheuer stolz. Das ist alles, was für ihn zählt. Mein Ehemann, ein Erbsenzähler aus Berufung und Leidenschaft. Wenn man in Zusammenhang mit meinem Mann überhaupt von Leidenschaft sprechen kann«, ergänzt Susanne bitter. »Ein Erbsenzähler und ein ausgemustertes Hippiemädchen mit ausgeprägter Tendenz zum Abenteuer? Konnte das überhaupt gut gehen?«, fragt sich Ilse laut. »Ich kann deinen Mann schon verstehen«, wirft Theresa nachdenklich ein, »auch ich habe einen Betrieb aufgebaut. Alles andere musste dahinter zurückstehen, mein Mann, meine Kinder und meine Freunde. Mein Betrieb, das Maß aller Dinge. Immer noch. Ich kann aber auch dich sehr gut verstehen, Susanne. Auch ich habe mich den Wünschen meiner Mutter gefügt.« »Du?«, fragt Josefa ungläubig. »Ausgerechnet du? Das kann ich mir überhaupt nicht vorstellen.« »Ja, ich. Nur, dass meine Ausgangslage deutlich entspannter war.«

Theresa

»Ich wollte eigentlich nach dem Abitur auf die Meisterschule für Mode gehen. Träumte von einer Karriere als

Modedesignerin, die mich weltberühmt machen sollte. Ein eigenes Label, individuell und unverwechselbar. ›Theresa's‹ sollte zum Inbegriff von Stil und Persönlichkeit werden. Eine Symbiose von Mensch, Material und Kunst. Nur selbst entworfene und selbst gewebte Stoffe sollten Verwendung finden. Magische Kreationen aus besonderen Materialien. So einzigartig wie Sternenstaub und Feenzauber.

Mein Vater war nicht nur ein sehr bekannter Architekt, er hatte auch ein sehr großes Herz für die Kunst. Eigentlich war er selbst ein Künstler. Es reichte ihm ganz und gar nicht, nur zweckmäßig zu bauen. ›Das wäre so, als würde es immer nur genügen, seine Pflicht zu tun‹, erklärte er mir immer wieder. ›Nein, das, was uns wirklich weiterbringt, ist die sogenannte Kür. Dafür lohnt es sich, sich immer noch mehr anzustrengen. Das ist das Tüpfelchen auf dem i oder der Senf auf der Wurst. Das macht den wirklichen Unterschied, macht das Leben erst bunt und vor allem lebens- und liebenswert.‹ Außerdem war er ein großer Bewunderer des weiblichen Geschlechts. Vor allem schwärmte er von Frauen, die auch im Alter immer noch Ausstrahlung besaßen. Er hat mir immer und immer wieder eingeschärft, auf mich zu achten. ›Theresa, du wirst nicht immer jung bleiben. Wichtig ist, dass du dich nicht gehen lässt. Das gilt natürlich für deinen Körper, aber auch für deinen Kopf. Der ist mindestens genauso wichtig, wenn nicht sogar noch wichtiger. Alles spielt sich zuerst im Kopf ab. Solange du für eine Sache brennst, wirst du jung bleiben. Dann wird dir das Alter nichts anhaben können. Ausstrahlung und Attraktivität sind absolut keine Frage des Alters.‹ Das habe ich nie vergessen.«

Gerlinde spürt schon wieder Verbitterung in sich aufsteigen. »Gerlinde, du bist zu fett. Achte gefälligst auf deine Figur. Wenigstens bis zur Hochzeit.« Das hatte ihre Großmutter ihr immer gepredigt. »Wenn du erst einmal verheiratet bist, spielt die Figur keine Rolle mehr.« Ihre Großmutter hatte ganz offensichtlich auch in diesem Punkt unrecht gehabt. »Hatte sie überhaupt jemals für irgendetwas gebrannt?«, fragt sie sich. »Was bedeutet das überhaupt?«

Theresa erzählt weiter: »Selbst als ich noch ein kleines Mädchen war, hat er mich an Sonntagvormittagen mit in sein Büro genommen. Da hatte er endlich seine Ruhe. Keine Mitarbeiter oder Kunden, die etwas von ihm wollten. Er genoss es sehr, dann endlich konzentriert und zügig arbeiten zu können. Ich bekam immer einen großen Zeichenblock und Buntstifte zum Malen, während er an seinen Entwürfen arbeitete. Damals habe ich angefangen, mir ganz viele bunte Kleider, Mäntel, Jacken und Schuhe für meine Puppenkinder auszudenken. Meine Puppen sollten immer die schönsten sein. Damit hat es eigentlich angefangen. Als ich größer wurde, hat er mir oft seine Entwürfe erklärt und wollte meine Meinung dazu wissen. Er war der erste Mensch, der mich wirklich ernst genommen hat. Er hat mich immer ermutigt, unbeirrt meinen Weg zu gehen. Ich habe die Sonntagvormittage und die Gespräche mit ihm sehr genossen und so geliebt. Da hatte ich ihn nur für mich. Und dann war plötzlich alles vorbei. Ganz ohne Vorwarnung: ein Herzinfarkt. Von eben auf gleich. Er hat es nicht einmal bis ins Krankenhaus geschafft. Das Allerschlimmste war aber, dass ich mich nicht einmal von ihm verabschieden konnte. Sogar die Beerdigung fand ohne mich statt. Das habe ich mir nie verzeihen können.

Dabei war es ein ganz besonderer und wunderbarer Sommer, der zunächst am Anfang von ›Theresa's‹ stehen sollte. Ich war auf einer so traumhaften Ferienreise. Das heiß ersehnte Geschenk zum Abitur. Wochenlang bin ich zusammen mit meiner Freundin Helene durch Frankreich getourt. Keiner wusste, wo wir zu erreichen waren, und ich hatte auch keine Lust, mich zu Hause zu melden. Mir ging es damals so wie Anna heute. Ich fühlte mich so herrlich frei, völlig ohne Plan unterwegs sein zu dürfen. Keine Pflichten mehr, nur noch Freiheit und Abenteuer. Vor allem nach dem ewigen Büffeln für das Abitur. Helene und ich haben einfach nur in den Tag hineingelebt. In Südfrankreich sind wir dann hängen geblieben. Ich konnte gar nicht genug bekommen von all den Farben und dem einzigartigen Licht in der Provence. Von den riesigen Lavendelfeldern, dem blauen Mittelmeer, von warmen Nächten mit leisem Wind. Fast jede Nacht ausgelassene Partys mit Unmengen von Rotwein, Calvados und Gauloises. Tagsüber habe ich nur noch gezeichnet. Ich war regelrecht wie in Trance. Immer neue Farbkombinationen, immer noch extravagantere Formen und immer noch gewagtere Schnitte. Das war der Grundstock für ›Theresa's‹. Oder besser gesagt, das hätte er sein sollen.

Nach meiner Rückkehr dann der grenzenlose Schock. Zuerst der Verlust meines Vaters, der auch gleichzeitig mein Freund und Ratgeber gewesen war. Bei ihm hatte ich mich immer ausheulen oder auch mal schwach sein können. Seitdem bin *ich* immer die Starke, die, die den

Karren zieht. Auf die sich alle anderen verlassen. Die, die keine Schwäche zeigt.« »Aber das ist doch genau das, was du willst, wenn ich dich richtig verstanden habe«, kommt es von Anna. »Ja, natürlich, das heißt aber doch nicht, dass nicht auch ich mich gelegentlich mal anlehnen möchte.« »Ganz offensichtlich scheint uns die beinharte Theresa gerade erklären zu wollen, dass sie in Wirklichkeit innen ganz weich und warm ist. Was für eine Überraschung«, findet Ilse und weiter: »Was für ein Kunststück muss man eigentlich vollbringen, um durch diesen Stahlpanzer zu kommen? Um diesen weichen Kern von Theresa kennenzulernen? Hammer und Meißel dürften hier kaum die richtigen Werkzeuge sein.« »Spotte du nur, Ilse. Du willst doch nicht abstreiten wollen, dass wir alle unseren weichen Kern haben und uns nach Nähe sehnen? Andernfalls müsste man auch dich ausstopfen. Neben dem Verlust von meinem Vater musste ich aber auch noch meinen Traum von ›Theresa's‹ beerdigen. ›Du wirst den Betrieb deines Vaters weiterführen. Du bist das einzige Kind. Du bist das deinem Vater schuldig‹, eröffnete mir meine Mutter nach meiner Rückkehr und duldete absolut keinen Widerspruch. Bis zum Ende meines Studiums hatte sie den Betrieb geführt, um ihn mir danach sofort zu übergeben. Aus der Traum von ›Theresa's‹. Aus, bevor alles überhaupt erst angefangen hatte«, erzählt Theresa, immer leiser und nachdenklicher werdend.

»Was ist denn *Gauloises*?«, fragt Josefa unsicher. »Das ist eine Zigarettenmarke. Die berühmten schwarzen Zigaretten der Franzosen«, erklärt ihr Theresa. »Ich war damals süchtig danach. Außerdem fand ich es einfach so verdammt cool, als Frau diese Art von Zigaretten zu rauchen. Das war damals ziemlich außergewöhnlich.« »Ja, die haben aber auch ganz außergewöhnlich gestunken«, ergänzt Ilse wissend und fährt fort: »Ich kenne auch solche Sonntagvormittage, wie du sie beschrieben hast«, erzählt sie. »Allerdings waren wir zu dritt, meine Brüder und ich. Da die Buchhandlung ja auch samstags geöffnet war, blieb auch immer nur der Sonntagvormittag, an dem unser Vater endlich Zeit nur für uns hatte. Wir waren fast bei jedem Wetter draußen im Garten und spielten meistens Fußball. Aus der Nachbarschaft kamen die anderen Kinder dazu. Zwei Mannschaften. Da ich die Jüngste und Kleinste war, haben sie mich ins Tor gestellt. Mit fast jedem Ball, der aufs Tor geschossen wurde, bin ich umgefallen. Mit Tränen und zusammengebissenen Lippen bin ich immer wieder aufgestanden. Trotz allem war ich ganz wild darauf, mitspielen zu dürfen. Es gab sogar ziemlichen Ärger wegen der blauen Flecke, mit denen mein Körper zeitweise völlig übersät war. Meine Turnlehrerin hatte die Vermutung geäußert, dass ich zu Hause misshandelt würde, und das Jugendamt eingeschaltet. Was war das für ein Theater. Meine Eltern haben sie sogar wegen Verleumdung und übler Nachrede angezeigt. Sie hat dann danach sehr schnell die Schule und später die Stadt verlassen.«

»Ich denke, viele Familien haben so ein Sonntagmorgenritual«, wirft Anna ein. »Für uns Kinder war das immer der Höhepunkt der Woche, wenn wir am Sonntagmorgen in das Bett unserer Eltern durften. Wir brachten alle unsere eigenen Bettdecken mit und dann haben über alles geredet, was uns so eingefallen ist. Egal, ob es schlechte Schulnoten waren, Ärger mit den Freundinnen oder Freunden, Tratsch und Klatsch aus der Nachbarschaft, der neueste Kinofilm, die dringende Erhöhung des Taschengelds, Politik oder die Frage, was wir Oma zum nächsten Geburtstag schenken sollten. Abgestimmt wurde auch darüber, wohin die nächste Urlaubsreise gehen sollte. Ich wäre so gerne mal in den Süden gefahren. Meine Schulfreundinnen fuhren immer alle nach Italien oder Spanien. Wir aber fuhren in Richtung Norden, nach Schweden oder Dänemark. Meine Eltern und meine Geschwister fanden es ungeheuer progressiv. Sie machten oft das, was andere nicht unbedingt machten. Die obligatorische Kissenschlacht am Ende eines solchen Bettsonntages durfte da natürlich auch nicht fehlen. Im Winter haben wir manchmal alle zusammen den ganzen Tag im Ehebett unserer Eltern verbracht. Irgendwann machte dann jemand Frühstück, das sich den ganzen Tag hinziehen konnte. Selbst als ich längst erwachsen war, hatte sich daran nichts geändert. Wann immer ich meine Eltern besuchte, hat es auch die berühmten ›Bettgespräche‹ gegeben. Einfach nur wunderbar, dieses Gefühl der Geborgenheit.« »Du hast nur eine Schwester, Anna?« »Ja, aber ich hatte auch noch zwei Brüder, die bei einem Flugzeugabsturz ums Leben gekommen sind.« Josefa ist um ein weiteres Mal wieder völlig fasziniert. In ihrer Familie bestand die einzige Abwechslung am Sonntag darin, dass man in die Kirche ging.

Gerlinde

Gerlinde fühlt sich immer mehr in die Defensive gedrängt. In ihrer Kindheit war der Sonntag ein einziger Albtraum. Er war das Ende des Wochenendes, das sie bei ihrer Mutter verbringen durfte. Sonntagabends musste sie zurück zu den Großeltern. Plötzlich empfindet sie nur noch abgrundtiefe Traurigkeit. Was hatte sie erlebt? Hatte sie überhaupt etwas erlebt? Jedenfalls nichts im Vergleich zu den Geschichten, die sie hier heute Abend schon gehört hatte. Wie viele verschiedene Welten und Wahrnehmungen gab es eigentlich? Was könnte sie den anderen erzählen? Würden sie ihr überhaupt zuhören wollen? Wieder überkommt sie dieses entsetzliche Gefühl der Minderwertigkeit und das Gefühl, überflüssig zu sein. Das begleitet sie schon ihr ganzes Leben. Immer wieder springt es sie überfallartig an. Auch hier war sie mal wieder fehl am Platz. Schon rein optisch die krasse Außenseiterin. In den Fernsehsendungen, die sie suchtartig konsumierte, kamen Frauen wie Theresa, Anna und Ilse unter der Rubrik »Die Reichen und Schönen« vor. Da gehörte sie nicht dazu. Aber war sie nicht in diesem ganzen Leben völlig fehl am Platz? Sie war ja auch nur durch einen Zufall darin gelandet. Nichts weiter als ein ungewollter, unerwünschter Zufall.

»Wie oft habe ich als Kind davon geträumt, einmal bis an das Ende der Welt zu fahren. Auf einer Wolke durch die Lüfte segelnd, um zu sehen, ob die Erde wirklich rund ist.« Sie hatte immer panische Angst davor gehabt, die Erde könnte am Ende doch eine Scheibe sein, von der sie eines Tages runterfallen würde. Sie erinnert sich noch heute an die Reaktion ihrer Großmutter und an die Ohrfeigen, die sie ihr dann verpasst hatte. Als sie ihr davon erzählt hatte, war sie fuchsteufelswild geworden und hatte sie angebrüllt: »Deine Mutter hatte auch immer solche Gedanken«, schrie sie, »nichts als Hirngespinste und Flausen im Kopf. Was dabei rausgekommen ist, sieht man ja an dir.« Gerlinde, ein einziger Fehltritt, der das Leben von vier Menschen dauerhaft vergiftete.

Geduldet von den Großeltern, ohne dass sie wirklich an ihrem Leben teilnehmen durfte. In der Klosterschule verachtet, ausgegrenzt und gemieden. Nur an den Wochenenden bei der Mutter, die ansonsten im Schichtdienst arbeitete. Eine immer müde und erschöpfte Frau, die als Hilfsarbeiterin in der Fabrik nicht viel verdiente. Eigentlich hatten sie nie genug Geld. Es hatte gerade für diese winzige Wohnung und den spärlichen Lebensunterhalt gereicht. Trotzdem hatten die Großeltern darauf bestanden, dass die Mutter Kostgeld für sie zahlte. Strafe musste ja schließlich sein. Sie hatten sich entsetzlich für sie beide geschämt. Das Gerede der Nachbarn hinter ihrem Rücken hatte ihnen entsetzlich zugesetzt. Der äußere Schein, der über alles ging. Sie hatten etwas gutzumachen. Nur deswegen hatten sie das Schulgeld für die Klosterschule aufgebracht. Sie wollten sie jederzeit unter strenger Aufsicht wissen und dafür sorgen, dass eines Tages wenigstens etwas Anständiges aus ihr werden würde.

Sie wollte ja auch etwas Anständiges werden. Mit dem nächsten Schuljahr würde sie in eine neue Schule gehen dürfen. Die Mutter hatte es ihr versprochen. Die Aufnahmeprüfung für die Handelsschule hatte sie heimlich gemacht und bereits bestanden. Dann würde sie auch nicht mehr bei den Großeltern leben müssen. In der neuen Schule würde sie ganz bestimmt richtige Freundinnen finden. Davon träumte sie immer wieder. Von Verabredungen, Kino und Eisdiele. Vielleicht würde sich ja dann auch endlich ein Junge für sie interessieren?

Einige ihrer Mitschülerinnen hatten bereits einen festen Freund. Heimlich natürlich. Im Moment jedoch wünschte sie sich nichts sehnlicher als eine Jeans. Diese Jeans wurden jetzt auch von Frauen getragen und waren so eine Art Revolution. Dafür müsste sie aber erst einmal abnehmen. Das würde nicht leicht werden, vor allem würde es dauern. Das war ihr klar. Die täglichen Trostpflaster in Form von Schokolade und Lakritz hatten deutlich sichtbare Spuren hinterlassen. Fett war sie, zugegeben. Noch. Das würde sich ändern. Bald, lange würde es nicht mehr dauern. Später würde sie dann eine eigene Familie haben. Eine richtige Familie, mit allem, was dazu gehört. Mit Vater, Mutter und Kindern, in einer schönen, großen Wohnung in einer guten Wohngegend und mit freundlichen Nachbarn. Es würde nicht nur alles anders werden, es würde vor allem alles sehr viel besser werden. Sie müsste nur noch etwas abwarten. Die Zeit würde kommen. Ihre Zeit. Bald.

23:00 Uhr
Gerlinde denkt an ihren unstillbaren Wunsch nach einer Jeans, der sich aber erst vor Kurzem erfüllt hatte und dann in einer Tragödie endete. Sie hatte sie tatsächlich gekauft. Jahrzehnte später, als sie fetter war als je zuvor. Nach dem Tod von Klaus hatte sie beschlossen, dass sich einige Dinge grundlegend ändern müssten. Jetzt war niemand mehr da, der ihr Vorschriften machte oder sie ständig mir irgendwelchen Belehrungen nervte. Zu den ersten Dingen, die sie dann tatsächlich in Angriff nahm, gehörte der Kauf dieser Jeans. In einem Geschäft für Übergrößen hatte sie tatsächlich eine passende Hose gefunden. Gepasst hatte die Jeans. Aller-

dings kam sie sich darin zunächst wie eine Presswurst vor. Die Verkäuferin redete ihr gut zu und meinte, das läge nur daran, dass sie bisher nie Hosen getragen hätte. Sie hatte sich von der Verkäuferin dann tatsächlich zum Kauf überreden lassen. Die Hose und dazu noch ein passendes Oberteil. Beides zusammen sah eigentlich ganz passabel an ihr aus, sodass sie in ihrem neuen Outfit am nächsten Tag zur Arbeit ins Amt ging. Zunächst nahm sie nur einige erstaunte Blicke ihrer Kollegen zur Kenntnis, bis sie zufällig ein Gespräch in der Teeküche hörte. »Jetzt ist die Huber völlig durchgeknallt«, so die Stimme eines Kollegen, »in dieser unmöglichen Hose sehen ihre auswuchernden Oberschenkel tatsächlich wie zu voll gepackte Satteltaschen aus«, lästerte er und alle brachen in wieherndes Gelächter aus. Gerlinde wäre am liebsten tot umgefallen oder wenigstens in den Erdboden versunken, so sehr hatte sie sich geschämt. Dann war sie aber so wütend geworden, dass sie die Türe zu Teeküche aufgerissen und dem lästernden Kollegen eine schallende Ohrfeige verpasst hatte. Durch den unvermuteten Schlag kam der Kollege ins Stolpern und stieß mit dem Kopf gegen einen der Oberschränke in der Küche. Eine klaffende Platzwunde war das Ergebnis. Er war genau gegen einen Türgriff gefallen. Was für ein Aufruhr, was für eine Blamage. Gerlinde wurde zur Amtsleitung zitiert und hatte einen sehr unerfreulichen Vormittag, mit dem Ergebnis, dass sie eine Abmahnung erhielt. Ferner wurde ihr mitgeteilt, dass sich die Kollegen weigerten, weiterhin mit ihr zusammenzuarbeiten. Man würde nach einer passenden Verwendung für sie suchen.

»Hört ihr das?«, will Alia von den anderen wissen, die sie fragend ansehen. »Ich höre nichts«, erwidert Theresa.

»Ich auch nicht«, kommt es von Susanne. »Was hörst du denn, Alia?«, kommt es jetzt ungeduldig von Ilse. »Das ist es ja. Nichts. Es ist nichts mehr zu hören.« Alle konzentrieren sich auf die plötzlich eingetretene Stille. Es regnet ganz offensichtlich nicht mehr. Ilse spürt wieder deutlich stärkere Schmerzen. »Der Regen hat aufgehört, wann wird man uns hier frühestens finden?«, will sie von Theresa wissen. »Keine Ahnung. Wie gesagt, es wissen genug Leute, dass wir hier oben sind. Allen voran Giovanni. Ich bin überzeugt davon, dass er sich bereits die größten Sorgen macht. Vielleicht nicht so sehr wegen uns, eher wegen seines Besitzes. Er hat für die Umstellung von Landwirtschaft auf den Hüttenbetrieb sehr viel Geld investiert. Er kann sich eigentlich keinen einzigen Tag Verdienstausfall leisten. Ich denke, wir können sofort mit Hilfe rechnen, sobald die Wege wieder passierbar sind. Oder sie schicken uns einen Hubschrauber, wenn das Wetter halten sollte.«

»Wasser!«, kreischt Gerlinde entsetzt. »Da kommt jede Menge Wasser hereingeströmt. Wir werden hier hinten ersaufen wie die Ratten.« »Ruhe«, donnert Theresa und es wird tatsächlich schlagartig mucksmäuschenstill. »Josefa, schau nach! Was ist mit der Matratze, die wir vorhin vor die Türe zum Abdichten gelegt haben?« »Sie hat sich vollgesaugt. Wir müssen versuchen, das Wasser weiterhin aufzuhalten.« »Aber wie?«, will Susanne wissen. »Die Lösung dafür kann nur in der Gaststube beziehungsweise in dem zerstörten Wintergarten liegen. Dort, wo der eigentliche Schaden entstanden ist. Vielleicht hätten wir uns nicht gleich so kampflos nach hinten verziehen sollen«, wirft Ilse ein. »Was wäre denn die Alternative gewesen? Mitten rein in den Schutt, ohne zu wissen, was für weiteren Schaden wir damit anrichten?«, reagiert Theresa verärgert. »Ihr glaubt es vielleicht nicht, aber ausnahmsweise gebe ich unserer lieben Frau Huber recht. Wenn das Wasser in großen Mengen hier nach hinten kommen sollte, könnte es problematisch werden.« »Es kommt darauf an, wo das Wasser herkommt und wie viel es wirklich ist«, versucht Anna die anderen zu beruhigen.

»Wir müssen darüber hinausdenken«, sagt Theresa mehr zu sich selbst. »Wie meinst du das?«, will Ilse gespannt wissen. »Immer wenn ich ein schwieriges Gespräch oder einen unangenehmen Termin vor mir habe, denke ich darüber hinaus. Nichts weiter als ein Trick, um mir Mut zu machen.« »Verstehe ich noch immer nicht.« »Also, angenommen mein Termin ist um 10:00 Uhr, dann gehe ich davon aus, dass er spätestens um circa 12:00 Uhr beendet sein wird. Ich konzentriere mich also nicht auf den 10-Uhr-Termin, sondern auf den 12-Uhr-Termin. Das heißt nicht, dass ich mich nicht bestmöglich auf den 10-Uhr-Termin vorbereite, aber ich klebe nicht an ihm fest.« »Über den Punkt hinauszudenken, das leuchtet mir ein«, stimmt Susanne zu. »Du willst also über diesen Trümmerhaufen da draußen hinausdenken? Wie machst du das?«, fragt Anna neugierig. »Wir erinnern uns einfach an die Lösung«, antwortet Theresa. »An welche Lösung?« Anna ist irritiert. »Ist mir da was entgangen? Hatten wir heute schon mal eine Lösung für das Chaos da draußen? Warum sind wir dann immer noch hier? Theresa, du sprichst in Rätseln. Die einzige Lösung ist die, dass man uns ganz schnell findet und hier rausholt.« »Damit wird vielleicht nicht so bald zu rechnen sein. Wer weiß, ob die Wege überhaupt passierbar sind.« »Was ist mit einem Hubschrauber?« »Möglich. Aber wie gesagt, erst wenn sich das Wetter wirklich dauerhaft gebessert hat. Und das kann dauern.« »Wir müssen uns selbst helfen und irgendwie mit dem Wasser fertigwerden. Also erinnern wir uns an die Lösung unseres Problems.« Das ist doch reine Lieschen-Müller-Küchenpsychologie. Die wird uns ganz bestimmt nicht helfen. Nichts weiter als blödes Motivationsgequatsche«, kommt es höhnisch von Gerlinde. »Was weißt denn ausgerechnet du von Motivation?«, entgegnet Theresa brutal. »Man müsste ihr wirklich den Mund zukleben. Ich weiß nicht, wie lange ich ihr Geschwätz noch ertragen kann«, denkt sie und wird immer wütender.

»Ich werde zusammen mit Josefa die Tür zur vorderen Gaststube vorsichtig öffnen.« »Beschleunigen wir dadurch nicht noch den Prozess?«, will Anna wissen. »Noch mehr Wasser und vielleicht auch noch Geröll?« »Ich fürchte, es wird uns nichts anderes übrig bleiben. Allein die Ungewissheit, wann sich was und in welcher Form Bahn brechen wird, macht mir ziemliche Angst«, erklärt Theresa heftig. »Die vermeintlich so unbesiegbare Theresa hat Angst«, stellt Gerlinde laut und mehr als zufrieden fest.

»Ich stimme Theresa zu«, kommt es von Susanne. »Sehen wir den Tatsachen ins Auge und finden wir dann diese eine Lösung, die ja angeblich schon da sein soll.« Josefa schaut Theresa fragend und verständnislos an. »Welche Lösung ist denn da? Ich habe es immer noch nicht verstanden.« »Auch ein ganz einfacher Trick«, erklärt Theresa. »Wenn ich ein ungelöstes Problem habe, rede ich mir ein, dass es genau dafür schon mal eine Lösung gegeben hat. Ein fiktives Lösungsmuster zu finden ist wesentlich einfacher und erfolgreicher, als sich einzureden, es gäbe gar keine Lösung.« »Und wenn es diesmal wirklich keine Lösung gibt?«, fragt Josefa zweifelnd. »Ich habe immer eine Lösung gefunden«, antwortet Theresa mit gespielter Zuversicht. »Also suchen wir sie. Hier und jetzt. Und wir werden sie finden.« »Sprach die kluge Theresa und griff wieder in ihre Trickkiste«, kommt es bissig von Gerlinde. »Huber-Schätzchen, du wirst mir eines Tages noch einmal sehr dankbar sein. Dankbar dafür, dass ich dich hier nicht habe ersaufen lassen«, antwortet ihr Theresa, die ihre kalte Wut bis in die Spitzen ihrer roten Haarmähne spürt.

Theresa und Josefa ziehen mit vereinten Kräften die völlig durchnässte Matratze von der Türe weg und öffnen diese ganz vorsichtig. Wie erwartet, ergießt sich sofort ein Gemisch aus Wasser, Schlamm und Geröll in die Küche. Das gleiche Bild der Verwüstung wie am Nachmittag. Inzwischen hat sich noch weiteres Gestein angesammelt. Darunter breitet sich das Wasser ungehindert aus. »Die Türe wird sich nicht wieder schließen lassen«, stellt Ilse sachlich fest und weiter: »Bei dem Wasser scheint es sich um den Regen zu handeln, der durch das kaputte Dach hereingeströmt ist. Bei dem Starkregen der letzten Stunden ist es kein Wunder, dass das Wasser so stark und so schnell nach hinten durchgekommen ist.« Sie sehen die weit auseinanderklaffende Stelle im Dach und den jetzt sternenhellen Himmel. »Es ist wolkenlos«, stellt Josefa fest, »das ist ein gutes Zeichen.« »Objektiv betrachtet ist die Situation doch ganz einfach, wir räumen einen Teil der Trümmer einfach beiseite und kommen so ins Freie«, findet Susanne. »Um dann was zu tun? Damit wäre doch nichts gewonnen.

Hier hinten im Felsen sind wir wenigstens vor weiteren Regengüssen und möglichen Geröllabgängen sicher. Da draußen wären wir völlig ungeschützt. Außerdem ist es leider nicht ganz so einfach, nach draußen zu kommen«, erklärt Theresa. »Die Statik macht mir ziemliche Sorgen. Der vordere Dachbereich scheint ziemlich instabil zu sein. Das könnte lebensgefährlich werden.« »Was jetzt? Was hat das jetzt alles gebracht?«, will Gerlinde aufgebracht wissen. »Wir bleiben hier hinten«, entscheidet Theresa. »Über das Wasser brauchen wir uns keine großen Sorgen mehr zu machen. So viel kann es gar nicht regnen, um für uns wirklich gefährlich zu werden. Das ist gut zu wissen. Aber es wird jetzt wahrscheinlich ziemlich ungemütlich werden. Die Türe nach vorne kriegen wir nämlich nicht wieder zu. Anderseits wissen wir aber, woran wir sind. Also Mädels, Lösung gefunden. Alles wieder zurück nach hinten. Versucht euch warm einzupacken. Josefa, das restliche Holz in den Küchenofen und für alle wieder eine Runde Schnaps«, kommandiert Theresa diesmal mit wirklicher Zuversicht. »Josefa, wir versuchen, so viele Laken von den Wolldecken übereinander in die offene Türe zu hängen wie möglich Somit sind wir nicht ganz so schutzlos und können noch einige Zeit die Wärme hier hinten halten.«

Josefa

Josefa ist auf der fieberhaften Suche nach einer glaubhaften Ausrede. Einen guten Grund zu finden, um nicht zum Geburtstagskaffee ins Pfarrhaus gehen zu müssen »Ich bin einfach zu müde«, denkt sie erschöpft. Um dorthin zu gehen, müsste sie sich in jedem Fall herrichten.

Ein Bad nehmen, frische Kleidung anziehen, die aber erst noch gebügelt werden müsste. Damit alleine wäre es aber nicht getan. Die Haare trocken wie Stroh und ungepflegt, die Fingernägel verdreckt und rissig. Längst hat sie es aufgegeben, auf ihr Äußeres zu achten. Wozu auch? Es war ja niemand da, den es interessieren könnte, wie sie aussah. Ihr Vater nahm sie schon lange nicht mehr zur Kenntnis. Er lebte in seiner eigenen Welt. Gelegentlich ein paar schroffe Fragen, wenn er Hunger hatte und auf das Essen wartete. Während Josefa sich selbst immer mehr vernachlässigte, herrschte auf dem Hof jedoch peinliche Ordnung und Sauberkeit. Im Sommer wirkte der Hof mit den blühenden Geranien wie eine Postkartenidylle. »Was soll ich auch da?«, fragt sich Josefa. »Es werden ja doch nur alte Leute beim Pfarrer sein.« Aber die würden sie wie immer sehr genau unter die Lupe nehmen. »Was soll ich mit denen reden?« Sie würde lieber ein anderes Mal zum Nachmittagskaffee gehen. Die Pfarrhausköchin hatte sie schon oft genug eingeladen. Außerdem hasste sie die mitleidigen Blicke und Kommentare. »Das arme Kind. So ganz alleine und dann die viele schwere Arbeit.« Dafür würde sich das ganze Aufbrezeln und die damit verbundene Anstrengung wirklich nicht lohnen.

Hier oben aber war das alles anders. Jeden Tag ein frisches Arbeitsdirndl und sauber geschrubbte Hände und Fingernägel. Die Haare ordentlich zu einem dicken Zopf geflochten. Dafür hatte Theresa gesorgt. Sie hatte ihr keine Wahl gelassen. »Fühlst du dich eigentlich wohl, so ungepflegt, wie du ausschaust?«, hatte sie sie unverblümt gleich am ersten Tag nach ihrer Ankunft gefragt. »Ich bin halt so.« »Nein, so bist du ganz und gar nicht.

Wir werden mal sehen, was aus dir zu machen ist.«
Obwohl zwischen Theresa und Josefa eine ziemliche
Distanz herrschte, fühlte sich Theresa für Josefa verantwortlich und kümmerte sich zunächst um deren Äußeres.
»Ich hab's schon immer gewusst. Man kann aus allem
etwas Schönes und Gutes machen. Die Raupe wird zum
Schmetterling«, hatte sie gedacht. Danach war Josefa
regelrecht in ihr eigenes Spiegelbild verliebt. Dafür hatten auch Hand- und Gesichtscreme gesorgt, die ihr Theresa geschenkt hatte. »Jetzt passt du hierher. Ein Bild
von einer schönen Sennerin. Das ist gut fürs Geschäft«,
hatte Theresa sichtlich zufrieden geäußert. »Wenn du
jetzt auch noch ein bisschen freundlicher bist, zu mir
und zu den Gästen, werden wir hier oben eine gute Zeit
zusammen haben.« Seitdem hängt Josefa mit scheuer
Bewunderung an Theresa. Auch Giovanni war die Verwandlung von Josefa nicht entgangen.

Sie hatte die ganze Zeit geglaubt, dass Theresa eine absolute Ausnahmeerscheinung sei. Bestimmt schon älter als
ihr eigener Vater, aber trotzdem war sie keine alte Frau.
Eine Frau, die in diesem Alter so aussah, hatte Josefa
noch nie vorher gesehen. Außer im Kino oder Fernsehen natürlich. Jetzt aber, nachdem sie Ilse, Anna und
Susanne kennengelernt hatte, beschäftigte sie das immer
mehr. Auch diese drei waren genauso interessant und
attraktiv wie Theresa. Irgendwie waren sie alle zeitlos. Es
schien, als ob bei ihnen das Alter überhaupt keine Rolle
spielen würde. »Spielt das Alter überhaupt eine Rolle?«,
fragt sich Josefa. Und was könnte das für sie bedeuten?
War sie damit nicht auch noch immer jung genug für
jede Art von Neuanfang?

00:15 Uhr
Theresa ist einerseits erleichtert, da offensichtlich keine akute Gefahr besteht. Andererseits macht ihr Ilses Zustand Sorgen. »Alia, hast du noch genügend Schmerzmittel für Ilse?« »Es ist genug da. Ich kann sie aber nicht völlig unkontrolliert mit Schmerzmitteln vollstopfen. Ilse, es wäre gut, wenn du schlafen könntest«, rät ihr Alia. »Versuche dich zu entspannen.« »Mir ist kalt. Ich friere. Außerdem will ich nicht schlafen. Ich will sehen und wissen, was hier passiert. Wie spät ist es eigentlich? Ich muss meine Uhr heute Nachmittag da draußen verloren haben.« »Es ist kurz nach Mitternacht. Wir sollten alle versuchen, etwas zur Ruhe zu kommen.« »Kurz nach Mitternacht erst? Ich dachte, es wäre schon viel später. Dann wird es vermutlich noch ziemlich lange dauern, bis wir hier gefunden werden.« Ilses Stimme hört sich ziemlich resigniert an.

»Es wird nicht nur kalt, es wird auch immer feuchter«, stellt Anna fest und schiebt sich noch näher an den Holzofen heran. »Die Decken vor der Türe halten nicht wirklich etwas ab.« Auch Gerlinde spürt, wie die Feuchtigkeit immer mehr an ihrem Körper hochzieht. Ein Gefühl aus ihrer Kindheit, das sie hasst und so sehr fürchtet. Wie oft war sie in der Schule zur Strafe in den Karzer gesteckt worden. Gefühlt hatte sie ihre halbe Schulzeit in diesem Karzer verbringen müssen, in dem es feucht, kalt und stockdunkel war. Bei der geringsten Verfehlung folgte die Strafe prompt. »Gerlinde, der liebe Gott sieht immer alles!« Noch heute hört sie Schwester Mathilde mit ihrer donnernden Stimme. Kein anderes Mädchen wurde so oft und so hart bestraft wie sie.

Aus Angst und Unsicherheit war sie oft linkisch und ungeschickt, sodass ihr Dinge passierten, die anderen nie passierten. Strafe, das war so eine Zauberformel der Schwestern. Selbst als man sie zu einer Abspeckkur in ein Kloster in den Alpen verschickt hatte, änderte sich nichts an ihren Problemen. Bei der Ankunft traf sie auf viele gleichaltrige Mädchen, die von überall herkamen. Sofort fanden sich kleinere Grüppchen zusammen.. Sie aber blieb alleine stehen, weil sie sich nicht traute, auf die anderen zuzugehen. Sie wartete vergeblich darauf, angesprochen zu werden, um zu einer Gruppe gehören zu dürfen. Aber nichts passierte. Gerlinde blieb alleine mit dem Gefühl, dass das Wort »Außenseiterin« dick und fett auf ihrer Stirn eingemeißelt war. Genauso dick und fett wie sie selbst. Schwester Kreszenzia hieß hier der verlängerte Arm des Himmels. Mindestens so erbarmungslos wie Schwester Mathilde. Den liebenden und gütigen Gott, von dem immer die Rede war, hatte sie nie kennengelernt. Auch er hatte sich ihr verweigert.

»Es scheint so, als ob zusätzlich zur Einsamkeit auch weiterhin Regen und Nässe meine Themen auf dieser Reise sind«, fährt Anna weiter fort. »Du hast von Achterbahnen voller Gefühle und Emotionen gesprochen. Was hast du damit gemeint?«, will Susanne wissen. »Es war ein ständiges Auf und Ab. Panik und Angst in dem einen Augenblick, um im nächsten Moment wieder ganz euphorisch zu sein. Tag für Tag.« »Wir haben noch eine lange Nacht vor uns, Anna, bitte erzähle uns doch, was du so erlebt hast«, bittet Theresa und hofft, dass wenigstens Ilse etwas Schlaf finden wird. »Über den ersten Tag gibt es noch nicht so viel zu erzählen. Ich bin zum Eingewöhnen nur eine halbe Tagesetappe gelaufen. Außerdem hatte auch das Wetter ganz einfach nicht mehr zugelassen.«

Anna

Tag 2

Ich höre es bereits beim Wachdämmern, es regnet. Hatte ich auf ein Wunder gehofft? Die Aussicht, die nächste Woche nur im Regen und möglicherweise bei Gewitter unterwegs zu sein, nimmt mir nicht nur die Lust, sondern auch ganz schön den Mut. Aufgeben, bevor es überhaupt so richtig angefangen hat? Und noch mal die Frage: Ist es wirklich vernünftig, unter diesen Bedingungen weiterzugehen? Die Vorstellung, schon jetzt aufzugeben, gefällt mir ganz und gar nicht. Das passt nicht zu mir.

Ich habe mich so auf diesen Weg gefreut. Er wäre so wichtig. Glaube ich wenigstens, ich verbinde so viel Hoffnung damit. Zum Frühstücken ist es noch viel zu früh. Ich werde ein bisschen in meinem Tagebuch schreiben. Etwas von gestern und vor allem von meinen jetzigen Zweifeln. Von Frust, Lust- und Mutlosigkeit. Kopf frei, Einkehr, neue Gedanken, Konzentration auf das Wesentliche. Loslassen. Am Ende neue Kraft durch die Anstrengungen des Weges? Kraft, um das anzunehmen, was kommen wird, früher oder später. So oder so ähnlich habe ich mir das vorgestellt. Aber kann das unter diesen Bedingungen wirklich gelingen? Oder vielleicht und gerade dann?

Hape Kerkelings Buch über seine Reise auf dem Jakobsweg trägt den Titel: »Ich bin dann mal weg«.

Wenn ich jetzt aufgebe, dann heißt mein Titel: »Ich wollte mal weg«.

Unentschlossen, wankelmütig oder einfach nur flexibel? Egal! Schon wieder Hunger!

Ich werde jetzt erst einmal zum Frühstück gehen. Damit nochmals etwas Zeit gewonnen. Während des Frühstücks wandert mein Blick immer wieder aus dem Fenster. Es regnet in Strömen und überall riesige Pfützen. Soll ich? Soll ich nicht? Ach Anna, entscheide dich endlich. Da draußen joggt einer unverdrossen und offensichtlich ganz fröhlich durch den strömenden Regen und mitten durch riesige Pfützen. Das gibt den Ausschlag. Okay, der joggt, ich gehe! Man hat immer die Wahl, aufgeben kann ich immer noch! Oh, du schlaue Anna. Rede mir und meinem Rucksack gut zu und dann geht's weiter!

Circa 8 Stunden später. Unglaublich! Allein, dass ich es überhaupt hierher geschafft habe, ist schon ein Wunder für sich.

Es regnet ziemlich heftig, als ich mit der felsenfesten Überzeugung losgehe, dass dieses Vorhaben eigentlich zum Scheitern verurteilt ist. Weiterhin Skepsis, Frust und Lustlosigkeit. Trotzdem trotte ich langsam bergauf. Zuerst durch die Stadt, dann raus über befestigte Wirtschafts- und Wanderwege. Stapfe wenig fröhlich durch Wald und nasse Wiesen. Das Gras der Wiesen ist auch hier mindestens kniehoch, inzwischen ist meine Hose auch schon wieder klatschnass. Hör auf zu jammern, Anna! Über kleine Brücken, Stege und durch Schlamm und Geröll immer weiter bergauf. Je steiler es wird, umso unpassierbarer wird der Weg, der inzwischen keiner mehr ist. Dieser hat sich ganz offensichtlich entschieden, lieber ein Bach zu werden. Das Wasser kommt mir jetzt mehr und mehr in Strömen entgegen. Rechts von mir geht es ziemlich steil abwärts zu einem Wildbach. Einfach nicht runterschauen und ausschließliche Konzentration auf diesen »Bach-Weg«. Klettere und balanciere über glitschige Steine, versinke im Morast, rutsche immer wieder aus. Mein Rucksack drückt mich gefühlt immer noch tiefer in den Schlamm. Schimpfe, fluche und bereue ganz entsetzlich, aus tiefstem Herzen. Frage mich immer wieder: Wie verrückt und schräg bin ich eigentlich drauf?, um mich dann doch immer wieder weiter den Berg hochzuschrauben.

Komme gefühlt nach Stunden zu einem idyllischen Wasserfall. Der ist durch Regen und Nebel kaum zu sehen, aber zu hören. Hören! Stehen bleiben! Ein erstes Durchatmen! Der Regen ist plötzlich nicht mehr zu spüren. Luft, die sich ganz weich anfühlt, die Stimmen der Vögel, leichter Wind, der tosende Wasserfall, das Rauschen der Bäume. Reine Poesie, absolut magisch. Ich mittendrin, fühle mich plötzlich als Teil dieser wunderbaren Inszenierung. Ein Gefühl, das mir ziemlich unter die Haut geht. In diesem Moment bereue ich es nicht mehr, heute Morgen losgegangen zu sein. Jakobstherapie statt Chemotherapie?

Komme dann irgendwann auf diesem »Bach-Weg« wirklich keinen Schritt mehr weiter. Entweder irgendwie ausweichen oder zurück. Zurück kommt jetzt nicht mehr infrage. Das Zwischenspiel am Wasserfall hat mir Ansporn für den weiteren Weg gegeben. Weiche links auf einen schmalen Steig mit Holzstufen aus, der hinauf auf eine Wiese führt. Gefühlt sind die einzelnen Stufen aber mindestens einen halben Meter hoch. Auch hier nur Matsch, Morast und Schlamm und eigentlich kein Durchkommen. Die einzelnen Stufen werde ich wahrscheinlich gar nicht hochkommen. Entscheide mich, es trotzdem zu versuchen, und tatsächlich, es funktioniert. Komme dann auf einen Waldweg, auf dem es dann wieder leichter wird. Es ist auch teilweise nicht mehr ganz so steil. Inzwischen regnet es immer stärker. Vielleicht wachsen mir unterwegs ja Schwimmhäute. Wäre zumindest vorübergehend eine akzeptable Lösung des Problems.

Endlich bin ich am Ende des ersten Teilstücks dieser Etappe angekommen. An einer Kapelle, die ganz plötzlich oberhalb im Nebel auftaucht. Düster, grau und abweisend. Daneben steht ein Gasthaus, mindestens genauso düster und leider geschlossen. Bei schönem Wetter ist es hier oben bestimmt ganz wunderschön. Jetzt aber sieht das alles so unbeschreiblich trostlos und traurig aus. Bin seit dem Aufbruch im Hotel heute Morgen keinem Menschen mehr begegnet. Fühle mich von einer Sekunde auf die andere unglaublich einsam. Fange prompt an zu heulen, und wie!!! Ach Anna, jetzt auch das noch! Als wenn es nicht schon nass genug wäre. Weiter! Dieser Jakobsweg ist schon unter normalen Bedingungen eine Herausforderung. Aber dieser Regen macht ihn zur reinsten Monstertour. Für mich wenigstens. Inzwischen gehe ich mir mit meinem ständigen Gejammer über Sauwetter und schlechte Wege unbeschreiblich auf den Geist. Stehe hier und muss mich jetzt entscheiden. Akzeptiere ich, dass ich unter diesen Bedingungen jedes Recht hätte aufzugeben? Wirklich? Wenigstens versucht habe ich es ja. Oder ich mache beziehungsweise gehe weiter? Akzeptiere Regen, Nässe und schlechte Wege ohne das ständige Jammern und Nörgeln. Fange schon wieder an zu heulen. Eine Mischung aus Regentropfen und Tränen, die mir das Gefühl gibt, inzwischen selbst zum Regentropfen geworden zu sein. Als Regentropfen wäre ich immerhin ein Teil des Regens. Problemlösung durch Adaption?

Ich habe mal gelesen, dass die Geheimnisse der Welt in jedem einzelnen Regentropfen liegen sollen. Schöner Gedanke, die Geheimnisse der Welt in sich zu tragen. Aber, um das eine oder andere Geheimnis zu entdecken, müsste ich weitergehen. Also, was jetzt, Anna? Wenn du hier noch länger so unschlüssig rumstehst, bist du nicht nur zum Regentropfen, sondern gleich zur ganzen Wasserpfütze mutiert.

Die Vorstellung, als wandelnder Regentropfen weiterzugehen, aktiviert auch meine müden Beine, die sich jetzt fast automatisch weiterbewegen. Der Wegweiser schickt mich dann immer noch weiter nach oben. Aber es wird jetzt auf einmal sehr, sehr viel leichter! Es geht auf einem befestigten Wirtschaftsweg weiter, der mich auf einen breiten Bergrücken führt. Dort sind durch Regen- und Nebelschwaden nur schemenhaft einzelne Häuser zu erkennen. Unterwegs dorthin komme ich an einem riesigen Baum vorbei, in dem zwei weiße Drahtstühle hängen. Kurios. Schaukelstühle im Baum. Wäre schön, jetzt auszuruhen, mich in den Baum zu setzen und trotz des Regens eine Pause einzulegen. Nur leider sind die Stühle so hoch aufgehängt, dass ich gar keine Chance hätte, mich da reinzusetzen. Erst die hohen Holzstufen, jetzt diese hoch aufgehängten Hänge-/Schaukelstühle. Diese Gegend scheint für kleine Menschen nicht gemacht zu sein.

Ja, es ist bestimmt sehr schön hier. Nur wirklich beurteilen kann ich es nicht. Sehe teilweise leider nur kleinere Ausschnitte der Landschaft durch dichte Nebel- und Regenschwaden. Höre jetzt immer wieder Kuhläuten, das mich begleitet. Kühe, die ich noch nicht gesehen habe, aber sie sind da. Irgendwie ganz tröstlich in dieser grauen, nebligen und gefühlten gottverlassenen Einsamkeit. Bin trotz Regencape, das mich eigentlich vollständig einhüllt, inzwischen nass bis auf die Knochen. Durch und durch. Ein echter Regentropfen eben.

Endlich. Bin ganz oben!!! Durchatmen! Geschafft! Meine Beine zittern. Mir ist schlecht. Könnte kotzen. Aber ich habe es wirklich geschafft! Mir wird bewusst, dass ich meinen Rucksack gar nicht mehr spüre. Ja, ich habe es tatsächlich geschafft. Dies wird zu einer Art Mantra auf dem weiteren Weg werden. Ich habe es wirklich geschafft! Also, dann nur noch wieder runter! Das kann doch jetzt alles eigentlich gar nicht mehr so schlimm werden. Das schaffe ich doch jetzt spielend. Denke ich. Ach, Anna denkt! Meine Liebe, das hat doch schon so manches Mal nicht so funktioniert, wie es eigentlich gedacht war.

Es geht jetzt über eine Almwiese leicht abwärts, auf die ich über ein Drehgatter gekommen bin. Bin jetzt ziemlich vergnügt unterwegs und freue mich auf den weiteren Weg. Würde singen, wenn ich es könnte und mir gerade was einfallen würde. Aus einem abseits liegenden, sehr schönen Haus ruft eine Frau, rudert mit den Armen und kommt auf mich zu. Ich bleibe stehen und warte, um dann im strömenden Regen eine Tafel Schokolade geschenkt zu bekommen. »Pilgern bei diesem Wetter muss belohnt werden!« Wir plaudern noch ein paar Minuten, woher, wohin etc. Dankbarkeit und Freude über das unerwartete Geschenk und das sehr nette Gespräch helfen mir später, auch den kommenden Abstieg zu überstehen.

Was hatte ich mir denn dabei gedacht? Dass ich den Weg abwärts einfach überfliegen kann?

Nicht schon wieder! Auch jetzt wieder nur Schlamm, Morast und glitschiges Geröll. Auch hier ist der Weg zum Bach geworden. Rutsche mehr, als dass ich gehe. Mit jedem einzelnen Schritt wird die Angst größer, abzurutschen und mich auf dem inzwischen ziemlich schmalen Weg nicht mehr halten zu können. Angst, die immer größer wird und sich fast zur Panik entwickelt. Kein Netzempfang hier oben, könnte nicht mal Hilfe rufen. Los, Anna! Du kannst hier nicht einfach stehen bleiben! Weiter! Reiß dich zusammen, du musst hier wieder runter. Egal wie. Nicht stehen bleiben. Es hilft alles nichts. Immer nur einen Schritt. Schritt für Schritt. Jeder Schritt bringt dich weiter nach unten, Mensch! Los! Stoßgebete zum Himmel! Im Morast wie gehabt und bereits bewährt, Schritt um Schritt tastend weiter. Schachzug um Schachzug. Spüre meine Beine nicht mehr. Muss sie mit jedem Schritt immer wieder aus dem Morast ziehen und dabei höllisch aufpassen, dass mir die ganze Schlammsoße nicht auch noch in die Stiefel läuft. Fange wieder an zu heulen.

Ich weiß bis heute nicht wie, aber ich bin tatsächlich ohne Blessuren unten angekommen. Nur meine Tafel Schokolade, die habe ich unterwegs leider verloren.

Was dann folgt, ist pures Entsetzen und eine grenzenlose Wut. Diese Wut übertrifft alles. Noch nicht mal die Hälfte der Tagesetappe geschafft und ich fühle mich schon restlos am Ende! Gleich geht es wieder bergauf weiter. Nein!!! Meine Oberschenkel schlackern, kann ich denen noch vertrauen? Kann ich mir noch vertrauen? Inzwischen regnet es nicht mehr, dafür ist es ziemlich schwül geworden. Sauschwül. Eine Bleibe für heute Nacht muss ich auch noch finden. Hierbleiben oder gehe ich weiter? Wenn ich jetzt schon hierbleibe, kann ich morgen auch gleich wieder nach Hause fahren. Also Anna, nach Hause oder weiter? Oder erst einmal eine Pause? Nein, keine Pause. Wenn ich mich jetzt irgendwo hinsetze, komme ich garantiert nicht wieder hoch und schon gar nicht weiter. Also weiter. Ich gehe mir inzwischen so unglaublich auf die Nerven, mit diesem ständigen »Soll ich oder soll ich nicht?«! Anna!!! Weiter! Keine Ahnung wie, aber ich gehe weiter. Durch den Ort rauf und raus auf einem befestigten Wirtschaftsweg. Das macht das Gehen jetzt wieder leichter. Meinen Rucksack, der inzwischen Bartholomäus heißt, spüre ich gar nicht mehr. Im Gegenteil, es fühlt sich eigentlich ganz gut an. Treffe jetzt auf die ersten Kühe. Nett, freundlich mit ihren bimmelnden Glocken um den Hals. Die Gegend, die Kühe, die Orte, alles wie aus dem Bilderbuch. Irgendwie komplett aus der Welt gefallen. Jetzt, wo der Regen aufgehört hat und die Sonne hinter den Wolken zu ahnen ist, scheint alles unwirklich schön. Wunderschön blühende Almwiesen. Stelle mir vor, wie schön es erst im vollen Sonnenschein aussehen wird.

Die Kühe sehen alle so nett aus, sodass ich sie ab sofort nur noch Kuhleins nenne. Den Begriff Kuhleins hat meine Schwester Klara als Kleinkind geprägt. »Kuhleins« wurde zu einem geflügelten Wort in unserer Familie. Kuhleins!!! Ich habe mal irgendwo gelesen, dass man sich als Frau zu einem bestimmten Zeitpunkt im Leben entscheiden muss, ob man Zicke oder Kuh werden will. Für Kuh hätte ich mich ganz bestimmt nicht entschieden, denke ich vergnügt. Plötzlich habe ich gar keinen Spaß mehr. Es sieht nämlich nach Gewitter aus und ich schraube und stapfe noch immer den Berg hoch. Noch immer ziemlich weit vom nächsten Ort entfernt. Denke über alles Mögliche und Unmögliche nach. Mit jedem Schritt neue Gedanken. Mancher Gedanke bringt mich zum Grinsen, andere Gedanken sind gefühlt überflüssig, unangenehm, und andere wieder ziemlich unmöglich! Auf kluge Gedanken warte ich vergeblich. Der Regen hat offensichtlich auch mein Hirn leicht verwässert. Grund zur Sorge? Nein, ich muss mich nur irgendwie ablenken. Dringend ablenken. Andernfalls gehe ich keinen einzigen Schritt mehr weiter.

Mal wieder oben. Eine kleine Kapelle mit offen stehender Tür, die offensichtlich nur auf mich gewartet hat. Muss mich jetzt einfach setzen. Wenn ich dann nicht wieder hochkomme, dann ist es ganz einfach so. Sitze in der kleinen Kapelle im Trockenen und fühle außer grenzenloser Erschöpfung und absoluter Leere gar nichts mehr. Rein gar nichts. Widersprüchlich, aber beides unbeschreiblich wohltuend. Das Gewitter scheint weitergezogen zu sein.

Irgendwann geht's dann weiter und wieder bergab. Diesmal auf festem Weg nach unten in den nächsten Ort. Sollte mich beeilen. Es ist zwar immer noch trocken, aber das nächste Gewitter liegt in der Luft. Es wird immer schwüler und der Himmel immer noch dunkler. Bergab ist es diesmal wirklich ganz einfach. Es geht praktisch wie von selbst. Unglaublich, wie oft habe ich heute schon gedacht, dass nichts mehr geht. Thomas Müller hat mal nach einem Fußballspiel in einem Interview erklärt, dass er erst dann am besten spielt, wenn er wirklich auf der allerletzten Ritze läuft. Vielleicht bin ich ja gerade auch auf meiner allerletzten Ritze unterwegs. Fakt ist aber, dass ich im nächsten Ort bleiben werde. Vorausgesetzt ich finde ein Zimmer. Aber davon gehe ich jetzt einfach mal aus. Es ist heute so viel so gut gegangen, da wird es doch jetzt nicht an einem fehlenden Zimmer scheitern.

Ein Mensch! Endlich ein Mensch! Ein freundlicher Bauer, der mir erklärt, dass ich, unten angekommen, auf dem Fahrradweg wieder in den Wald und durch den Wald laufen kann. Also weiter auf einem Wald-Fahrradweg, der das Gehen ganz leicht macht. Aber vielleicht fühlt es sich jetzt nur deshalb so leicht an, weil ich weiß, dass das Ende des heutigen Weges absehbar ist.

Ganz kurze Zeit später komme ich dann hier im Nirgendwo zu einem merkwürdigen Gebäude, das irgendwie in einen Hügel eingewachsen zu sein scheint. Die Form ist so ähnlich wie ein Wasserturm, nur breiter und tiefer. Kommt mir eher wie ein Wachturm einer Zollstation aus früheren Zeiten vor. Sieht etwas unheimlich aus. Im Erdgeschoss des Turms befindet sich eine Pizzeria, die sehr einladend aussieht und aus der es sehr, sehr verlockend riecht. Ich hätte wirklich große Lust, dort Station zu machen. Aber ich muss weiter. Es hat gerade wieder angefangen zu donnern und ich habe noch immer keine Ahnung, wo ich die Nacht verbringen werde.

Genauso plötzlich steht auf einmal ein Mann neben mir. Eigentlich eher ein Männlein. Oder vielleicht doch eher ein Kobold? Wo kommt der denn so plötzlich her? Vom Himmel gefallen kann er ja nicht sein, den Knall hätte ich ganz bestimmt gehört. Unbedingt. Anna! Sieht aus wie ein Schamane oder Indianer. Allerdings ein sehr gepflegter, braun gebrannter Indianer-Schamane. In exklusiver Sportkleidung mit einem sündhaft teuren Bike an seiner Seite. Kommt mir irgendwie bekannt vor, aber woher sollte ich den denn kennen? Keine Ahnung. Quatscht mich sofort mit einem ziemlich öden Spruch über das Katastrophenwetter an. »Bin seit 20 Jahren in Europa, so was habe ich ja überhaupt noch nicht erlebt.« Aha, ein Weltreisender! Höflich, wie ich manchmal bin, frage ich ihn, wo er denn herkommt. Aus Venezuela. Wieder aha, also Südamerika. Daher kann ich ihn nicht kennen. Da war ich nämlich noch nicht. Habe keinen Schimmer, wer er sein könnte. Aber sicher ist, dass ich ihn irgendwie kenne. Ungefragt erklärt er, dass er mich ein Stück begleiten wird, und bietet mir, nach nicht einmal 10 Metern, sein Schlafzimmer an!!!

Ups, ups, Anna! Altes Mädchen! Er erklärt mir in epischer Breite und Tiefe, dass er unter einer Pollenallergie leidet. Daher schläft er in einem Zelt auf seiner Terrasse. Da das Schlafzimmer unbenutzt ist, stellt er es mir sehr gerne zur Verfügung. Ging immer davon aus, dass sich Pollenallergien und längere Aufenthalte im Freien irgendwie ausschließen. Dachte ich jedenfalls, na ja. Wie es sich dann herausstellt, wohnt der Indianer-Schamane in dem merkwürdigen Turm am Eingang des Tals. Auf einmal bin ich mal wieder sehr vergnügt. Stelle ihn mir so als eine Art Turmwächter vor! Wahrscheinlich hat er mich kommen sehen und gedacht, der drück ich jetzt mal ein Gespräch rein. Oder was auch immer. Ich sehe ihn bildlich vor mir, wie er oben im Turm sitzt und auf Beute wartet, die ahnungslos aus dem Tal heraufspaziert. So wie die Spinne im Netz. Turmwächter oder Spinnenmann? Oder beides? Ich bin gerade ganz besonders vergnügt.

Er erzählt, dass er nach einer Interrail-Tour in Europa geblieben ist, um bei seiner stetig wachsenden Kinderschar zu bleiben, die angeblich europaweit verstreut ist. Na ja, Anna. Keine Gefahr, aus dem Alter bist du ja nun wirklich raus. Außerdem interessiert mich im Moment nur noch die Frage, wo ich ein Zimmer für die Nacht finden werde. Es fängt wieder leicht an zu regnen. Unüberhörbares und vor allem immer näher kommendes Donnergrollen. Der Himmel wird immer noch schwärzer. Ein Königreich für eine heiße Dusche und weitere Königreiche für mindestens ein Weißbier. Absolut kein Interesse an dem Schlafzimmer des spinnenden Turmwächters. An ihm schon überhaupt nicht. Ich stehe nun mal nicht auf kleine Männer und auf so kleine Männer schon gar nicht. Außerdem ist er mir zu schön und überhaupt ... Nein!!!

Mir ist inzwischen auch völlig egal, ob ich ihn kenne oder nicht. Scheißegal. Ich kann nämlich schon wieder mal nicht mehr. Meine Oberschenkel fangen wieder an zu schlackern. Ich habe das heute schon öfter von mir gehört, jetzt wird's aber, glaube ich, wirklich ernst und mir ist mal wieder schlecht.

Zugegeben, das Zusammentreffen mit dem spinnenden Turmwächter hat mich abgelenkt und die Zeit ist wie im Flug vergangen. Der nächste Wegweiser zeigt an, dass es bis zum Ende der planmäßigen Etappe eigentlich nur noch circa 2 ½ Stunden sind. Dann hätte ich wirklich 29 Kilometer geschafft. Nein, jetzt ist es gut. Im Gewitter alleine im Gelände unterwegs zu sein, ist dann doch nicht mein Ding. Abgesehen davon ist mein Bedarf an Abenteuern für heute schon reichlich gedeckt. Ich muss heute niemandem mehr etwas beweisen. Wieso nur heute? Ich denke, auch sonst nicht mehr. Anna, kapiere es endlich.

Der spinnende Turmwächter textet mich weiterhin völlig ungebremst zu. Aber dann höre ich doch genau hin, als das Wort »Hotel« fällt. Denn: »Oben, etwas abseits vom Ort, aber in die andere Richtung gibt es ein wunderschönes Hotel in einer ganz tollen Parkanlage und mit sehr guter Küche. In dem hat meine Tochter Rosa-Maria ihre Hochzeit gefeiert.« Na ja, vielleicht ist der spinnende Turmwächter vorhin ja doch vom Himmel gefallen, damit ich genau dieses Hotel finde. So eine Unterkunft, nach diesem Tag, wäre einfach nur die perfekte Krönung.

Er redet und redet, unentwegt. Stellt weiterhin Fragen, die er sich der Einfachheit halber auch immer gleich selbst beantwortet. Höre nicht mehr richtig zu. Konzentriere mich vollkommen auf das Hotel und den damit verbundenen Aussichten. Schönes Hotel und gutes Essen! Aber eigentlich nicht wirklich pilgergerecht. Ach Anna, man kann's auch übertreiben!

Der spinnende Turmwächter bezeichnet sich als absoluten Frauenliebling und schwärmt vor allem von sich selbst. Mit seinem selbstherrlichen Gerede geht er mir langsam, aber sicher ziemlich auf den Geist. Vorsicht, mein Freund, das Eis wird immer dünner und das Echo würde dir ganz und gar nicht gefallen. Er erzählt von Bernd Eichinger und diversen Filmen. Ob ich den Eichinger kennen würde, will er wissen. Na klar, wer nicht. Aber nicht persönlich. Außerdem hat auch der inzwischen Einzug in die ewigen Jagdgründe gehalten. Dann will er wissen, ob ich den Film »Das Parfum« gesehen habe. Nein, nur das Buch von Süskind gelesen. Von dem Film habe ich nur Ausschnitte gesehen. Dann endlich dämmert es mir! Das kann doch gar nicht sein?! Unmöglich! Der Turmwächter könnte tatsächlich ein Zwillingsbruder von Dustin Hoffman sein. Nein, der Zwillingsbruder ist er nicht, aber ein Filmdouble, wie sich herausstellt. Ist das zu glauben? Hier, mitten in der Pampa? Tatsächlich! Dinge gibt's! Wieso eigentlich nicht? Ich bin ja auch hier. Ganz offensichtlich hat er erwartet, dass ich wenigstens ab jetzt ganz ehrfürchtig werde und ihn ab sofort gebührend bewundere und ebenfalls anschwärme. Auch noch dankbar soll ich dafür sein, dass mir ein so bedeutender Mann sein Schlafzimmer anbietet. Nur, hier irrt sich der Gute leider gründlich. Zu schade für ihn. Den Gefallen kann ich dir leider nicht tun, kleiner Mann. Wenn du nämlich auch nur den Hauch einer Ahnung davon hättest, welche »Originale« ich schon getroffen und gesprochen habe und in welchem beziehungsweise wessen Schlafzimmer ich schon gewesen bin, dann würdest nämlich du vor mir auf die Knie gehen. Ach Anna, wie kann man nur so eine Spielverderberin sein? Er hätte sich doch so sehr über deine Bewunderung gefreut. Nein, keine Chance. Meinen heutigen Vorrat an grenzenloser

Bewunderung brauche ich später ausschließlich für mich selbst. Egoistin, gemeine.

Oben im Ort angekommen, verabschieden wir uns voneinander. Er wiederholt nochmals ganz eindringlich die Einladung in sein Schlafzimmer. Nein danke! Im Hotel ist tatsächlich ein Zimmer frei. Sofort raus aus den nassen Klamotten. Die heiße Dusche weckt dann ganz schnell wieder alle meine Lebensgeister. Ein wunderbares Zimmer, ein See in einer zauberhaften und blühenden Parkanlage direkt unter meinem Balkon. Was für eine Belohnung nach dieser heutigen Tortur. Die Einrichtung ist zwar leicht abgewohnt, deftig rustikal und hat einen leichten Hang zum Gelsenkirchener Spätbarock, aber was ist schon perfekt. Essen gibt es erst ab 17:30 Uhr, aber ich bekomme mein Weißbier und dann noch eins. Was für ein Genuss, was für ein Tag!

Inzwischen ist es mal wieder trocken, Gewitter und Regen sind weitergezogen. Ich gehe durch den Park zum See. Als wenn ich heute nicht schon genug gelaufen wäre! Setze mich auf eine der Bänke und schaue, nein eigentlich höre ich einer Ente zu, die sich ganz offensichtlich mit einem Frosch unterhält, der irgendwo nicht weit von mir im Schilf sitzt. Sie schnattert, er quakt zurück. Ansonsten völlige Stille. Ich genieße die Schönheit der Anlage, sehe den anderen Enten auf dem Wasser zu. Beobachte das Wolkenspiel am Himmel und genieße die Sonne, die immer mal wieder ganz kurz, für einen winzigen Augenblick, durch die Wolken bricht. Einfach nur Ruhe, die sich nach und nach immer stärker auf mich überträgt.

Zeitreise zu bisher tiefgefrorenen Gedanken. Heute ist mein Geburtstag. Dies könnte vielleicht mein letzter Geburtstag sein. Wird es noch mal einen Sommer für mich geben? Bleibt mir Zeit genug, diesen Jakobsweg tatsächlich bis zum Ende gehen zu können? Schon nach diesem zweiten Tag und trotz aller Anstrengungen und Tränen bin ich richtig süchtig danach weiterzugehen. Nach dem Schock, der auf die Diagnose folgte, war es ja dann eigentlich ganz leicht zu sagen, ich schaffe das. Es war schließlich nur ein minimaler Eingriff. Erst einmal wieder alles völlig normal. Ich beiß mich da durch. Ich schaffe das. Wenn nicht ich, wer dann? Bis jetzt habe ich noch immer alles geschafft. So wie heute. Aber wie wird es dann wirklich sein, wenn der Körper nicht mehr mitmachen will? Wenn der Tumor wieder zurückkommt und damit auch Schmerzen? Wenn es keine Alternative mehr zu einer Chemotherapie gibt? Werde ich dann immer noch die Kraft und den Willen aufbringen können, um durchzuhalten? Oder wird mein Körper dann seinen eigenen Weg gehen? Ich habe mich ganz bewusst gegen eine Chemotherapie entschieden. Ich will wenigstens diesen Sommer noch aktiv erleben, um noch einmal so richtig und mit Genuss Sonne und Wärme auf der Haut zu spüren. Um diesen Weg zu gehen, der immer mehr mein Weg wird. Aber dieser Sommer wird irgendwann zu Ende sein, und dann? Werde ich eine Lücke hinterlassen? Wer wird wirklich traurig sein? Wem werde ich tatsächlich fehlen? Allgemeines Bedauern vielleicht, um dann schnell wieder zur Tagesordnung überzugehen? Welche Lieder sollen auf meiner Trauerfeier gespielt werden? Auf alle Fälle will ich »Für mich soll's rote Rosen regnen« und »I did it my way« hören, von wo auch immer ich dann zuhören werde. Ich habe mich für einen Trauerwald entschieden. Ein schöner Gedanke, unter einem Baum zu liegen. Neues Leben und neue Energie, die daraus entstehen könnten. Altes Mädchen, so weit ist es noch lange nicht. Hoffe ich wenigstens. Aber werden Hoffnung und Wille alleine stark genug sein?

Ich bleibe auf der Bank sitzen bis zum nächsten Regen, der diesmal in Form eines Wolkenbruchs und gleich mit mehreren Gewittern anreist. Der spinnende Kobold-Turmwächter hatte nicht zu viel versprochen. Hotel und die Anlage sind Genuss pur und entsprechen trotzdem meiner Reisekasse. Eine großartige Belohnung für einen Tag mit einigen ziemlich grenzwertigen Situationen. Doch keine so gute Idee, solche Wege alleine zu gehen? Und schon wieder Tränen. Ist es wirklich nur die Erschöpfung? Auf alle Fälle ist es Erschöpfung in bisher nicht gekanntem Ausmaß. Aber auch grenzenlose Erleichterung und Genugtuung darüber, dass ich es tatsächlich durchgestanden habe. Was und wie wird es morgen sein? Werde ich morgen früh wieder die Kraft und die Disziplin aufbringen weiterzugehen? Darüber werde ich aber heute nicht mehr weiter nachdenken.

Wieder mal Zeit gewonnen. Sitze im gemütlichen, warmen Kaminzimmer des Restaurants. Schreibe sehr lange in meinem Tagebuch und genieße anschließend das wunderbare Abendessen.

Es ist noch sehr früh am Abend und ich bin zunächst noch der einzige Gast. Höre daher ziemlich deutlich den Inhaber schimpfen und toben, dessen Bürotür offen steht. Er telefoniert offensichtlich, spricht von Fördergeldern zur Renovierung der Anlage. Vor allem aber zetert er über das Personal. Über Personal, das er hat, und vor allem über das, das er nicht hat beziehungsweise nicht findet. »Nur Ungarn, Polen oder andere Schwachmaten.« Na ja, in Sachen Personalführung scheint noch sehr viel Luft nach oben zu sein. Aber immerhin, mit Schwachmaten scheint er sich ja bestens auszukennen.

Nicht nur das Abendessen war wunderbar. Trotz aller Anstrengungen habe ich auch heute kein einziges Mal gehustet. Keine sonstigen Schmerzen. Keine Blasen an den Füßen.

Alles ist perfekt.

SMS an meine Schwester Klara:
Rätsel: Was ist die Steigerung von nass, pitschnass, klitschnass?
Lösung: Anna auf dem Jakobsweg.

»Das alles wirklich an nur einem Tag«, stellt Josefa staunend fest. »Ja, mir selbst ist es auch sehr viel länger vorgekommen.« Alia, der Tränen übers Gesicht laufen, sitzt neben Ilse und hält deren Hand. Genau so hatte sie unterwegs neben ihrer sterbenden Mutter gesessen. »Ilse scheint tief und fest zu schlafen.« »Die Medikamente wirken endlich«, erklärt Alia leise. Sie denkt an all die vielen Geschichten, die ihr die Mutter vor dem Einschlafen immer erzählt hatte. Sie sehnt sich in diesem Moment so sehr nach ihrer Mutter. Als sie klein war, hatte sie am liebsten immer die Geschichten gehört, die von dem Großen Buch handelten. »Es steht schon alles im Großen Buch geschrieben«, hatte sie ihr immer wieder gesagt und ihr daraus vorgelesen. »Alles ist schon seit sehr, sehr langer Zeit vorherbestimmt«, so die Mutter. »Steht in diesem Buch vielleicht auch, dass Ilse ausgerechnet hier sterben muss?«, fragt sich Alia. Susanne, die Alias tiefe Traurigkeit spürt, setzt sich wortlos zu ihr und nimmt sie tröstend in den Arm.

»Anna, deine Begegnung mit dem Turmwächter war aber schon sehr speziell. Was wäre denn gewesen, wenn er dir gefallen hätte? Wärst du mit ihm gegangen?«, fragt Theresa neugierig. »Keine Ahnung. Ich bin in solchen Dingen eher nicht so der spontane Typ. Aber wer weiß. In dem emotionalen Ausnahmezustand, in dem ich mich gerade befand, hätte ich es mir vielleicht doch noch überlegt. Aber dann hätte er mir schon sehr, sehr gefallen müssen. Außerdem, so nötig hatte ich es dann auch wieder nicht.« »Vielleicht hat er das aber anders gesehen.« »Das ist mir ziemlich egal, wie er das gesehen hat. Wenn ich an seine Kinderschar denke, von der er gesprochen hat, schien der eher der geborene Aufreißer zu sein.« »Oder einfach nur ein notgeiler Zeitgenosse. Immerhin war er ein Südamerikaner. Denen sagt man ja so manches nach. Vielleicht hast du ja damit die einmalige Chance verpasst, den besten Sex deines Lebens zu haben«, kommt es wieder von Theresa, die damit die anderen, bis auf Gerlinde, zum Kichern bringt.

Gerlinde ist von dem Thema ziemlich peinlich berührt und denkt: »Was tun sich denn hier für Abgründe auf? Eine ganz feine Gesellschaft, diese Damen. Glauben, was Besseres zu sein, nur weil sie schlanker, schöner, erfolgreicher und angeblich klüger sind. Von wegen. Alles nur Schein, alles nur Schau. Und in Wahrheit? Eine ehemalige Drogenabhängige, die Nächste brennt heimlich Schnaps und verkauft ihn auch noch. Abgesehen davon scheinen alle spontanen Sex mit wildfremden Straßenbekanntschaften für völlig normal zu halten. Und das noch in diesem Alter. Einfach unglaublich!« Gerlinde ist plötzlich entsetzt über ihre Gedanken. Genau so hätte auch ihre Großmutter reagiert. Theresa ist Gerlindes Reaktion nicht entgangen: »Huber-Schätzchen, falls du es vergessen haben solltest, was Sex ist, das ist die Sache mit dem Mädchen- und Jungenskram.« Die anderen brechen jetzt wirklich in schallendes Gelächter aus. Gerlinde spürt, dass sie rot wird. Sie ist sehr froh, dass die anderen das bei dieser spärlichen Beleuchtung nicht sehen können.

»Leise, sonst wecken wir Ilse auf. Ich bin sehr froh, dass sie schlafen kann«, kommt es von Alia. »Schlafen heilt«, kommt es mit Zuversicht von Susanne. »Machen wir es wie Theresa. Denken wir über Ilses Verletzung hinaus. Morgen um diese Zeit wird sie die notwendige ärztliche Versorgung haben, die sie wieder gesund werden lässt.« Alia reagiert aufgebracht und fühlt sich damit von Susanne angegriffen. »Ich kann und darf jetzt und hier einfach nicht mehr für sie tun. Ich weiß ja auch gar nicht, was für Verletzungen Ilse wirklich hat. Ich kenne auch die anderen Medikamente nicht. Mich macht meine Hilflosigkeit auch ziemlich wütend. Außerdem dürfte ich sie auch gar nicht behandeln, ich habe keine Zulassung in Deutschland.« »Ich wollte dich doch gar nicht angreifen«, entgegnet Susanne hilflos, »wir können ja mehr als dankbar sein, dass du hier bist.« »Ich glaube, dass Alia

Ilses Situation noch mal aus einem anderen Blickwinkel sieht«, wirft Anna verständnisvoll ein. »Es erinnert mich an das Sterben meiner Mutter und ich habe Angst um Ilse«, erklärt Alia leise.

Ilse

Ilse hört ihre Mutter rufen. Stimme und Tonlage lassen darauf schließen, dass sie offenbar gerade mal wieder in der Gegenwart angekommen ist. »Ja, ich bin hier.« Sie klappt ihr Buch zu, stellt ihr Rotweinglas ab und geht nach oben in das Zimmer ihrer Mutter. »Wie geht es dir?« »Gut, ich bin dankbar für jeden lichten Moment, der mir noch vergönnt ist. Ein Geschenk des Augenblicks. Wie viel Zeit lag diesmal dazwischen?« »Fast genau 30 Stunden«, antwortet Ilse erschöpft und müde. Die Diagnose damals war so klar und kalt wie das eisige Nordlicht. Beginnende Demenz.

»Kind, du siehst ja ganz entsetzlich aus. Das kannst du alleine nicht mehr länger schaffen. Ich kann und darf das nicht mehr weiter von dir verlangen. Suche dir professionelle Hilfe oder endlich eine passende Einrichtung für mich. Ich habe mehr als genug eigenes Geld für ein gutes Heim. Da sind meine Ersparnisse und auch eine gute Rente. Die Kosten dafür werden also keines von euch Kindern belasten. Fang endlich wieder an zu arbeiten. Wer, wenn nicht ich, weiß, was dir deine Arbeit wirklich bedeutet. Schreibe wieder Artikel, recherchiere für ein spannendes und interessantes Thema oder für ein neues Buch. Außerdem musst du endlich wieder raus, unter Menschen. Egal ob Urlaub oder beruflich. Versprich mir hier und jetzt, dass du dich endlich wieder um dich selbst kümmern wirst. Ich habe hier all das aufgeschrieben, was mir wichtig ist. Sozusagen mein letzter Wille. Eine Ergänzung zu meinem Testament, wenn du so willst. Unter anderem auch das, was wir gerade eben besprochen haben.« Ilse ist verwirrt. »Wann hast du das gemacht?« »Heute Abend. Bevor ich dich gerufen habe. Ich habe es immer wieder aufgeschoben. Ich habe mich immer noch daran geklammert, dass noch genug lichte Momente kommen werden, in denen ich das erledigen kann. Vorhin ist mir klar geworden, dass jetzt wohl keine Zeit mehr bleiben wird und heute Abend vielleicht die allerletzte Gelegenheit dafür sein könnte.«

Seit dem Tod des Vaters lebt Ilse alleine mit ihrer Mutter in dem großen Haus, mit eigener Wohnung im Dachgeschoss. Sie war noch nie auf die Idee gekommen auszuziehen. Das Haus war groß genug. Falls nötig, konnte man sich auch mal aus dem Weg gehen. Außerdem hatte sie hier alles, was sie brauchte, ohne dafür auch nur einen Finger rühren zu müssen. Die Haushälterin ihrer Mutter sorgte für Essen, Wäsche und Sauberkeit und deren Ehemann für den Garten. So wie schon seit vielen Jahren. Sich voll und ganz auf ihre Arbeit konzentrierend, genoss sie weiterhin die Ruhe und Geborgenheit ihrer Kindheit. Wenn sie unterwegs war, freute sie sich immer wieder sehr, hierher zurückzukommen. Als freischaffende Journalistin verfasste sie zeitkritische Artikel und beschäftigte sich in ihren Büchern intensiv mit den Themen Emanzipation und Feminismus.

Als die Symptome bei ihrer Mutter immer stärker wurden, hatte sie sich ihren Brüdern gegenüber bereit erklärt, die Pflege zu übernehmen. Das war vor mehr als drei Jahren gewesen. Die Brüder hatten Ilses Bereitschaft als selbstverständlich betrachtet. Ihren jeweiligen Ehefrauen war die Pflege der Schwiegermutter auf keinen Fall zuzumuten. Sie waren sich alle einig darüber, dass keine Pflegerin ins Haus kommen sollte. Sie lehnten es auch gemeinsam ab, die Mutter früher oder später in einem Pflegeheim unterzubringen. »Eine Familie ist nun mal keine Schönwetterveranstaltung«, hatte der Vater früher immer wieder gesagt, wenn es Streit oder Probleme zu Hause gab. »Wir müssen zusammenhalten und gemeinsam Lösungen finden.«

»Kein Problem«, hatte sich Ilse gedacht, »als Freiberuflerin kann ich mir meine Zeit einteilen. Außerdem bin ich nicht auf regelmäßige Einkünfte angewiesen.« Kosten für den Lebensunterhalt hatte sie sowieso keine aufzubringen. Überdies gab es Rücklagen und eine Eigentumswohnung, die sie vermietet hatte. Es gab ja auch noch die regelmäßigen Zahlungen aus dem Anteil an der Buchhandlung. »Kein Problem«, hatte sie gedacht und absolut keine Vorstellung davon gehabt, was dann in Wirklichkeit auf sie zukam.

Zunächst war es nur die Vergesslichkeit der Mutter, die immer wieder für immer größer werdenden Ärger sorgte. Hinzu kamen Stimmungsschwankungen, die das tägliche Leben für alle im Haus zeitweise absolut unerträglich machten. Die Haushälterin hatte schon mehrmals gekündigt. Ilse konnte sie dann doch immer wieder dazu überreden zu bleiben. Inzwischen kam es jedoch vermehrt zu den gefürchteten Aussetzern. Die sogenannten lichten Momente wurden von Mal zu Mal seltener.

Es war nur noch eine Frage der Zeit, bis der komplette Kontrollverlust einsetzen würde.

Ilse kam zu gar nichts mehr. Ihre Arbeit wurde erst zur Nebensache und war dann nur noch Vergangenheit. Zugesagte Texte und Recherchen konnten nicht geliefert werden. Vereinbarte Termine und Verabredungen musste sie platzen lassen. Zuverlässigkeit und Seriosität, die sozusagen ihr Markenzeichen waren, wurde sie nicht mehr gerecht. Auftraggeber und Vertragspartner sprangen nach und nach verärgert ab. Ilse war es zunächst gar nicht aufgefallen, dass sie zunehmend darunter litt, den wichtigsten Teil ihres Lebens aufgegeben und verloren zu haben. Ihr fehlten immer mehr die Kontakte mit anderen. Die spannenden Auseinandersetzungen und kontroverse Diskussionen über das jeweilige Thema, die sie manchmal nächtelang nicht hatten schlafen lassen. Ihr fehlten die Reisen und Einladungen, Vorträge und vor allem der Erfolg und die Anerkennung von Fachleuten.

Die Pflege der Mutter war schon längst eine »Rund-um-die Uhr-Angelegenheit« geworden. Selbst wenn ihre Mutter schlief, hatte sie keine ruhige Minute mehr. Vor einigen Wochen war ihre Mutter in der Nacht aufgestanden und hatte versucht, den Gasherd anzustellen. Der Wunsch nach einer Tasse heißer Milch hätte beinahe in einer Katastrophe geendet.

01:00 Uhr
In der Küche wird es immer ungemütlicher. Das eingedrungene Wasser ist zwar nicht weiter gestiegen, aber es wird immer kühler und feuchter. Das Feuer im Kachel-

ofen ist inzwischen ganz ausgegangen. Es ist fast dunkel im Raum, der nur noch spärlich mit einigen wenigen Kerzen beleuchtet wird. »Wir müssen sparsam mit dem Licht sein«, hatte Theresa bestimmt. »Wer weiß, wie lange wir hier noch aushalten müssen.« Der Holzofen, um den bis auf Ilse alle herumsitzen, wärmt nur noch von vorne. »Es steht inzwischen so viel Wasser hier in der Küche, dass wir uns nicht mehr hinlegen können. Die Matratzen wären sofort klitschnass«, stellt Theresa fest. »Wir müssen die Nacht eben im Sitzen verbringen.« »Es gibt Schlimmeres«, entgegnet Alia leise. Josefa springt auf und schiebt die Wolldecken, die vor der Türe hängen, beiseite. Theresa tritt mit zwei Kerzen hinter Josefa, um den vorderen Raum etwas auszuleuchten. »Alles scheint unverändert zu sein«, erklärt sie. Sie spürt ihre grenzenlose Erleichterung und macht den anderen Mut. »Wir werden die Nacht überstehen. Stellt euch einfach vor, morgen um diese Zeit liegen wir alle in weichen und warmen Betten und lassen es uns nur noch gut gehen. Was mich angeht, so werde ich nach einem ausgiebigen Saunabesuch nur noch den Zimmerservice in Trab halten. Alles ist gut.« »Theresa denkt also mal wieder darüber hinaus«, kommt es hustend von Ilse, die gerade wach geworden ist. Theresa wendet sich Ilse zu. Sie sieht Alias ernsten Gesichtsausdruck und dass Ilse Blut spuckt. »Um Gottes willen!« Hilfloses Entsetzen bei Susanne. »Ich habe so etwas befürchtet. Es waren die Schmerzen beim Atmen«, erklärt Alia ruhig. »Was machen wir denn jetzt?«, flüstert Josefa fragend. »Na ja, vielleicht können unsere beiden gottesfürchtigen Damen hier ja mal ein Gebet sprechen. So etwas soll ja angeblich Wunder wirken können«, wirft Gerlinde ein und sieht dabei zu Josefa und Anna. »Wie kann eine Person nur so furchtbar gemein sein ...« Josefa ist aufgebracht und wird ruhig von Anna unterbrochen. »Ja, warum eigentlich nicht? Es reicht ja, wenn es jede für sich tut oder auch nicht.« »Vielleicht sollte Theresa mal wieder in ihre Trickkiste greifen und dort die passende Lösung finden, die ja schon da ist«, schlägt Ilse ironisch vor und versucht sich aufzusetzen. »Im Augenblick habe ich keine Schmerzen und kann eigentlich auch besser atmen als am Nachmittag. Ich habe aber ziemlichen Durst.« »Wir sollten alles etwas trinken«, schlägt Theresa vor, die krampfhaft überlegt, wie sie die anderen zur Ruhe bringen kann. »Alkohol wäre jetzt vielleicht sogar ganz hilfreich. Vielleicht können wir dann alle etwas schlafen. Wird zwar schwierig im Sitzen, aber dann vergeht die Zeit hoffentlich schneller.« »Ich könnte mindestens ein Weißbier vertragen«, findet Anna. »Theresa, was kannst du deinen Gästen denn sonst noch so empfehlen?«, fragt sie und ergänzt ironisch: »Ich gehe mal davon aus, dass in Anbetracht der Umstände die Getränke heute Nacht aufs Haus gehen.« »Ilse bekommt nur Wasser, wegen der Medikamente«, erklärt Alia bestimmt, »und auch für mich bitte nur Wasser.« »Frau Huber trinkt bestimmt gerne etwas anderes. Aber der schwarzgebrannte Schnaps von Josefa kommt ja dann wohl eher nicht mehr infrage«, stichelt Theresa. »Ich glaube nicht, dass Josefa freiwillig davon etwas verschenken wird. Jedenfalls nicht an Frau Huber.« Bevor Gerlinde aufgebracht reagieren kann, mischt sich Anna ein und erklärt sehr deutlich: »Theresa, ich halte es für keine gute Idee, weiterhin auf diesem Kollisionskurs unterwegs zu sein.« Theresa zuckt nur verärgert mit den Schultern und überlässt es Josefa, die gewünschten Getränke aus dem Lager zu holen und zu verteilen.

»Ilse, versuche, ganz bewusst zu atmen«, wird sie von Anna aufgefordert, »du musst so tief einatmen, wie du nur kannst, und dann ganz langsam und lange wieder ausatmen. Bleibe, so lange du kannst, auf jedem einzelnen Atemzug. Konzentriere dich ausschließlich auf deinen Atem.« »Was soll das denn werden, ist das wieder so eine Spinnerei?«, will Gerlinde wissen, immer noch aufgebracht. »Ich habe das in der Meditation gelernt. Es wird Ilse nicht nur beim Atmen helfen, sondern entspannt auch ganz wunderbar. Jedenfalls dann, wenn man sich darauf einlässt. Wir sollten das alle gemeinsam machen.« »Was für ein Quatsch!« Anna geht nicht auf den erneuten Einwurf von Gerlinde ein. Sie setzt sich neben Ilse und gibt ihr Anweisungen zum Atmen, während die anderen erst gespannt zuschauen und dann auch mitmachen. »Vielleicht kommen wir damit wirklich alle etwas zur Ruhe«, kommt es von Theresa. »Ich komme mir vor wie bei den Waltons«, meint Susanne kichernd. »Nur mit dem Unterschied, dass du nicht Elizabeth und keine von uns anderen John-Boy ist«, kommt es resignierend von Theresa, die Anna bittet: »Erzähle uns doch weiter von deiner bisherigen Reise.« »Es fällt mir ziemlich schwer, das alles zu erzählen. Es sind sehr persönliche Erlebnisse und Eindrücke. Andererseits sind wir hier so eine Art Schicksalsgemeinschaft in einer Extremsituation«, sagt sie und schaut dabei Ilse an. »Warum also nicht?«

ANNA

Tag 3
Ein Déjà-vu. Wie gestern Morgen höre ich noch im Halbschlaf durch die offene Balkontüre, wie es leise reg-

net. Wie viele Sorten von Regen gibt es eigentlich? Mir fallen Nieselregen, Landregen, Bindfadenregen, Regenschauer, Platzregen, Tröpfelregen, Starkregen und Wolkenbruch ein. Zu welcher Regensorte würde ich gehören? Als mutierter Regentropfen sollte man immerhin wissen, zu welcher Regenfamilie man gehört. Tröpfelregen, schwacher Nieselregen oder eher doch ein Starkregen? Es wird langsam hell, gerade mal 5:00 Uhr. Neun wunderbare Stunden geschlafen. Wie geht es mir? Meine Muskeln und Gelenke sind zwar etwas steif und ich werde sie beim Gehen wahrscheinlich erst wieder sortieren müssen. Das war's aber dann auch schon. Nicht mal ansatzweise ein Muskelkater. Allerbeste Voraussetzungen für einen neuen Tag.

Gehe um 07:15 Uhr nach einem ausgiebigen Frühstück los. Überflüssig zu erwähnen, dass es regnet. Diesmal ist es aber nur Bindfadenregen! Zum Abschied nochmals zum See. Zeitreise auf der Bank, gestern Abend, mit all den unbeantworteten Fragen. Auf dem Radweg wäre ich sicher sehr viel schneller unterwegs. Aber ich bin nicht hier, um auf Fahrradwegen zu wandeln. Also wieder bergauf und bergab, angeblich auf den alten Pilgerpfaden. Während der ersten halben Stunden ist das Gehen wie erwartet noch etwas mühsam. Dann haben sich Muskeln und Gelenke sortiert und es geht ganz wunderbar und einfach weiter. Meinen Rucksack hatte ich auf Bartholomäus getauft und inzwischen auf Bartel abgekürzt, ist kaum spürbar. Nur dass ich dauernd in diesem Regencape herumstapfe, stört mich. Hör auf zu nörgeln, Anna. Nicht schon wieder und schon gar nicht gleich von Anfang an.

Inzwischen hat es tatsächlich mal aufgehört zu regnen. Eine echte Wohltat, ein ganz wunderbares Gefühl. Ich werde mit jedem Schritt optimistischer und auf einmal sehr fröhlich. So kann es weitergehen. Es klart vollkommen auf, blauer Himmel und auch die Sonne ist endlich da. Willkommen, liebe, liebe Sonne! Die Landschaft wird im Sonnenlicht von einem Moment zum anderen unglaublich schön. Unwirklich schön. Blühende Wiesen auf Almhängen mit ganz vielen bimmelnden Kuhleins. Wälder, aus denen Dunst aufsteigt und immer wieder wunderschöne Bauernhäuser. Es ist einfach nur traumhaft! Findet hier wirkliches Leben statt? Es scheint eine Welt ohne Probleme zu sein.

Immer wieder kreuzt hier im Nirgendwo ein Kleinbus der Feuerwehr meinen Weg. Nein, Jungs, heute muss ich nicht gerettet werden. Ihr seid einen Tag zu spät! Gestern hätte es eure große Stunde sein können.

Jetzt in diesem Licht zu gehen, ist Freude und Genuss pur. Habe noch gar nicht erwähnt, dass mich von Anfang an ein Kuckuck begleitet, wahrscheinlich aber eher mehrere. Die Wege sind heute alle ganz gut begehbar und nicht mehr ganz so nass und auch nicht ganz so steil wie gestern. Bin darüber mehr als gottfroh. Kein weiteres Abenteuer in Morast und Schlamm. Wieder treffe ich keinen einzigen Menschen. Und ganz plötzlich ist es wieder da, dieses Scheißgefühl der Einsamkeit und Verlassenheit, das mich überfallartig anspringt. Schon wieder Traurigkeit. Mensch, Mensch! Achterbahn der Gefühle. So schnell komme ich gar nicht hinterher. Freude und Genuss in einem Moment und abgrundtiefe Traurigkeit im anderen. Und immer wieder dieses

Scheißgefühl von grenzenloser Einsamkeit und Verlassenheit. Konzentriere mich ausschließlich auf den Weg, der jetzt leicht abwärtsgeht. Versuche, wieder auf andere Gedanken zu kommen.

Schwierig.

Jetzt in der Sonne kommen auch die ersten Schmetterlinge und ich durch einen Wald zum nächsten Wasserfall. Diesmal im Sonnenschein. Sonnenstrahlen, die durch die Blätter brechen. Fühle mich auch hier wieder wie magisch eingefangen und festgehalten. Was für ein Zauber!

Auch diesmal geht mir das Zusammenspiel von Wald, Vogelstimmen, Sonnenlicht, Wärme, leisem Wind mit dem rauschenden Wasser wieder extrem unter die Haut. Stehe wie festgewurzelt und möchte am liebsten nie wieder weitergehen. So würde mein ganz persönliches Paradies aussehen und sich anfühlen. Unbeschreibliches Gefühl! Achtung, Achterbahn!

Ganz plötzlich ist das Wetter gar nicht mehr so paradiesisch. Habe mich ziemlich vertrödelt und die Zeit vergessen. Muss schleunigst weiter. Die Nachmittagsgewitter haben sich als absolut zuverlässig erwiesen. Es wird von eben auf jetzt düster und wieder verdammt schwül. Die Sonne sticht jetzt heftig und ich schwitze mal wieder saumäßig. Eigentlich bin ich immer nur nass! Entweder von außen oder/und von innen.

Das Wetter ändert sich jetzt von Minute zu Minute. Es könnte heute wirklich knapp werden. Habe keine Ahnung, wie lange es noch bis zum nächsten Ort dauern wird. Der Himmel ist pechschwarz, das Gewitter kann jeden Moment losgehen. Zieht dann aber doch weiter, um woanders runterzugehen. Vorläufig Glück gehabt, meine Liebe. Lege stark an Tempo zu. Das nimmt mir mein Bartel-Rucksack ziemlich übel und wippt prompt wieder in die andere Richtung. Komme aus dem Gleichgewicht und ziemlich ins Stolpern. Mensch, Anna! Was sagt der alte Konfuzius? »Wer es eilig hat, sollte langsam gehen.«

Genuss, Freude, Glück, Optimismus und Harmonie des Vormittags sind wie weggeblasen. Die Aussicht auf ein Gewitter hier auf offener Strecke stresst mich. Weit und breit keine Möglichkeit, sich unterzustellen. Auf das nochmalige Auftauchen des Feuerwehrbusses warte ich jetzt natürlich vergebens. Immer wieder der Blick zum Himmel. Wird es reichen? Ganz ruhig, Anna. Einfach nur weitergehen, Schritt für Schritt, und immer schön durchatmen!

Es hat tatsächlich gereicht. Ich sollte einfach mehr Vertrauen haben. Bin genau bis zur Kirche hier im Ort gekommen, in der ich meinen nächsten Pilgerstempel bekomme. Durchatmen! Setze mich zum ersten Mal seit dem Frühstück. Genieße die Ruhe und die besondere Atmosphäre in dieser Kirche mit der Jakobsstatue. Währenddessen scheint draußen wettertechnisch mal wieder die Welt unterzugehen.

Glückskind! Direkt neben der Kirche ist ein Gasthof, in dem ich ein Zimmer bekomme, der allerdings einen leicht unheimlichen Eindruck macht. Wäre jetzt nicht unbedingt meine erste Wahl gewesen. Hilft aber nichts. Ob er mir gefällt oder nicht, es bleibt mir nichts anderes übrig, ich muss hierbleiben. Bei dem Unwetter da draußen komme ich heute keinen Schritt mehr weiter. Der Gasthof ist irgendwie schräg und schief. Von innen völlig duster, eng und im Treppenhaus ohne ein Fenster. Krumme, knarrende Treppen, schiefe Fußböden und quietschende Türen. Der Zimmerschlüssel so groß wie für ein Burgtor gemacht. Edgar Wallace hätte sicher seine helle Freude an dieser gruseligen Geisterkulisse gehabt. Würde mich jetzt überhaupt nicht wundern, wenn plötzlich Klaus Kinski tot aus dem alten Kleiderschrank kippt, der oben im Flur steht. Und dann dieses elegante und sicher sehr kostbare Brautkleid, das auf einer Kleiderpuppe drapiert ist. Alles schon sehr seltsam. Egal, völlig egal. Hauptsache, ich muss da heute nicht wieder raus.

Das Zimmer ist sauber, die Dusche auch. Die Aussicht auf die Berge ist wahrscheinlich sehr schön. Durch den Regen und die Nebelschwaden ist aber mal wieder so gut wie gar nichts zu sehen. Auf dem Bett liegt so ein ganz altmodisches Plumeau das aber sehr einladend und gemütlich aussieht. Die restliche Zusammenstellung der Zimmereinrichtung ist allerdings ziemlich abenteuerlich. Egal. Nur noch ankommen, durchatmen, duschen. Heiße Dusche, frische Klamotten und wieder Königreiche für ein Weißbier. Im Moment bin ich ziemlich bedient, aber nur sehr kurz. Entspannte Muskeln und Gelenke nach der langen heißen Dusche und in trockenen Klamotten, überstrahlt der traumhaft verzauberte Vormittag dann doch wieder alles andere.

In der niedrigen und dunklen Gaststube ist Betrieb. Es ist Freitagnachmittag. Die Einrichtung dürfte mindestens so alt sein wie ich. 60er-Jahre-Charme. Ob ich inzwischen auch so altmodisch bin? Bei den Gästen handelt es sich offensichtlich ausschließlich um Eingeborene. »Essen gibt es erst ab 18:00 Uhr«, brummt die Wirtin knapp, nicht besonders freundlich. Macht nichts. Ein Weißbier tut's auch. Falls nötig auch zwei. Frau Wirtin scheint hier der Chef im Ring zu sein. Ob ihr das Brautkleid gehört? Das wäre allerdings schon ein sehr ungewöhnliches Kontrastprogramm. Der Mann, der mir das Zimmer gezeigt hat, ist tatsächlich ihr Ehemann. Hatte ihn eher für ihren Hausknecht gehalten. Na ja, einer muss schließlich der Chef sein. Wer weiß das besser als ich? Bin ich auch so unangenehm bestimmend? Fange wieder an, weiter in meinem Tagebuch zu schreiben. Breche ab und höre zwangsläufig den Gesprächen am rechten Nachbartisch zu. Scheint eine Stammtischrunde zu sein. Eine Art »geschlossene Gesellschaft«, die ziemlich perfekt aufeinander eingespielt ist. Mein Tagebuch ist auch heute wieder die geniale Tarnung. Keiner merkt, dass ich ganz aufmerksam zuhöre. Ja, regelrecht zuhören muss. Zugegeben nicht sehr fein, aber was soll ich machen. Mir bleibt gar nichts anderes übrig. Weghören geht einfach nicht. Dieses dumpfe Geschwätz fasziniert mich mehr und mehr. Polemisch, düster, undifferenziert. Ziemliche Tendenz nach rechts außen, und das hat in diesem Fall rein gar nichts mit Fußball zu tun. Mensch, Mensch, ganz schön heftig. Frau Merkel mit ihrer Flüchtlingspolitik ist das ganz große Thema dieser feinen Runde. Eine Dame und mehrere Herren. Wirklich, eine ganz feine Gesellschaft. Geht es eigentlich noch dümmer, noch plumper? Einer erzählt ganz stolz (?) von dem Landrat aus Bayern, der die Flüchtlinge einfach nach Berlin vors Bundeskanzleramt gekarrt hat. »Da ist endlich mal einer, der hat's denen in Berlin und vor allem der Merkel mal so richtig gezeigt.« Nur leider vergisst er zu erwähnen, dass dieser Landrat seine Flüchtlinge wieder mit nach Hause genommen hat. Absolut filmreif! Habe inzwischen meine helle Freude an diesen ehrenwerten Herrschaften.

Ich höre weiter zu und versuche jetzt, meine subjektiven Bewertungen mal außen vor zu lassen. Nur zuhören, nicht bewerten, nicht kommentieren. Loslassen. Bleib bei dir, Anna!
Schwierig.

Irgendwann löst sich die Gruppe auf und ich wende mich wieder meinem Tagebuch zu. Jetzt wird's so richtig schwierig. Von einer Minute auf die andere meldet sich mein Lebensendgefährte ungefragt heftig zu Wort. Schon mal daran gedacht, dem Leben noch einmal eine ganz andere Richtung zu geben? Was ist denn das für eine Frage? Wo kommt die denn jetzt plötzlich her? Ich bin auf diesem Weg ziemlich in Bewegung gekommen, mein Unterbewusstsein inzwischen offenbar auch. Anna, du willst auf diesem Weg auch Klarheit finden. Alle berufenen und unberufenen Fachleute behaupten ja, dass vor der Klarheit die Einsicht kommt. Was für ein saublöder Satz. Aber habe ich wirklich erwartet, dass Klarheit oder Antworten einfach mal so vom Himmel gefallen sein werden, wenn ich in Bregenz angekommen bin? Darüber habe ich bisher gar nicht nachgedacht. Schon ein bisschen naiv, meine Gute. Aber wie war eine der Beschreibungen für den Jakobsweg? »Der Weg der Erleuchtung ist steinig.« Unter diesen extremen Wetterbedingungen hätte ich mir doch eigentlich einen kleinen Bonus verdient, oder? Sozusagen, Einsicht und Klarheit frei Haus? Hape Kerkeling schreibt in seinem Buch, dass dieser Weg nur eine einzige Frage stellt: *Wer bist du?* Bestelle mir lieber noch ein Weißbier! Oh, du (schein-) heilige Anna, du bist so feige!

Inzwischen sitzen am linken Nebentisch zwei Schachspieler, die ihr Spiel mit äußerster Konzentration betreiben. Es erinnert mich an mein ganz persönliches Schachspiel gestern im Morast. Zug um Zug, volle Konzentration. Es fällt kein einziges Wort zwischen den beiden.

Frau Chef-Wirtin steht in der Küche und kocht, es riecht verdammt gut. Hunger! Aber nicht nur Hunger, sondern richtige Lust aufs Essen! Der Wirtin-Knecht-Ehemann sortiert am rechten Nachbartisch Belege aus einem Korb, der das Format eines Schuhkartons hat. Scheißbuchhaltung, wie er mir erklärt. Ja, es ist aber auch ganz schön scheiße, so wie du das machst, mein Lieber. So dauert das gefühlt eine Ewigkeit. Eigentlich könnte ich ihm jetzt doch mal erklären, wie es sehr viel einfacher und vor allem noch sehr viel schneller ginge. Nein! Anna, lass es! Nicht schon wieder die allwissende Klugscheißerin geben. Nicht hier und nicht jetzt. Lass es! Bitte, bitte!!!

Draußen geht immer noch die Welt unter. Ein Gewitter nach dem anderen und pechschwarzer Himmel. es regnet so heftig, dass die Straße draußen inzwischen vollständig unter Wasser steht. Wie geht das morgen weiter? Brauche ich einen Plan B? Morgen wären es 29 Kilometer. Klar ist, dass das bis zum frühen Nachmittag nicht zu schaffen ist. Was mach ich mir eigentlich jetzt schon wieder Gedanken über morgen? Der

Wirtin-Knecht-Ehemann erklärt mir, dass es erst ab 08:00 Uhr Frühstück geben wird. Mist. Dann komme ich vor 08:30 Uhr nicht los. Ziemlich spät. Aber ohne Frühstück geht gar nichts. Wer weiß, wann ich morgen wo was zu essen bekommen werde. Außerdem brauche ich meinen Kaffee, ohne den geht schon überhaupt nichts. Also werde ich mich morgen früh in Geduld üben müssen. Ha, ha! Anna und Geduld. Tolles Thema. Die pure Freude.

Endlich gibt es Essen, das erstaunlich gut schmeckt. Sehr gut sogar. Hätte ich hier so nicht erwartet. Achtung, schlauer Spruch: »Der erste Eindruck kann täuschen.« Mensch, Anna!

Bin nach dem Essen absolut bett- und plumeaureif. Vertage alle weiteren Gedanken auf morgen.

Egal, ob gerade im richtigen oder falschen Leben. Fühle mich nach dem heutigen Tag, wie gestern Abend auch schon, mal wieder verdammt saugut.

Habe es ihm dann aber doch noch erklärt mit den Belegen und so und überhaupt. Warum kann ich es einfach nicht lassen? Mensch, Anna! Wie heißt das Zauberwort? Loslassen!

Nicht überflüssig zu erwähnen: auch heute kein Husten, keine sonstigen Schmerzen, keine Blasen an den Füßen. Einfach nur verdammt saugut.

SMS an Klara:
Regen, Sonne, Gewitter, wieder rechtzeitig einen trockenen Platz gefunden.

Gerlinde regt sich über Annas Beurteilung der Stammtischrunde ziemlich auf »Wer gibt dir eigentlich das verdammte Recht zu bestimmen, was gut oder böse ist oder wer eine richtige oder falsche Meinung hat?« »Es geht doch nicht um Gut oder Böse«, wirft Theresa ein, » viele reagieren aus Angst vor Chaos und Überforderung so. Unbegrenzter Zustrom von Menschen, von denen wir nicht wissen, wer sie wirklich sind.« Gerlinde dreht sich zu Alia um: »Es hat euch niemand gerufen. Die meisten Flüchtlinge, die gekommen sind, waren doch schon lange in Sicherheit. Ich behaupte ja nicht, dass es in den Lagern im Libanon oder in der Türkei schön und angenehm ist. Aber dort sind die Menschen wenigstens in Sicherheit. Nur darum kann es gehen. Aber nein, Frau Merkel musste euch ja unbedingt und direkt persönlich dazu auffordern, nach Deutschland zu kommen.«

Mit einem energischen »Stopp« unterbricht Ilse die aufflammende Diskussion. »Wenn es schon wieder dieses Thema sein muss und bevor wir uns mit Polemik und gegenseitigen Beschimpfungen zumüllen, lasst uns das Thema doch mit allem Für und Wider beleuchten. Sozusagen nach dem Prinzip Advocatus Diaboli, dem Anwalt des Teufels. Wurde in früheren Zeiten bei der Papstwahl angewandt. Es wurden alle Argumente, die für oder gegen einen Kandidaten sprachen, abgewogen. Außerdem wollte man sichergehen, dass der zukünftige Papst keine Leiche im Keller hatte und damit vielleicht erpressbar werden würde. Ich gehe grundsätzlich so vor, wenn ich mich mit einem Thema beschäftige. Egal, ob es sich um einen Artikel oder ein ganzes Buch handelt.« »Ich bewundere das sehr, wenn jemand in der Lage ist zu schreiben. Ich könnte das nicht. Exakt die Worte zu finden, um etwas genau auf den Punkt zu bringen, und zwar so, dass es jeder verstehen kann. Ich stelle es mir auf jeden Fall wahnsinnig schwer vor«, findet Susanne und wird von Gerlinde unsanft unterbrochen. »Na ja, du bist Hilfsfriseuse, was will man da schon erwarten?« »Frau Huber, wenn du nicht endlich aufhörst, derart beleidigend zu sein, dann setze ich dich eigenhändig irgendwann heute Nacht noch da draußen aus«, kommt es rüde von Theresa. »Koste es, was es wolle.« Bevor Gerlinde auf Theresas Ausbruch reagieren kann, fährt Ilse unbeirrt fort: »Susanne, es ist eigentlich ganz einfach, fast schon banal. Wenn mich ein Thema interessiert, dann stelle ich mir immer nur drei Fragen. *1. Um was für einen Sachverhalt soll es dabei konkret gehen? 2. Wen will ich damit ansprechen beziehungsweise wer oder welche Zielgruppe kommt dafür infrage? 3. Wie setze ich es um?* Dazu gehören vor allem nachprüfbare und seriöse Recherchen aus noch seriöseren Quellen, um alle möglichen Fakten auszuloten und sie einander gegenüberzustellen. Wie gesagt, das ist das Prinzip des Advocatus Diaboli. Sachverhalte, Ideen und sogar Personen kontrovers zu denken und zu durchleuchten, um so nah wie möglich an die Wahrheit zu kommen.« »Wie nah kann man jemals der vollständigen Wahrheit kommen? Wer will denn schon so viel Wahrheit und wer verträgt sie denn überhaupt noch?«, fragt Anna. »Oder wie es meine Großmutter Wilhelmine zu sagen pflegte«, erwidert Ilse, »wer die Wahrheit sucht, darf nicht erschrecken, wenn er sie dann tatsächlich gefunden hat. Wer macht sich denn wirklich noch die Mühe, Nachrichten zu hinterfragen, die im Sekundentakt verbreitet werden? Vorschnelle, falsche und harte Urteile oder Vorurteile, die sich meistens gegen Menschen richten. Falsches zurückzunehmen, hat später dann absolut keinen Unterhaltungswert mehr.«

Ilse bricht ab und fängt erneut an zu husten, diesmal allerdings ohne Blut. »Ich hab's euch ja gesagt, mir geht es jetzt schon viel besser als am Nachmittag. Wie spät oder wie früh ist es denn jetzt und wo waren wir eigentlich stehen geblieben?«

02:00 Uhr
»Es geht um die Gewalt, die wir plötzlich in Deutschland haben«, fährt Gerlinde aggressiv fort. »Silvester 2015 auf Neujahr 2016 ist doch das beste Beispiel. Diese Fakten wird doch niemand bestreiten wollen. Man kann sich ja als deutsche Frau nicht mehr auf die Straße trauen.« »Ich kann mir allerdings nicht vorstellen, dass ausgerechnet du, liebe Frau Huber, in Gefahr sein könntest«, kommt es sarkastisch von Theresa, und Alia entgegnet: »Das waren nicht meine Landsleute. Die meisten davon waren Nordafrikaner.« »Das spielt doch gar keine Rolle«, erwidert Gerlinde, ohne auf die Bemerkung von Theresa einzugehen. »Ich habe Tag für Tag gerade mit solchen jungen Flüchtlingen zu tun, die alleine geflohen sind. Oft sogar noch minderjährig. Ihr habt doch gar keine Vorstellung, was da noch alles auf uns zukommen wird. So viele Gefängnisse können wir gar nicht bauen, um die alle hinter Schloss und Riegel zu bringen. Ihr werdet euch alle noch sehr wundern. Euer Gutmenschentum wird euch dann nicht helfen. Außerdem werden irgendwann auch noch deren Familien nachkommen. Ganze Großfamilien, die sich dann auf den Weg machen werden. Ihr habt ja alle gar keine Ahnung.« Alia kann ihren aufkommenden Hass kaum unterdrücken. Während Ilse ihr beruhigend die Hand auf den Arm legt, fährt sie Gerlinde an: »Aber du weißt es, ja? Du bist ja

auch so objektiv. Ausgerechnet du mit deinen Vorurteilen. Habt ihr eine Vorstellung davon, was diese jungen Männer hinter sich haben?« »Selbst schuld«, wirft Gerlinde ein. »Ich sage es immer wieder: Es hat sie keiner gerufen. Keiner zwingt sie, sich solchen Gefahren auszusetzen.« »Was weißt denn du von Not und Gefahr? Ihr lebt hier auf eurer friedlichen Wohlstandsinsel Europa. Ist euch denn eigentlich bewusst, dass ihr in euren schönen Städten oder Dörfern in einem der reichsten Länder dieser Erde lebt? Ohne Angst vor Gewalt oder Tod. In Frieden und Freiheit. Die Freiheit jedes Einzelnen, sein Leben nach eigenen Vorstellungen gestalten zu können. Entschuldige, Anna, aber du könntest immerhin in Würde sterben, wenn es zu Ende geht. Medikamente werden dafür sorgen, dass du keine qualvollen Schmerzen erdulden musst. Bei euch werden selbst Tiere humaner getötet als die Menschen bei uns zu Hause. Der letzte Krieg hier ist 70 Jahre her. Selbst in den Ländern in Europa, die nicht so reich sind wie Deutschland, lebt die Bevölkerung im Vergleich zu vielen Ländern in Afrika wie im Schlaraffenland. Hier haben die Menschen wenigstens eine Chance auf eine Zukunft. Von dort, wo sie herkommen, sind sie nicht nur ohne jegliche Perspektive, sondern sehr oft auch Gewalt, Tod und Elend ausgesetzt.« Gerlinde kommt immer mehr in Fahrt. »Wir sind nicht schuld an den Verhältnissen in den Herkunftsländern. Wir können nichts für Korruption und Gewalt. Es nützt auch keinem, dort immer wieder Milliarden für Entwicklungshilfe hinzuschicken. Solange Regierungen Gelder hauptsächlich dafür verwenden, dass sich die Eliten Paläste bauen und ein Leben in unvorstellbarem Luxus führen, wird sich an dem Elend der Bevölkerung nichts ändern. Wir sind nicht das Sozialamt der Welt. Wir sind für die Zustände und den Krieg in den Herkunftsländern nicht verantwortlich. Syrer, Iraker, Afghanen und Afrikaner. Dazu noch die Wirtschaftsflüchtlinge vom Balkan und allen voran die aus Rumänen. Irgendetwas läuft in Deutschland gerade vollkommen in die falsche Richtung. Wer weiß, wer sich in Zukunft noch alles auf den Weg machen wird. Aber bitte, Frau Merkel lädt sie ja alle ein.« »Ich gebe unserem Huber-Schätzchen in einem Punkt recht. Solange Geld in den Entwicklungsländern in dunkle Kanäle fließt, statt Ursachen zu bekämpfen, werden Flüchtlinge weiterhin in Massen nach Europa, vorzugsweise nach Deutschland, kommen. Keiner weiß so genau, wie viele an der Küste Libyens auf die Überfahrt nach Italien warten«, stellt Theresa fest und fährt fort, »aber deswegen können wir unsere Hilfe nicht einstellen. Es wird ein sehr langer und sehr mühsamer Prozess sein, bis unsere Hilfe wirklich Früchte trägt.« »Benötigt wird Hilfe zur Selbsthilfe«, ergänzt Ilse, »hier müssen vor allem die Frauen noch viel mehr unterstützt werden. Es gibt schon tolle Projekte und Initiativen die es Frauen ermöglichen, eigene Existenzen aufzubauen, um so unabhängig zu werden. Die wichtigste Voraussetzung dafür aber ist Bildung und Ausbildung.«

Anna ergänzt: »Es gerät ganz offensichtlich in Vergessenheit, welche Gewalt und welches unvorstellbare Grauen in Europa in der ersten Hälfte des 20. Jahrhunderts geherrscht hat. Wie lange hat es gedauert, bis hier wirklich Frieden war? Mit dem Ende des Zweiten Weltkrieges war es doch noch lange nicht vorbei. 1956 der Aufstand in Ungarn, 1968 Panzer in Prag, die permanente Bedrohung durch den Kalten Krieg und immer mehr Atomsprengköpfe auf deutschem Boden. Erst 1989

der Fall der Mauer. So lange ist das doch gar nicht her.«
Alia dreht sich zu Gerlinde um: »Außerdem ist es falsch, was du sagst, Gerlinde. Viele meiner Landsleute sind direkt aus den Kampfgebieten an die türkische Grenze geflohen, wo sie zunächst nicht weiterkamen. Genauso wie ich. Meine Mutter und ich mussten fürchten, dass uns nicht nur die Kämpfer des sogenannten Islamischen Staates töten, sondern auch unsere eigene Regierung. Viele haben auch auf ihrer Flucht furchtbare Gewalt am eigenen Körper erlebt. Familien, die ihre Söhne losschicken mit Geld, das sie sich geliehen haben, um die Schleuser bezahlen zu können. Viele von ihnen werden in Libyen aufgegriffen und erst einmal verhaftet und monatelang festgehalten. Dort erleben sie unbeschreibliche Grausamkeiten. Unvorstellbar, was Menschen anderen Menschen antun können. Entfesselte Unmenschlichkeit, die an Brutalität eigentlich nicht mehr zu überbieten ist. Junge Männer, manche meist noch Kinder, die täglich in den Gefängnissen mehrfach vergewaltigt und immer wieder zusammengeschlagen werden. Glaubt ihr wirklich, sie lassen sich dann, hier in Deutschland angekommen, ihr Taschengeld vorrechnen oder vorschreiben, wie sie sich zu verhalten haben? Das oft genug auch noch von jungen Frauen. Ich habe solche jungen Frauen, ohne wirkliche Berufs- und Lebenserfahrung, kennengelernt. Die sind im Umgang mit derart traumatisierten Menschen völlig überfordert. Abgesehen davon ist für viele der jungen Männer der ungewohnte Umgang mit Frauen eine Art Kulturschock. Die Art, wie sie leben, selbstbestimmt und mit einer Freizügigkeit, die von vielen als unmoralisch empfunden wird. Manche sehen darin einfach nur die Aufforderung, sich respektlos verhalten zu dürfen. Woher sollen sie es denn auch

wissen? Sie kommen aus einer ganz anderen, nur von Männern dominierten Welt, in der ein völlig anderes Wertesystem herrscht. Hier in Deutschland angekommen, ohne Beschäftigung, kein Recht auf Arbeit, endlose Tage, Wochen und Monate in beengten Unterkünften. Das muss doch zwangsläufig zu massiven Problemen kommen.« Theresa hält dagegen: »Das kann ihnen aber nicht das Recht geben, sich außerhalb von Recht und Ordnung zu stellen.« »Jemand hat es heute Abend schon einmal gesagt, das Thema ist viel zu komplex. Ich hätte jetzt wirklich gerne etwas Ruhe«, bittet Anna. Ilse wendet sich an Theresa: »Gibt es irgendwo ein Stück Brot? Mir ist übel. Ich muss meinen Magen beruhigen.« »Nein, wir haben nur Rohlinge, die wir erst aufbacken, wenn serviert wird. Käse, Wurst, Schinken und Gurken kannst du haben, so viel du willst.« Alia löst ein Medikament in Wasser auf, das sie Ilse reicht. »Trink das, dann sollte sich dein Magen bald beruhigen.« Eine Kerze nach der anderen verlöscht, das Licht wird immer schemenhafter. Es wird dann tatsächlich nach und nach auch immer stiller in der Küche.

Susanne

Sie rutscht unruhig auf ihrem Sitz hin und her. Auf der Suche nach einer bequemeren Sitzposition denkt sie über den heutigen Abend nach. Vor allem über ihre unerklärbare Offenheit gegenüber den anderen. Über die Geheimnisse, die sie über so viele Jahre für sich behalten hatte und die fast in Vergessenheit geraten waren. Irgendwo verschüttet, ganz weit unten in ihrem Inneren. Heute

Abend waren sie ganz plötzlich wieder da. Es war vergleichbar mit einem Reißverschluss, der sich nach und nach immer mehr öffnet, sodass alles Dahinterliegende Stück für Stück zum Vorschein kommt.

Sie spürt fast körperlich die grenzenlose Sehnsucht, die sie plötzlich empfindet, und schließt die Augen. Sie sieht die noch immer vertrauten Bilder vor sich. Die Hügel im leichten Dunst, davor die Golden Gate Bridge. Den Küstenverlauf und die Strände vor San Francisco. Sie sieht den Pazifik im flirrenden Sonnenlicht. Die weißen Schaumkronen auf dem Wasser, die mit voller Wucht auf den Sand klatschen und beim Zurückrollen bizarre Muster hinterlassen. Sie sieht die vielen Boote in den Marinas, Surfer, die durch die Luft segeln und spielerisch auf den Wellen reiten. Viele gut gelaunte Menschen auf den Strandpromenaden. Sie riecht den würzigen Duft der Barbecues mit gegrillten Steaks und Fisch. Sie hört von überall her Musik und Lachen. Unvorstellbar, dass dies einmal ihre Welt war. In dieser Nacht noch unvorstellbarer, dass sie diese tatsächlich freiwillig verlassen hatte. Aber war es wirklich so freiwillig gewesen? Sie hatte auch heute Abend nicht alles erzählt.

Sie hatte ihnen nichts von Rex erzählt. Ihrer ganz großen Liebe, ihrem Lebensmenschen. Rex, der Salonmanager und Inhaber, der ihr damals den Job gegeben hatte. Es hatte sie wie ein Blitzschlag getroffen. Damals, als sie in den Salon gekommen war, um nach Arbeit zu fragen. Was für ein Mann. Im Gegensatz zu ihm waren Jürgen und seine Freunde die reinsten Milchbubis gewesen. Er hatte sie magisch angezogen. Ausstrahlung wie ein Hollywoodstar. Groß, stark, braun gebrannt und mit strahlend blauen Augen. Jede Faser seines Körpers durchtrainiert. Er hatte gar nicht lange gefragt, sondern bereits am zweiten Abend vor ihrer Tür gestanden. Sie hatte sich nicht wehren könne, hatte ihm in ihrer Unerfahrenheit nichts entgegenzusetzen gehabt. Dieser Mann war wie ein Erdbeben. Lust, Sinnlichkeit und Erotik in ungeahnten Dimensionen. Tagsüber verstohlene Blicke im Salon, nachts tabulose Liebesspiele. Egal wo. Ob im nassen Sand am Strand, in ihrem Zimmer im Hotel oder in romantischen Motels in den umliegenden Bergen. Es waren Jahre und Gefühle wie im Rausch. Dann, ganz plötzlich, das Ende. Völlig unerwartet hatte Rex die Beziehung eines Tages von einer Minute auf die andere und ohne viele Worte beendet. Er hatte eine Noch-Ehefrau, die als Maskenbildnerin in den Studios von Hollywood arbeitete. Sie hatte ihm dort seinen Traumjob vermittelt, unter der Bedingung, dass er zu ihr zurückkommen würde. Chefvisagist in Hollywood. Dagegen hatte Susanne nicht einmal den Hauch einer Chance gehabt. Von einem Tag auf den anderen war Rex nicht mehr da. Es war nicht nur der Verlust ihrer großen Liebe, sondern auch der totale Zusammenbruch ihrer Welt. Klägliche Versuche, sich durch flüchtige Abenteuer abzulenken, mussten einfach nur scheitern. Dazu hatte er ihr einfach zu viel bedeutet. Das war der wahre Grund, warum sie sich entschlossen hatte, nach Deutschland zurückzukehren. Nach all den Jahren sehnte sich ihr Körper fast schmerzhaft nach Lust und Nähe dieser Art. Was gäbe sie dafür, noch einmal so eine Beziehung ausleben zu können. Sie würde sich nicht nur mit einem Kribbeln im Bauch, so wie Anna, begnügen. Sie wollte weit mehr. Sie wollte endlich wieder angefasst werden.

All das hatte sie eingetauscht gegen ein Leben in Luxus und materieller Sicherheit. Ein schlechter Tausch. So lautete die erbarmungslose Bilanz. Sie durfte nicht undankbar sein. Es hatte sie gegeben. Die guten Jahre, am Anfang. Sie hatte sich nie Sorgen um ihre Kinder machen müssen. Aber wem durfte sie einen Vorwurf machen? Sie war es doch, die es all die Jahre hingenommen und mitgemacht hatte. Sie ganz alleine war verantwortlich. Trotzdem, wie anders hätte ihr Leben sein können? Aber wie wäre ein anderes Leben verlaufen? Ganz sicher auch nicht unfallfrei. Brüche, Probleme, wenn nicht sogar Katastrophen gab es in jedem anderen Leben auch. Früher oder später. Mal mehr, mal weniger sichtbar für die Außenwelt.

Alia war doch das beste Beispiel. Es war ein gutes, wenn nicht sogar ein sehr gutes und erfülltes Leben gewesen. Mit einer schönen Kindheit in einem verständnisvollen Elternhaus, ein Beruf, den sie über alles liebte, genauso wie ihren Ehemann. Und doch war auch da ein Schmerz, eine nie heilende Wunde. Zuerst der unerfüllte Kinderwunsch. Dann der Beginn des Krieges, der mit ihrer Flucht endete und dem Verlust von allem, was ihr jemals etwas bedeutet hatte. Traumatisiert angekommen in einer Lebenswirklichkeit, die sie noch immer nicht akzeptieren konnte.

Oder Anna. Aber was wusste sie schon wirklich von Anna? Außer ihren Erlebnissen auf dem Jakobsweg hatte sie bisher nicht wirklich viel von sich preisgegeben. Aber auch hier eine massive Bruchstelle, die alles verändert hatte. Kein Entkommen. Die Krankheit und damit die unvermeidliche Auseinandersetzung mit dem eigenen

Tod. Ob sie wollte oder nicht. Den Tod konnte man aus eigenem Wunsch heraus nun mal nicht so wie einen geplanten Töpferkurs oder eine Verabredung zum Tennis verschieben.

Theresa? Mit ihren sprühenden Augen und der grenzenlosen Lebendigkeit. Ihre Mutter hätte Theresa als eine stattliche Frau bezeichnet. Ein Leben wie aus dem Bilderbuch. Könnte man meinen. Erfolg, Glamour und Luxus, eine tolle Ausstrahlung. Doch auch hier sah es hinter den Kulissen ganz anders aus. Permanente Auseinandersetzungen innerhalb der Familie. Ein Ehemann, offenbar ein notorischer Fremdgeher. Erbitterter Streit mit ihren Söhnen. Rat- und Planlosigkeit. Ausgebrannt.

Ob Thomas tatsächlich alleine weiter Richtung Salzkammergut gefahren war? Wie würde er reagieren, wenn sie nicht wieder nach Hause kommen und die Scheidung verlangen würde? Dass sie nicht mehr da wäre, würde ihm vielleicht noch nicht einmal etwas ausmachen. Er würde eine Putzfrau einstellen und zum Essen außer Haus gehen. Aber die Leute würden reden. Das würde ihm tatsächlich etwas ausmachen. Sein guter Ruf und seine Reputation gingen ihm über alles. Aber am schlimmsten für ihn wäre, dass er sie auszahlen müsste. »Zugewinngemeinschaft«, so hieß das Zauberwort, das ihr ein sorgenfreies Leben ermöglichen würde. Allerdings musste sie sich darüber im Klaren sein, dass er nicht freiwillig zahlen würde. Aber zunächst hatte sie ja genug eigenes Geld zur Verfügung. Dafür hatten ihre Eltern gesorgt. Die Kinder waren für ihr eigenes Leben verantwortlich und würden dieses in Zukunft ohne sie organisieren müssen.

Würde sie tatsächlich den Mut aufbringen, noch einmal ganz von vorne anzufangen? Aber sie hatte gar keine andere Wahl. Bis heute Nachmittag war sie immer nur das Anhängsel von irgendjemand anderem gewesen. Erst die Eltern, dann kamen Jürgen, Rex und Thomas. Jetzt ging es nur noch um sie.

Womit und wie sollte sie anfangen? Wohnen könnte sie vorübergehend bei Biggi. Das wäre allerdings nur eine absolute Notlösung. Biggi ging ihr in letzter Zeit mit ihrem fanatischen Ökotrip immer mehr auf die Nerven. Umweltschutz und artgerechte Tierhaltung, wenn Fleisch überhaupt infrage kam, und nachhaltigen Produkten den Vorzug geben, all das war sicher sinnvoll und auf Dauer auch notwendig. Aber konsequent nur noch vegan zu leben, das lehnte sie ab. Dafür liebte sie ihr weich gekochtes Frühstücksei und die Sahne im Kaffee einfach zu sehr. Das Unangenehme an Biggi war inzwischen, dass sie jeden verurteilte oder maßregelte, der nicht nach ihren veganen Regeln lebte. Nicht nur, dass sie inzwischen völlig spaßfrei geworden war, sondern sie sah ihren ausschließlichen Lebensinhalt nur noch darin, eine Art Kreuzzug für vegane Lebenshaltung zu führen. Stundenlang nervte sie ungefragt ihre Mitmenschen mit philosophischen Vorträgen über den anatomischen Aufbau alter Getreidesorten, über die psychologischen Eigenschaften eines ungespritzten Apfels oder die gestörte Empfängnisbereitschaft von Kirschblüten.

Das eine Übel gegen ein anderes eintauschen? Nein, ganz sicher nicht. Sie könnte die geplante Urlaubsreise ganz einfach mit einem neuen, eigenen Ziel fortsetzen. Eigentlich wäre sie so gerne ans Meer gefahren statt in die Berge nach Österreich. Aber nach ihren Wünschen war sie schon lange nicht mehr gefragt worden. Nein, kein Selbstmitleid mehr. Nein, nicht können, sondern machen. *Machen,* das war ihr neues Zauberwort. Ja, sie würde es *machen,* und sie sah es bereits klar vor sich. Am Ende dieser Nacht und wenn all das hier überstanden sein würde, dann würde ihre Urlaubsreise einfach weitergehen. Sie würde einen Flug buchen. Sie war mit dem Flugzeug aus Amerika zurückgekommen. Jetzt würde sie auf dem gleichen Weg erst nach New York und dann weiter nach San Francisco fliegen. Was für eine Vorstellung! Sie wollte es! Nichts und niemand konnte sie jetzt noch aufhalten. Und plötzlich wusste sie genau, wohin die Reise in den nächsten Jahren gehen würde. Sie würde die »QUEEN« endlich aus dem Dornröschenschlaf holen, in dem sie viel zu lange geschlummert hatte. Sie hatte genug Zeit vergeudet und kein weiteres Leben mehr in Reserve.

Theresa

Theresa stürzt sich verbissen in ihr Studium, das sie sehr erfolgreich, sozusagen im Schnelldurchgang, absolviert. »Je eher ich fertig bin, umso eher werde ich eines Tages meinen eigenen Traum von ›Theresa's‹ verwirklichen können.« Diese Vorstellung treibt sie an. Jede freie Minute verbringt sie im Architekturbüro, das bis zum Abschluss des Studiums von ihrer Mutter geführt wird. All die Kreativität, die sie in »Theresa's« stecken wollte, bringt sie nun in die Entwürfe der Baupläne ein. Verbindet Zweckmäßigkeit, Effizienz und Stil und schafft damit die Basis für ihren enormen Erfolg. Als Markenzeichen dafür steht der Schmetterling, den Theresa als Firmenlogo entwickelt hatte. Er soll für die Mutation der Raupe zum Schmetterling stehen.

Eigentlich hätte der Schmetterling ja für »Theresa's« stehen sollen. Sie denkt heute Nacht zum zweiten Mal zurück an ihre Entwürfe, die sie mit so viel Begeisterung und Hingabe damals in Südfrankreich gezeichnet hatte. Heute Abend ist es ihr zeitweise so vorgekommen, als sei es tatsächlich erst gestern gewesen. Die Jahre dazwischen wie ausgelöscht. Es gab sie noch immer. Wohlverpackt ein einer alten Zeichenmappe in einer noch älteren Kommode oben auf dem Dachboden ihres Hauses in Hamburg. Bei jedem Umzug hatte sie die Mappe mitgenommen, jedoch ohne jemals wieder einen Blick hineinzuwerfen. »Theresa's«, ihr ganz großer Traum, dem sie nie wieder erlaubt hatte, sich bei ihr zu melden. Aber jetzt, jetzt war er nicht nur ganz plötzlich wieder da. Nein, er bedrängte sie regelrecht. War ihr ungefragt unter die Haut gegangen, ohne dass sie es hatte verhindern können. Hätte sie es überhaupt verhindern wollen? »Theresa's«, der Inbegriff aller Sehnsüchte und Träume ihrer Jugend. All die Müdigkeit, all die Erschöpfung fällt ganz plötzlich von ihr ab. Die Frage, die sie elektrisiert, steht ganz deutlich vor ihr: Warum eigentlich sollte »Theresa's« weiterhin nur der unerfüllte Traum ihrer Jugend bleiben? Warum sollte sie ihn erneut bedauernd begraben, nachdem er sich so eindrucksvoll und massiv zurückgemeldet hatte? Würde das nicht die meisten ihrer Probleme mit einem Schlag lösen?

Aber die Zeiten haben sich geändert. Damals, das war eine andere Zeit. Sie konnte nicht nahtlos dort anknüpfen, wo sie in Marseille und Toulon aufgehört hatte.

Inzwischen tummelten sich so viele bekannte und weniger bekannte Lifestyle-Marken auf dem Modemarkt, dass man den Überblick verlieren konnte. Die Modewelt hat ganz sicher nicht auf sie gewartet. Sie war Realistin. Vergeudete Zeit, sich Wunschvorstellungen und Träumen hinzugeben. Es würde sehr viel Zeit in Anspruch nehmen, sich in einem bestimmten Segment neu zu etablieren. Aber Zeit wäre ja nicht das Problem. Finanziell hatte sie ausgesorgt. Ihre Söhne würden laut jubeln. Sie würden ihr sogar die Füße küssen, wenn sie das wollte. Aber wäre sie zunächst auch nichts weiter als noch eine Designerin, die versuchen würde, coole Mode für coole Menschen zu kreieren? Heute mit einem Label erfolgreich neu zu starten, würde bedeuten, dass sie sich dafür schon etwas sehr Besonderes einfallen lassen müsste. Einen Nischenmarkt finden, etwas, was sie so deutlich von allen anderen Marken abhob, dass man gar nicht mehr an ihr vorbeikommen konnte. All die Erfahrung und das Wissen, wie Business funktioniert, könnte sie einbringen. Gab es eine solidere Basis? Ihre Kreativität war ungebrochen. Sie wusste, dass sie es konnte. Daran konnte es überhaupt keinen Zweifel geben. Ein Sieger kämpft eben immer nur für den Sieg. Alles andere war keine Option.

Aber was könnte die Zauberformel für »Theresa's« jetzt, im 21. Jahrhundert, sein? Aber was bedeutete eigentlich coole Mode für coole Menschen? Mode für junge und schlanke Menschen zu machen, war keine Kunst, das machten ja eigentlich alle. Aber sie wollte ja gar nicht das machen, was alle anderen machten. Sie wollte sich abheben, das Besondere anbieten. »Theresa's« eben. Was war mit den Menschen, die weder schlank noch jung waren? Sozusagen Lösungen für die wandelnden Problemzonen dieser Welt? Nein, keine Einheitsmode im XXL-Format. Keine langweiligen und lieblosen Massenproduktionen von Einheitsmode, die es bereits überall zu kaufen gab. Ja, typgerechte Mode für jede Einzelne. Susanne hatte ihren Traum »QUEEN« genannt. Jede einzelne Kundin sollte sich wie eine Königin fühlen. Ja, das könnte es tatsächlich sein.

Theresa ist plötzlich ganz fassungslos. Entsetzt über sich selbst. Ungläubig über diese fixe Idee, die jetzt gerade, nur für die Dauer eines Wimpernschlags, vom Himmel gefallen zu sein scheint. Sie spürt die Ruhe und die Kraft, die sich auf einmal in ihr ausbreiten. Sie sieht die Bilder genau vor sich, die sich mehr und mehr zu einer konkreten Geschäftsidee entwickeln. Was für eine unglaubliche Vorstellung. Wahnsinn! Für sie persönlich eine Herausforderung, die eigentlich durch nichts mehr zu überbieten ist. Sie wird sie tatsächlich an ihre Grenzen bringen. Sie und ihren Sinn für Ästhetik. Mode für die Gerlindes dieser Welt? Unsichtbare Frauen wieder sichtbar machen? Was für eine Vorstellung. Sie und Gerlinde? Nein. Völlig unmöglich, ausgeschlossen. Diese fette Raupe Huber in einen lebensfrohen Schmetterling Gerlinde verwandeln? Nicht nur typgerechte Kleidung, sondern auch passende Frisuren und Kosmetik. Susanne! Sie könnte endlich ihren Traum von »QUEEN« verwirklichen. Vielleicht sogar ein gemeinsames Atelier oder Studio? Nein, nicht Gerlinde. Nein, auf gar keinen Fall. Außerdem wäre es bei ihr mit passender Kleidung und Frisur alleine längst nicht getan. Aber würde sie es tatsächlich schaffen, sich ausgerechnet mit Gerlinde auseinanderzusetzen? Könnte sie wirklich so viel Distanz aufbringen, um sich mit Gerlindes Baustellen wertfrei zu beschäftigen? Es war ja nicht nur der unmögliche Haarschnitt, die grauenvolle Kleidung oder das massive Übergewicht. Hinzu kam Gerlindes Alkoholkonsum, der einer nachhaltigen Veränderung massiv im Wege stehen würde. Sie war schließlich keine Sozialarbeiterin. Gerlinde müsste sich selbst darum kümmern. Musste es ausgerechnet Gerlinde sein, eine einzige Beleidigung für ihren Sinn für Ästhetik? Abgesehen von dem unsäglichen Gerede. »Problemzonen«, das war das Zauberwort, das sie angesprungen hatte. Also Mode für Kundinnen mit Problemen? Aber was hieß das schon? Es gab Problemzonen durch leichtes oder mittleres Übergewicht oder ungünstige Proportionen. Es wäre keine Kunst, dafür Kreationen und typgerechte Mode zu entwerfen und herzustellen. In ihrem Bekanntenkreis gäbe es genügend Abnehmerinnen, die wären wahrscheinlich ganz wild auf ein Modell von »Theresa's«. Aber Mode für die Gerlindes dieser Welt, wollte sie das wirklich? Würden diese vielen Gerlindes, die es gab, tatsächlich genug Disziplin und Willen aufbringen können, um sich durch Fitness- und Ernährungsprogramme zu kämpfen? Das würden sie alleine nicht schaffen, wahrscheinlich nur mit ärztlicher Unterstützung. Auch hierzu würde sie sich was einfallen lassen müssen. Vielleicht dazu noch andere Partner mit ins Boot holen. Aber es wäre tatsächlich eine Sensation, wenn es ihr und Susanne gelingen würde, aus Gerlinde tatsächlich, wenn auch nur ansatzweise, einen Schmetterling zu machen. Gerlinde zart und filigran? Nein, das zu erwarten, wäre unrealistisch. Aber irgendwo dazwischen. Zwischen dem heutigen Format eines Ölofens, der schuppigen Haut, den ungepflegten Händen und dieser furchtbaren Dauerwelle und einer wirklich alters- und typgerechten Ausstrahlung. Das sollte doch gelingen. Das sollte ihr gelingen? Warum nicht? Eines hatte Gerlinde in der letzten Nacht immerhin bewiesen: Mut. Das musste man ihr lassen. Sie hatte ihre Meinung und Ansichten gegen alle Widerstände vertreten und war nicht eingeknickt. Aber wie würde sie auf Theresas Vorschlag reagieren? Würde sie ausgerechnet von ihr Ratschläge und Hilfe annehmen? Dazu müsste sie schon sehr verzweifelt sein. Aber vielleicht war sie ja genau das? Verzweifelt.

Alles in ihr sträubt sich. Aber noch mehr als das reizen sie die Herausforderung und das Wagnis. Sie wäre nicht Theresa, wenn sie das nicht schaffen würde. »Aber Vorsicht, Theresa! Das kannst du alleine nicht beeinflussen. Ob eine Verwandlung gelingt, wird nicht von dir alleine abhängen. Wenn deine Kundinnen nicht mitspielen und auf halber Strecke schlappmachen, wird es kein zufriedenstellendes Ergebnis geben. Also auch noch permanente Motivation zum Durchhalten?« Es wird ihr immer klarer, dass sie ein komplettes Paket benötigen würde, um erfolgreich zu sein. Über einen weiteren Punkt hatte sie bisher auch noch gar nicht nachgedacht: Könnten all die Gerlindes sich so ein Paket überhaupt leisten? Bisher hatte sich ihre eigene Welt im Wesentlichen in den Bereichen von Kaschmir und Seide oder anderen edlen Materialien abgespielt. Der Pullover, den sie heute Abend Ilse gegeben hatte, dürfte um ein Vielfaches teurer gewesen sein als all das, was Gerlinde insgesamt auf dem Leib getragen hatte. Das würde schwierig werden. Ihr Rundum-Paket würde demnach Mode, Kosmetik, Fitness und Ernährung, Gesundheit und Motivation beinhalten müssen. Was, wenn all das gelingen würde und Gerlinde dann doch eines Tages wieder zu ihrem Witwentröster zurückkehrte? Oder wieder alles wahllos in sich hineinstopfte? Was war der Grund für diese hemmungslose Gier? Wäre das eigentlich nicht der erste Schritt, die Ursache beziehungsweise das Kernproblem zu finden? Nur dann würde sich wirklich dauerhaft etwas ändern können. Das war auch ihr klar. Aber sie war keine Psychologin und schon gar keine Psychotherapeutin. Sie wollte doch eigentlich nur Mode machen. Nichts weiter. Was hieß eigentlich *nichts weiter*?! Das allein könnte doch schon alles verändern. Der Druck der permanenten Auseinandersetzungen mit ihrer Familie wäre mit einem Schlag beendet. Ihre Ehe hätte vielleicht noch einmal eine Chance. Vielleicht hätte sich Robert ja inzwischen ausgetobt. Eigentlich war er zu klug und zu anspruchsvoll für diese jungen Dinger, mit denen er sich in letzter Zeit immer umgeben hatte. Das Verhältnis zu ihren Söhnen würde sich automatisch wieder verbessern, wenn sie bekamen, was sie wollten. Sie hatte so gehofft, dass ihr Wärme und Sonne helfen würden, Lösungen zu finden, die allen gerecht wurden. Sie wollte, dass endlich wieder Frieden in ihrer Familie herrschte. Jetzt sind es ausgerechnet dieses Unwetter, die Zerstörung und diese Beinahe-Katastrophe, die ihr einen möglichen Weg aufzeigen.

Jetzt ist sie erst einmal heilfroh, dass einigermaßen Ruhe herrscht. Alle scheinen zu schlafen. Hoffentlich haben sie alle noch genügend Kraft für die kommenden Stunden. Vor allem Ilse, die muss irgendwie durch diese Nacht gebracht werden.

Gerlinde

Gerlinde denkt schon wieder an ihre Großmutter zurück und an den ständigen Streit, den es damals gegeben hat. Sie kann sich noch genau an den Abend erinnern, als sie plötzlich wach wurde und die Großmutter ihr die weiterführende Schule verwehren wollte. Im Halbschlaf hörte sie das übliche Gezeter ihrer Großmutter. Plötzlich war sie wieder hellwach. Wie war das? Hatte sie richtig gehört? Sie sollte nach diesem Schuljahr nun doch arbeiten gehen? Als ungelernte Arbeiterin in der Fabrik, so wie ihre Mutter? Niemals. Ihre Mutter hatte ihr ganz fest versprochen, dass sie die zweijährige Handelsschule besuchen dürfe. Trotz der Probleme, die Gerlinde in den Jahren auf der Klosterschule hatte, war sie eine gute Schülerin. Sie wollte auf jeden Fall eine Ausbildung, um später unabhängig zu sein. Niemals sollte es ihr so gehen wie ihrer Mutter. Ihre Großeltern würden ihr dann endlich nichts mehr anhaben können. Mit dem Ende dieses Schuljahres würde sie ganz zu ihrer Mutter übersiedeln. Der erste Schritt in ein neues Leben. Bald.

»Ich werde es nicht zulassen!«, tobte die Großmutter nebenan. »Eine Halbwüchsige, deren Mutter es im Nebenzimmer mit irgendeinem Kerl treibt.« Was hatte das zu bedeuten? Die Großmutter hatte ganz offensichtlich ihren Plan noch immer nicht aufgegeben. Aber diesmal würden sie kämpfen. Sie und ihre Mutter. Seitdem ihre Mutter einen Freund hatte, war sie viel mutiger und selbstbewusster geworden. Regelrecht aufgeblüht. Sie beide hatten ein Recht auf ein Leben ohne ständige Einmischung und Bevormundung. Sie hörte, wie die Wohnungstür leise zuklappte. Ihr Großvater schien mal wieder in seine Stammkneipe zu verschwinden. Wie schon so oft, auf der Flucht vor dem Gezeter seiner Ehefrau.

Gerlinde hatte ihre Großmutter schon lange verdrängt. Heute Abend ist sie jedoch wieder auf eine so furchtbare Weise präsent und Gerlinde leidet erneut Höllenqualen. Wird das denn niemals aufhören? Wird sie jemals in der Lage sein, eine normale Beziehung zu anderen Menschen aufzubauen? Wird es ihr noch in diesem Leben gelingen, Unsicherheit und Angst einfach abzustreifen? So wie eine Schlange, die ihre alte Haut abwirft?

Anna

Sie schreckt immer wieder hoch aus einem leichten Dämmerschlaf, in den sie jedoch nach wenigen Momenten immer wieder zurückfällt. Sie schwebt irgendwo zwischen Schlaf und Wachsein. Ein ganz merkwürdiger Zustand. Bilder von ihrer bisherigen Reise tauchen auf. Kurze Wegabschnitte, die sie bereits gegangen ist und die sie sofort wiedererkennt. Allerdings ohne Regen. Es sind schöne, bunte und klare Bilder. Saftiges Grün der Wiesen und Wälder im strahlenden Sonnenlicht. Dann, daneben aber ein ganz anderes Bild. Komplett einfarbig, ohne jegliches Leben. Nicht unbedingt unfreundlich. Alles, was sie dort sieht, hat die Farbe von hellem Sandstein. Ein nicht enden wollender Weg, mit makellos geharktem Kies. Nicht einmal hier auch nur der Hauch von Unkraut, das sich vielleicht seinen Weg durch die winzigen Kieselsteine bahnen könnte. Immer geradeaus führt dieser Weg unter einer Allee von hoch aufragenden Bäumen, die sich in der Spitze einander zuneigen und berühren. Hinter diesen Bäumen links und rechts ein Wald von Bäumen, die wie Säulen kerzengrade gewachsen sind und sehr weit hoch in den Himmel aufragen. Wenn es nicht Bäume wären, könnte man dies auch für die Innenansicht einer Kathedrale halten, findet Anna, als sie über diesen Traum nachdenkt. Merkwürdig, dieser Weg. Alles, der Weg, die Bäume, selbst die im Halbrund gemauerten Rinnsteine links und rechts sind in diesem makellosen monotonen einheitlichen Hellbeige. Kein Sonnenlicht, kein Grün oder sonstige Farben, kein Vogelgezwitscher, nur hörbare Stille. Anna erinnert sich, dass im Traum dieser endlose Weg schließlich an einem gemauerten Torbogen endete. Ausgefüllt von einer großen schmiedeeisernen Flügeltüre mit blauen Bleiglasfenstern in der oberen Hälfte. Es ist ein freundliches und lichtes Blau in unterschiedlichen Schattierungen. Ausgerechnet in diesem Moment, als sie direkt vor dem Tor angekommen ist, wird sie wieder wach. Versucht, wieder in Schlaf und Traum zurück- und hineinzukommen. Sie hofft so sehr, die Antwort darauf zu finden, was sich hinter diesem Tor verbergen könnte. Keine Chance. Der Traum endet genau hier.

Anna denkt an die erste Übernachtung auf ihrer Reise. Sie hatte eine Unterkunft in der Pilgerherberge eines Klosters gefunden. In der Kapelle war sie später auf ein Fenster gestoßen, das sie vom ersten Augenblick an völlig gefangen nahm. Eine ausgestreckte Hand in der Spitze dieses Kirchenfensters, über einem stilisierten Kreuz. Auch dieses Fenster war im Wesentlichen mit diesen lichtblauen Buntglasscheiben ausgefüllt. Nur zwischen Hand und Kreuz verlief quer über die Fensterbreite ein schmales Band in hellen Glassplittern. Dieses unglaublich heftige Gefühl, das diese Hand bei ihr ausgelöst hatte, lässt sie einfach nicht mehr los. Was für eine Bedeutung haben die Hand und das darunterliegende Band? Was wollen sie ihr sagen? Vielleicht ist es eine tröstende Hand beim Hinausgehen aus ihrem Leben? Das Band der deutliche Hinweis darauf, wirklich loszulassen? Markiert dieser Torbogen das Ende ihres Lebens? Oder stehen Hand und Band am Ende für etwas ganz anderes? Sind sie zusammen mit dem Torbogen in ihrem Traum die eindringliche Botschaft, wieder aktiv in das Leben zurückzukehren? Will ihr das Band vielleicht sagen: »Greif mutig zu, komm und geh, mach dich auf den Weg!«? Raus aus dem Einheitsmuster und dem unendlichen Kreislauf ihrer immer wiederkehrenden Gedanken? Vielleicht war dies ja der noch lange Weg ihres Lebens, der da vor ihr lag. »Komm und geh!« Die drängende Aufforderung, ihn bejahend mit Leben, Freude, Farben und vor allem mit Menschen auszufüllen? Ist das die Antwort auf ihre Fragen? Ist das die ultimative Antwort, auf die sie so sehr gehofft hatte? Ja! ER hatte ihr auch durch den Traum geantwortet.

Sie würde ihren Jakobsweg hier und heute bis auf Weiteres beenden. Sie hatte jetzt Wichtigeres zu tun. Die ständige Grübelei war mit der heutigen Nacht, jetzt, beendet. Sie würde morgen mit Kraft zurück nach Hause fahren, um ihrem Leben neue Impulse geben zu können. Damit würde sie auch automatisch das eine oder andere tatsächlich loslassen. Aber sie würde sich dafür auch öffnen müssen. Auch das ist ihr klar geworden, in dieser Nacht. Diese gefühlte Einsamkeit, die sie auf dem Weg immer wieder überfallen hatte, machte ihr noch immer

Angst. Sie war allein, wollte allein sein, sie war wirklich gerne allein. Andernfalls hätte sie das in der Vergangenheit ja jederzeit ändern können. Allein, aber nicht einsam. Oder war sie es vielleicht doch? Sie dachte an ihre Familie. An ihre Eltern und ihre Brüder, die nicht mehr lebten, und an ihre Schwester Klara und deren Söhne, die inzwischen längst erwachsen waren. Ansonsten hatte sie nicht wirklich jemanden, der ihr nahestand oder zu ihr gehörte. Ihre Neffen führten ihr eigenes Leben. Und wie nahe stand ihr Klara wirklich? Sie könnten eigentlich unterschiedlicher nicht sein. Das hatte schon in ihrer Kindheit immer mal wieder für Konflikte gesorgt. Sie, die ältere Schwester, eher introvertiert, während Klara die Gabe hatte, jeden sofort für sich einzunehmen und in Sekundenschnelle spontane Freundschaften zu schließen. Mit Klara konnte man feiern. Ständig unterwegs in der Welt und fast ausschließlich den eigenen Interessen nachgehend. Manchmal auch ziemlich rücksichtslos, wenn es um ihre Wünsche ging. Sie empfand Klara manchmal als ziemlich oberflächlich. Hatten sie jemals ein ernsthaftes Gespräch geführt? Nein, daran konnte sie sich nicht erinnern. Klara interessierte sich auch nicht wirklich für ihr Leben. »Kennt sie mich eigentlich? Was verbindet uns, außer dass wir Schwestern sind?« Vielleicht tat sie ihr ja unrecht. Vielleicht verlangte sie nur einfach zu viel. Von sich sowieso. Ihr Anspruchsdenken und ihr ausgeprägter Hang zum Perfektionismus wurden ihr immer wieder zum Vorwurf gemacht. Ihre Mutter hatte ihr immer wieder vorgehalten, dass all das, was sie von sich selbst verlangte, unmenschlich sei. War sie unmenschlich? Sich selbst und anderen gegenüber?

Sebastian? Nein, das war Geschichte, abgehakt. Die eine oder andere Arbeitskollegin, die sie gerne hatte, die ein oder andere Freundschaft war auch dabei. Ja, Geli war zunächst nur eine Arbeitskollegin. Beide hatten sie, vor vielen Jahren, am gleichen Tag in der Kanzlei angegangen zu arbeiten. Auf Geli war Verlass, Sie hatte sie all die Jahre immer unterstützt, Ohne viele Worte, Ein unerschütterlicher Fels in dem alltäglichen Büro-Wahnsinn. Im Lauf der Jahre hatte sich ganz selbstverständlich eine Freundschaft entwickelt. Zugegeben, wirklich aufgefallen ist es ihr erst nach Ausbruch der Krankheit. Kleine Mutmacher und Umarmungen von Geli. Außerdem immer mal wieder liebevolle Geschenke, wie beispielsweise die selbstgestricken Pulswärmer. Und es gab Adele. Auch eine Freundschaft. Ja, auf eine gewisse Art und Weise schon. Adele war wichtig für sie. Aber ihre Freundschaft war nicht so eng, dass sie sich jemals voll und ganz einander geöffnet hätten. War sie selbst überhaupt offen genug? Nein, ganz sicher nicht. Wollte sie überhaupt offen sein? Sie gehörte doch eigentlich eher zu denen, die sich selbst genug waren. Wenn sie es tatsächlich schaffen würde, sich zu öffnen, würde sie dann weniger in sich hineinfressen? War es gut, alle Fragen, Konflikte und Probleme ausschließlich mit sich alleine auszutragen? Sie musste endlich lernen, Prioritäten zu setzen! Jetzt. Sie musste endlich anderen Menschen eine Chance geben, sich ihr zu nähern. Musste sie nicht vor allem sich selbst eine Chance dazu geben?

Alia

Alia genießt die Ruhe, die inzwischen eingekehrt ist. Heute Abend hat sie zum ersten Mal wieder so etwas wie Hoffnung und Vertrauen gespürt, trotz dieser Gerlinde vom Amt. Aber eigentlich tat sie ihr nur noch leid. Sie musste ein sehr einsamer und tief verzweifelter Mensch sein. Warum trank sie so viel? Unglaubliche Mengen von Schnaps, den sie da im Laufe der Nacht in sich hineingegossen hatte, ohne wirklich betrunken zu werden. Dafür hatten sich Aggressivität und Boshaftigkeit proportional zum Alkoholkonsum gesteigert.

Da war Susanne, die sie tröstend in den Arm genommen hatte. Außerdem tat es so gut, sich um Ilse kümmern zu dürfen und deren Vertrauen zu spüren. Ärztin zu sein war nicht nur ihr Beruf, es war ihre Berufung. Aber würde sie in dieser seelenlosen und kalten Gesellschaft wirklich zurechtkommen? Hier fand das Leben hinter verschlossenen Türen oder umzäunten Grundstücken statt. Zu Hause in Syrien lebten sie im Wesentlichen im Freien. Auf der Straße und auf den Plätzen kamen die Menschen zusammen. Dort spielten die Kinder und es war immer jemand da, der auf sie achtgab. Zu Hause, da kümmerten sich die Menschen umeinander. Zuwendung und Fürsorge fand man nicht nur innerhalb der Familie, sondern auch unter Freunden und Nachbarn. Hier in Deutschland schien für viele Menschen der Staat die einzige und letzte Anlaufstelle zu sein, wenn man in Not war. Das hatte sie immer wieder bei den Terminen im Jobcenter erlebt. Menschen, die auch auf Hilfe angewiesen waren und sie deswegen immer wieder anfeindeten und beleidigten. Menschen, die offensichtlich Angst davor hatten, dass sie und ihre Landsleute ihnen etwas wegnehmen könnten.

Sie sehnte sich wieder nach ihrer Mutter, aber noch viel mehr nach Sharif. War er noch am Leben? Und wenn ja, würde er sie eines Tages finden? Hier oben auf der Alm hatte sie keinen Netzempfang. Keine Möglichkeit, mit ihrem Smartphone Kontakt mit der Heimat aufzunehmen. Wenigstens konnte sie die Bilder von ihrer Familie, ihrem Mann und ihren Freunden immer wieder anschauen. Das war alles, was sie noch hatte. Den letzten wirklichen Kontakt hatte sie vor ein paar Wochen mit ihrer Freundin Samira, die noch immer in Aleppo aushielt. Hoffentlich lebte sie noch. Außerdem hatte sie eine Nachricht von Laila erhalten, die mit ihrer Familie irgendwo in Bulgarien in einem Lager gestrandet war. Dort ging es ihnen offensichtlich sehr schlecht. Samira hatte ihr erzählt, dass das Elternhaus von Alia und auch die Wohnung und Praxis von Alia und Sharif nicht mehr existierten. Die Bomben hatten alles dem Erdboden gleichgemacht. Kein Mensch wusste, wer für diesen Bombenangriff überhaupt verantwortlich war. Es war nichts mehr das, wohin sie hätte zurückkehren können. Da ihre Praxis zerstört war, hatte sie endlich kein so schlechtes Gewissen mehr, dass sie sich zur Flucht entschlossen hatte. Es machte ihr noch immer zu schaffen, dass sie ihre kleinen Patienten im Stich gelassen hatte. Das Smartphone war für sie die einzige Chance, etwas über den Verbleib von Sharif zu erfahren. Außerdem war es das letzte Kontaktmittel zur Heimat oder zu denen, die auf der Flucht waren. Das Smartphone, alles, was ihr noch geblieben war und woran sie sich nach wie vor verzweifelt klammerte. Viele Flüchtlinge wurden deswegen oft angefeindet. »Sie haben nichts, aber ein Smartphone.« Es herrschte ganz offenbar die weitverbreitete Meinung, wer Sozialleistungen erhält, darf kein Smartphone besitzen. Konnten sich die Menschen hier denn überhaupt auch nur ansatzweise vorstellen, wie das war, wenn man alles, alles verloren hatte? Alia hatte niemanden und kein Zuhause mehr. Sie war allein und einsam. Sie kam sich so unglaublich verlassen vor. Keine Eltern und wahrscheinlich auch keinen Ehemann mehr. Viele ihrer Freunde irgendwo unterwegs auf der Flucht, vermisst oder tot. Ungewissheit und Angst um die, die in Syrien geblieben waren, so wie Samira. Wenigstens zu denen wollte und musste sie versuchen, den Kontakt aufrechtzuerhalten.

Die Stelle hier oben bei Giovanni hatte ihr das Jobcenter vermittelt. Sie war gezwungen, diese Arbeit anzunehmen, andernfalls hätte man ihren Anspruch auf Sozialleistungen gekürzt. Sie verrichtete ausschließlich Hilfsarbeiten. Mehr traute man ihr offensichtlich nicht zu. Vor allem war sie für das Vorspülen von schmutzigem Geschirr zuständig. An manchen Tagen, wenn Hochbetrieb war, kam sie gar nicht schnell genug hinterher. Sie war diese Art von Arbeit nicht gewohnt und schon gar nicht diesen ständigen Zeitdruck, wenn Hochbetrieb war. Es hatte deswegen immer wieder heftigen Ärger und Streit mit Theresa gegeben. Theresa, die Härteste unter den Harten, so hatte sie sie heimlich genannt. Josefa und Giovanni hielten sich raus. Giovanni war immer freundlich zu ihr gewesen. Aber er war ein Mann, der ihr fremd war. Hier verbot sich ein zwangloser Umgang von selbst. Aber im Moment hatte Theresa das Sagen. Josefa war freundlich. Auf eine besondere Weise ihr gegenüber, aber scheu und so ganz anders als sie selbst. Sie hätte auch gar nicht gewusst, worüber sie mit ihr hätte reden sollen. Außerdem war sie froh, wenn sie das Arbeitspensum überhaupt schaffte. Sie war dann abends so erledigt, dass sie nur noch ihre Ruhe haben wollte.

Aber es war nicht nur schlecht hier oben. Sie hatte endlich aus dieser Gemeinschaftsunterkunft ausziehen können. Mehr als 250 Personen auf engstem Raum. Rund um die Uhr ständiger Lärm und nicht einmal ein Minimum an Privatsphäre. Gemeinschaftsduschen und -toiletten, nur eine Küche für mindestens 20 Personen. Afghanen, Iraker und Syrer. Streitereien, Hass und Gewalt waren auch hier an der Tagesordnung. Gewalt auch von Männern, die ihre Frauen regelmäßig misshandelten. Die Heimleitung war mit alldem völlig überfordert. Als alleinstehende Frau hatte sie sich einen Saal mit anderen alleinstehenden Frauen und deren Kindern teilen müssen. Sosehr sie Kinder liebte, aber unter diesen Umständen war es für sie immer unerträglicher geworden. Sie war mehr als froh, dort ausziehen zu dürfen. Auch die regelmäßigen Einladungen des Jobcenters blieben ihr damit erspart.

Dann aber, nach und nach, so ganz langsam, hatte sie festgestellt, dass ihr die Natur hier oben guttat. Es war wunderbares Frühlingswetter, als sie vor Wochen hier oben angekommen war. Sie hatte es entweder ganz früh am Morgen oder nach Feierabend genossen. Inzwischen liebte sie die Berge ringsum, auf denen teilweise noch immer Schnee lag. Was für ein ungewohnter Anblick. Sie liebte die sattgrünen Wiesen mit ihren bunten Gräsern, die plätschernden Bäche und den wunderbaren Ausblick auf den See tief unten im Tal. All das gab ihr unerwarteten Frieden, den sie zum ersten Mal seit Beginn ihrer Flucht immer mehr zu spüren begann. Auch das schlechte Wetter konnte dem nichts anhaben. Ganz im Gegenteil. Der Regen wurde ihr Freund. Sie genoss ihn geradezu. Er schenkte ihr Zeit und Stille zum Nachdenken. Ganz besonders in dieser Nacht. Das Anerkennungsverfahren, um als Ärztin arbeiten zu dürfen, lief zurzeit. Aber würde sie in diesem Land zurechtkommen? Wollte sie hier überhaupt zurechtkommen? Wäre es nicht besser, zurückzugehen und die Helfer in den Lagern an der Grenze zu unterstützen? Dort an der der syrisch-türkischen Grenze wäre sie in relativer Sicherheit. Konnte und durfte sie sich länger dieser Verantwortung als Ärztin und als Mensch entziehen? Wäre sie dort nicht viel weniger einsam? Aber hatte sie nicht ausgerechnet heute Nacht erste Anzeichen von Zuneigung und Vertrauen gespürt?

Josefa

Sie beschäftigen noch immer all die Geschichten, die sie heute Abend gehört hat. Sie ist von Ilses Beruf immer mehr hingerissen. Jetzt kennt sie tatsächlich jemanden, der Bücher schreibt und sogar in Talkshows war. Im Fernsehen! Die einzigen Bücher, die sie bisher gelesen hat, sind ihre Schulbücher. Das war ihr schwer genug gefallen. Was die andern alles wissen, wie klug sie sind. Sie wäre auch gerne so. Theresa hatte ihr vor ein paar Tagen versucht klarzumachen, wie viel sie noch zu lernen hatte. »Du kannst nicht erwarten, dass du innerhalb weniger Wochen oder Monate all das aufholen kannst, wofür ich Jahre oder sogar Jahrzehnte gebraucht habe. Und schon gar nicht, was die Lebenserfahrung angeht. Du musst deine eigenen Erfahrungen machen.« Theresa hatte sicher recht, wie so oft. Aber es machte sie mutlos, wenn sie an den langen Weg dachte, der noch vor ihr liegen würde. Sie bewunderte so sehr die Selbstsicherheit der anderen. Natürlich mit Ausnahme dieser entsetzlichen Krampfhenne Gerlinde. Es passte alles bei ihnen, die Haltung, ihr Auftreten, wie sie redeten, ihre Kleidung, die Frisuren, einfach alles. Anna hatte einen perfekten Kurzhaarschnitt. Fast den gleichen hatte sie vor einiger Zeit in einer Zeitschrift gesehen. Dort waren die neuesten Trends präsentiert worden. Ungläubig hatte Josefa auf die Preise für solche Haarschnitte gesehen. Ab 100,00 Euro aufwärts. »Wer gibt denn so viel Geld nur für einen Friseurbesuch aus?«, hatte sie sich gefragt. Heute verstand sie es etwas besser. Diese Frisur passte perfekt zu Anna machte einen Teil von ihr aus. Auch diese Sichtweise hatte sie von Theresa gelernt.

Konnte man lernen, so komplett zu sein? Konnte sie das lernen? Wer half ihr dabei? Oder musste sie gar nicht so sein? Warum konnte sie nicht bleiben, wie sie war und wo sie war? Die Arbeit machte ihr Spaß. Sie hatte mit Giovannis und Theresas Hilfe angefangen, den Obstschnaps nach dem Rezept ihrer Mutter herzustellen und zu verkaufen. Die Leute waren ganz wild darauf. Sie konnte damit eigenes Geld verdienen. Natürlich musste sie sich das genehmigen lassen und Steuern dafür bezahlen, das war von Anfang an klar gewesen. Sie erinnert sich an den Abend, als sie nach Feierabend noch vor der Hütte gesessen hatten. Giovanni, Theresa und sie. Alia hatte sich abseits auf einen großen Stein gesetzt, dort, wo sie immer saß. Sie wollte offensichtlich nichts mit ihnen zu tun haben. Sie hatten an diesem Abend den Schnaps aus dem ersten Probelauf gekostet. Giovanni und Theresa waren begeistert. »Du musst ihn einfach produzieren und an die Gäste verkaufen. Hier oben hast du fast alle Rohstoffe kostenlos frei Haus. Natur pur, sozusagen!«, hatte Theresa gesagt. Sie hatten dann noch den ganzen Abend über Josefas Schnaps geredet und darüber gesponnen, was für Chancen sich damit für sie ergeben könnten. »In einem Tonkrug musst du ihn verkaufen. Das kommt immer gut an. Auf keinen Fall zu billig. Qualität vor Quantität. Der Hit wäre, wenn du jeden einzelnen Schnapskrug mit einer Nummer kennzeichnen würdest. Das macht jeden einzelnen besonders, einzigartig und noch wertvoller«, fand Giovanni. Sie hatte gar nicht genug bekommen können, von den Vorschlägen, welche die beiden machten. Außerdem hatte es sie sehr gefreut, dass Giovanni sie offensichtlich ernst nahm. Und wie er sie dabei immer wieder angesehen hatte. Ganz rot war sie jedes Mal geworden.

Also, warum sollte sie fortgehen wollen? Sie war gern hier oben. Die Arbeit machte ihr Spaß und vielleicht könnte sie tatsächlich eine kleine Brennerei aufbauen. Giovanni würde ihr helfen, das hatte er versprochen, weil es ja auch seinem Geschäft zugutekam. Aber zunächst würde er vor allem damit beschäftigt sein, die Hütte wieder aufzubauen. Sie fühlte sich auch in ihrem neuen Äußeren wohl. Sie war Theresa dafür mehr als dankbar. Mehr war doch gar nicht nötig. Sie brauchte keinen 100-Euro-Haarschnitt. Das würde doch auch gar nicht zu ihr passen. Zu ihr passte der dicke Zopf und jeden Tag ein sauberes Dirndl. Hier oben konnte sie all das einbringen, was sie jemals gelernt hatte. Das machte sie mehr als zufrieden. Es bedeutete ja nicht zwangsläufig, dass sie nichts mehr lernen wollte. Aber für ein zufriedenes Leben reichte es völlig aus. Hier oben war sie alles andere als ein Restposten. Jetzt war sie Josefa, der Aktivposten. Alles andere würde sich finden. Wenn sie eines in dieser Nacht gelernt hatte, dann war es das, dass sie etwas konnte. Daraus konnte sie etwas machen. Darauf durfte sie stolz sein. Vielleicht, denn wenn Theresa wieder weg und die Hütte wieder in Betrieb sein würde, dann würde sich ihre Zusammenarbeit mit Giovanni noch einmal ändern. Vielleicht aber nicht nur das. Giovanni und sie, das konnte sie sich gut vorstellen. Aber dafür würde er sich schon ziemlich ändern müssen. Seine ständigen Flirts und Abenteuer gefielen ihr nämlich überhaupt nicht.

Ilse

Ilse kämpft mit erneuten Schmerzen. Sie sieht im Dämmerlicht, dass Alia eingeschlafen ist, und will sie nicht aufwecken. Das Unwetter und ihre Verletzung hätten zu keinem ungünstigeren Zeitpunkt kommen können. Aber gab es dafür überhaupt einen günstigen Zeitpunkt? In paar Tagen wäre sie wieder zu Hause gewesen und hätte anfangen können, das zu tun, was jetzt notwendig war. Der Tod der Mutter von einigen Wochen würde es in jedem Fall leichter machen. Es mussten keine falschen Rücksichten mehr genommen werden. Sie konnte und durfte auf keinen Fall noch mehr Zeit verlieren. Ilse spürt wieder einen unbändigen Zorn in sich aufsteigen.

Über ihre eigene grenzenlose Naivität und die unglaubliche Unverfrorenheit ihrer Brüder. Aber jetzt musste sie erst einmal gesund werden. Das Bein war eher eine lästige Nebensache. Wirkliche Sorgen machte sie sich über ihren Brustkorb und das Blut, das sie beim Husten immer wieder spuckte. War sie darauf angewiesen, sehr schnell in ein Krankenhaus zu kommen? Hing womöglich ihr Leben davon ab? Ilse spürt, wie ihre Angst immer größer wird. Nein, nur keine Panik! Immerhin war sie nicht alleine.

03:00 Uhr
Alia wird wieder wach und sieht, dass Anna sie beobachtet. »Ich habe deinen Schlaf bewacht«, erklärt Anna ihr lächelnd. Alia spürt seit sehr langer Zeit das erste Mal wieder so etwas wie Geborgenheit. Hass, Zorn und Wut, die sie noch zu Beginn der Nacht gespürt hatte, sind wie weggeblasen. Ilse meldet sich ebenfalls: »Wie spät ist es denn?« »Kurz nach drei Uhr«, antwortet ihr Anna. »Die Stunde der Dämonen«, erwidert Ilse spöttisch, um dann aber sehr schnell wieder ernst und ungeduldig zu werden. »Ich habe das Gefühl, dass diese Nacht kein Ende nimmt. Diese Untätigkeit und die Ungewissheit setzen mir ganz schön zu und sind eine völlig neue Erfahrung für mich. Alia, bitte, noch eine, am besten zwei von deinen Wunderpillen für mich. Mein Bein tut höllisch weh.« »Ich brauche mehr Licht«, antwortet Alia, »so dunkel, wie es ist, könnte ich dir sonst leicht was Falsches geben.« Theresa meldet sich zu Wort: »Hier sind noch zwei Kerzen, die sollten ausreichen«, sagt sie und reicht sie Alia. »Ich habe Hunger«, meldet sich Gerlinde irgendwo aus

dem Dunkel der Küche zu Wort. Theresa macht die Kälte immer mehr zu schaffen. Der Optimismus von vorhin ist wieder verflogen. Sie denkt an die restliche Suppe, die noch auf dem Herd stehen müsste. »Josefa, sieh nach, was von dem Eintopf übrig geblieben ist. Der steht noch immer auf dem Herd. Es könnte noch einmal für alle reichen. Später, wenn mehr Licht von draußen kommt, können wir im Lager nach Wurst und Käse schauen. Ich möchte im Moment keine weiteren Kerzen verschwenden.« »Was soll das heißen?«, will Gerlinde wissen. »Es wird doch bald hell werden und dann sollte doch irgendwann auch Rettung kommen.« »Wir wissen nicht, wie es da draußen wirklich aussieht und welche Schäden das Unwetter sonst noch angerichtet hat. Es könnte sein, dass wir nicht die Einzigen sind, die auf Hilfe angewiesen sind«, wirft Anna ein. »Ja, aber ... «, weiter kommt Gerlinde nicht, weil Theresa sie rüde unterbricht. »Kein Wort mehr, Frau Huber, ansonsten sitzt du schneller da draußen, als du bis drei zählen kannst. Ich habe dich vor ein paar Stunden schon einmal gewarnt. Wir können an unserer Lage im Moment absolut nichts ändern. Wir haben keine andere Wahl, als zu warten. Deswegen ist Jammern weder eine Option noch hilfreich.« Theresa stöhnt innerlich auf. »Mit dieser Person will ich tatsächlich ›Theresa's‹ begründen? Ich muss wahnsinnig geworden sein!« »Aber es wird ja wohl noch erlaubt sein zu träumen«, mischt sich Susanne trotzig ein. »Auch wenn wir im Moment keine Möglichkeit haben, Kaffee zu kochen, träume ich jetzt trotzdem davon, vor einer Tasse mit ganz heißem, schwarzem Kaffee zu sitzen«, seufzt sie. »Dazu ein Croissant mit ganz viel gesalzener Butter und dieser Morgen wäre gerettet«, ergänzt Anna sehnsuchtsvoll. »Theresa, es wäre doch mal wieder an der Zeit für deine Trickkiste. Wie wäre es mit der ausführlichen Beschreibung eines imaginären Frühstücks? Immerhin bist du die Wirtin hier.« »Quatsch«, antwortet Theresa entschieden. »Hier hilft einfach nur wieder, über das fehlende Frühstück hinauszudenken.« »Das erzähle mal meinem Magen, der sieht das leider völlig anders«, erklärt Susanne erschöpft. Sie hören, wie Josefa im Suppentropf rührt und am Boden kratzt. »Der Eintopf gibt vielleicht noch zwei Portionen her, mehr ist nicht drin«, erklärt diese kurz und bündig. Theresa bestimmt, dass Ilse die Suppe bekommen soll, die lehnt jedoch ab. »Nein, auf gar keinen Fall. Gestern Abend ist mir offensichtlich nach dem Essen der Suppe übel geworden. Ich bin eine so deftige Hausmannskost nicht gewöhnt. Aber ich bin sicher, Gerlinde nimmt die Suppe gerne.« »Dann isst sie keine von uns«, bestimmt Theresa. »Wir heben sie auf. Man kann nie wissen. Vielleicht brauchen wir sie noch einmal dringend.« »Theresa, wenn deine Söhne es wirklich irgendwann einmal schaffen sollten, dich loszuwerden, dann wärst du in einem Bootcamp wirklich die absolute Starbesetzung«, meint Anna ironisch. »Vielleicht müssen sie mich ja gar nicht mehr rausschmeißen«, kommt es geheimnisvoll von Theresa, und zu Anna gewandt: »Anna, wie wäre es mit einer weiteren Folge deiner Reise?« »Langweilt es euch nicht? Es geht doch nur um meine ganz persönlichen Eindrücke und um mein Empfinden, ich könnte mir vorstellen, dass euch das ziemlich langweilen wird.« »Nein, ganz im Gegenteil«, antwortet ihr Theresa und Ilse ergänzt: »Ich konnte zwar bisher mit den Pilgern und ihren Motiven für diesen Weg überhaupt nichts anfangen, aber deine Erzählung macht mich immer neugieriger. Ich werde, falls ich das hier heil überstehen sollte, jedenfalls sehr schnell auf den Spuren des heiligen Jakobus wandeln«, erklärt sie sehr bestimmt, vor allem, um sich selbst Mut zu machen.

Anna

Tag 4

Bin im Nirgendwo angekommen. Habe mich ganz offensichtlich total verlaufen. »Achtung, geänderte Trassenführung Jakobsweg«, war unterwegs zu lesen. Na, ganz toll. Und jetzt?

Bin heute Morgen bei ganz leichtem Nieselregen losgelaufen. Na, ohne Regen hätte mir ja auch glatt was gefehlt. Der Himmel ist auch nicht mehr ganz so düster wie gestern. Erste halbe Stunde wieder Muskeln und Gelenke sortiert, wie gehabt. Auch heute Morgen kein Muskelkater. Alles ist perfekt. Die Wirtin hatte mir am Morgen eine Wegbeschreibung für eine kürzere Streckenführung mitgegeben. Heute Morgen fand ich sie auch nicht mehr ganz so unsympathisch. Habe aus ihrer und meiner Wegbeschreibung die Orte herausgesucht, die bis zum frühen Nachmittag zu schaffen sind. Denn täglich grüßt das Murmeltier-Gewitter. Bin tatsächlich erst spät losgekommen. So gut das Abendessen war, das Frühstück war eine Katastrophe. Einfach nur unterirdisch. Wenn ich das gewusst hätte, wäre ich doch lieber ohne Frühstück losgelaufen. Traubenzucker und Müsliriegel hätte ich als Notration ja im Bartel-Rucksack gehabt. Richte mich nach der Wegbeschreibung der Wirtin und komme ganz wunderbar voran. Außerhalb der Ortschaft treffe ich endlich mal auf Menschen, es ist Samstagvormittag. Leute, die mit ihren Hunden spazieren gehen. Kurze, freundliche Gespräche und gute Wünsche. Durch und vor allem an den nächsten Orten vorbei geht es geradezu spielend leicht eine lange Zeit weiter. Hätte noch ewig so weitergehen können. Aber dann geht's mal wieder über einen Wirtschaftsweg ziemlich steil bergauf. Geht aber trotz Morast ganz gut. Ich muss durch das obligatorische Drehgatter, um über eine Almwiese und durch einen Wald auf den Bergrücken hinaufzukommen. Hinter dem Gatter verliert sich jedoch der Weg auf der Wiese. Stapfe durch hüfthohes, nasses Gras. Meine Hose ist sofort wieder bis oben hin klatschnass. Dafür ist es jetzt von oben trocken. Anna, man muss dankbar sein! Komme nur sehr langsam und mühsam in dem hohen, nassen Gras voran und dann nicht mehr weiter.

Schock und Entsetzen! Kein weiteres Drehgatter, um auf den direkt vor mit liegenden Weg zu kommen. Nur einen einzigen, winzigen Schritt weit entfernt. Die Wiese ist hier oben durch einen Elektrozaun vollständig eingezäunt, kein weiteres Gatter weit und breit. Der Zaun lässt mich nicht weiter. Da komme ich weder drunter noch drüber. Mein weiterer Weg liegt direkt vor mir und ich komme nur wegen dieses saublöden Zauns nicht drauf. So eine Oberscheiße! Ich muss tatsächlich wieder zurück, den ganzen langen Weg wieder runter. Schimpfend und fluchend mache ich mich auf den Rückweg, vor allem auch wieder durch diese nasse Wiese. An deren Rand steht ein Heuschober, aus dem jetzt zwei Kuhleins, wie ich finde, ziemlich grinsend herausschauen. Schadenfrohe Kühe? Wieder unten angekommen, treffe ich auf einen Bauern, der seinen Bach reinigt. »Ja, Sie waren da schon genau richtig, und ja, auch schon fast ganz oben.« Haha! »Sie hätten im Wald einfach nur weitergehen müssen. Ist bei diesem Wetter aber ganz schön gefährlich.« Aha! »Am besten Sie gehen auf dem Fahrradweg weiter, direkt an der Straße entlang. Das ist kürzer und weniger gefährlich.« Bedanke mich und bin jetzt eigentlich doch ganz froh. Gefährlich! Sollte wohl nicht sein. Gehe auf dem Fahrradweg weiter, der sich aber unglaublich öde an einer Hauptverkehrsstraße entlang hinzieht. Es ist Samstag und es herrscht Ausflugsverkehr. Zieht sich wie Kaugummi. Immer langsam ansteigend ins nächste Tal. Das Gehen auf dem asphaltierten Fahrradweg ist nicht mein Ding. Es wird wieder ziemlich schwül. Dunkle Wolken wechseln sich mit stechender Sonne ab. Ziehe zum ersten Mal mein Regencape aus. Bin schon nach 3 Stunden ziemlich geschafft. Dieser Umweg steckt mir noch ziemlich in den Knochen. Gehe weiter und komme zu dem Schild: »Achtung, geänderte Trassenführung Jakobsweg! Auf dieser Straße weitergehen!« Toll, auf dieser Straße weitergehen, um dann wohin zu kommen? Dann eben weiter. Sehe weiter vor mir einen sehr, sehr hübschen Ort auf einer weiteren Anhöhe. Gefällt mir sehr. Setze mir diesen Ort als nächstes Ziel, dann werde ich weitersehen. Schraube mich mal wieder den Berg hoch. Dem Ort entgegen, der dann aber höher und weiter weg ist, als es zunächst aus der Entfernung ausgesehen hat. So ist das halt mit den Zielen, meine Liebe! Klugscheißerin.

Es ist so sauschwül. Breche zum ersten Mal meinen Traubenzuckervorrat an. Schraube, trotte und stapfe mal wieder wenig fröhlich bergauf. Auf halber Strecke eine Schutzhütte, in der ich die dringend benötigte Pause mache. Meine Beine schlackern mal wieder ziemlich heftig und schlecht ist mir auch. Noch mal Traubenzucker. Die Schwüle macht mir heute wirklich ziemlich zu schaffen. Auch mein Bartel-Rucksack drückt mich gewaltig. Diesmal bin ich von innen heraus klatschnass. Komme endlich oben an. Na ja, gelohnt hat sich die Schinderei wenigstens. Wunderschöner Bilderbuchort, tolle Aussicht und endlich auch ein Gasthof. Es ist Wochenende. »Haben Sie reserviert?« Nein, natürlich nicht. Kein Zimmer frei. »Versuchen Sie es unten in Missen.« Also, schon wieder umsonst und schon wieder bergab. Eine weitere Wegbeschreibung für den geänderten Jakobsweg gibt es hier auch nicht. Die Wegbeschreibung der Wirtin habe ich inzwischen genauso verloren wie meine Tafel Schokolade von Ermengerst. Vielleicht treffen sich die beiden ja irgendwo. Anna, noch hirnrissiger geht's wohl nicht. Also, wieder den Berg runter. Wieder umsonst, wieder ein riesiger Umweg. Mensch, das hatte ich heute doch schon mal. Mist!!! Schraube mich missmutig den Berg runter, komme wieder zurück auf diesen saublöden asphaltierten Fahrradweg. Trotte noch missmutiger und schon ziemlich erschöpft weiter auf den nächsten Ort zu. Es trifft mich fast der Schlag, als ich um eine Kurve komme. Eine Horde Kühe, die da im Galopp auf mich zugerast kommt. Wie und wo haben die mich denn gesehen? Diese Exemplare sind ziemlich aggressiv. Vielleicht liegt es ja an der aufgeladenen Atmosphäre und dem nahenden Gewitter. Von wegen nette Kuhleins. Galoppieren unverdrossen und weiterhin sehr aggressiv neben mir her. Bin gottfroh, dass der Zaun zwischen uns ist. Trau dem Frieden trotzdem nicht wirklich und leg tempomäßig einen Zahn zu. Diesmal macht auch mein Bartel-Rucksack mit.

Inzwischen habe ich das Gefühl, dass sich der nächste Ort immer mehr von mir entfernt, als dass er näher kommt. Erstes Tröpfeln und lautes Donnergrollen. Kurz vor dem Ortseingang stehen viele Hinweisschilder, nur keines, das auf einen Gasthof hinweisen würde. Überflüssig zu erwähnen, dass auch hier keine Menschenseele weit und breit zu sehen ist. Das Tourismusbüro ist ja gleich in der Nähe. Aber leider geschlossen. Öffnungszeit von 10:00 bis 12:00 Uhr. Na, ganz toll! Scheint heute nicht so ganz mein Tag zu sein.

Mir bleibt nichts anderes übrig, als weiter auf der Hauptstraße in den Ort hineinzustapfen. Nächster Gasthof in Sicht. Geschlossen. Umrunde ihn mehrfach, völlig umsonst. Der hat offensichtlich dichtgemacht. Vielleicht hat ja der ganze Ort mitsamt seinen Menschen dichtgemacht? Alle ausgestorben? Folge der Beschilderung zu einer Pension und komme damit aus dem Ort fast wieder heraus und schon wieder bergauf. Stehe dann vor einem Ferienhof, der sehr einladend und freundlich aussieht. Versuche es hier, wer weiß, wie weit es zu dieser Pension noch ist.

Kein Mensch zu Hause. Das ist doch alles nicht zu glauben. Wo sind die denn alle hin? Nur sehr viele gackernde Hühner und eine freundliche Ronja-Katze, die mich begrüßen. Da die Haustüre offen ist, setze ich mich auf die Bank vor dem Haus, irgendwann muss ja mal jemand kommen. Die Ronja-Katze leistet mir Gesellschaft und ist dabei sehr gesprächig. Es kommt aber niemand, dafür regnet es immer stärker. Stülpe mein Regencape wieder über und entscheide mich nach einer gefühlten Ewigkeit, wieder zu gehen. Wer weiß, wie lange ich hier sonst noch sitze. Das nächste Gewitter ist zum Greifen nah. Mach mich auf den Rückweg, wieder den Hang runter in den Ort hinein. Schon wieder ein Weg ohne Ziel. Schöne Grüße an Thomas Müller, ich bin nämlich gerade mal wieder auf der aller-, allerletzten Ritze unterwegs.

Noch ein Traubenzucker, zwei Traubenzucker. In Sichtweite taucht eine Brauerei mit einem Gasthof auf. Ein riesiger Parkplatz davor mit einer Ansammlung von Reisebussen. Das lässt nichts Gutes ahnen. Trotzdem, grenzenlose Erleichterung und mal wieder Tränen ohne Ende. Irgendwie wird es von da aus schon eine Lösung geben. Bin so erschöpft, dass ich jedem Schritt einen Namen gebe, um überhaupt noch die fehlenden circa 500 Meter zu der Brauerei zu kommen. So in der Art: noch ein Löffel für Oma, noch ein Löffel für Opa, ein Löffel für Ronja, für Kolja-mein-Tondermann, für Mariali, für Samy und, und, und. Aber wie gesagt, es ist Samstag. Hochbetrieb, alle Galerträume sind proppenvoll und ein Zimmer gibt es natürlich auch nicht. Es ist eben Samstag. Was jetzt? Bin nass bis auf die Knochen. Zu keinem einzigen Gedanken mehr fähig, der mich irgendwie weiterbringen könnte. Außerdem regnet es immer heftiger. Offensichtlich ist gerade meine Starkregen-Verwandtschaft im Anrollen. Ich will nicht mehr weiter! Ich will hierbleiben! Ich will!!!

Es ist so schön hier. Dieser Gasthof ist genau mein Ding. Edel, warme Atmosphäre, einladend, sehr schönes Holz, noch schönere Stoffe, unaufdringliche Gemütlichkeit. Ein perfekter Service, der mir dann gefühlt das Leben rettet. Die Kellnerin telefoniert und telefoniert, um dann tatsächlich ein Zimmer für mich in einer privaten Unterkunft zu finden. Die liegt dem Gasthof auch noch genau schräg gegenüber. Glückskind! Eine Ferienwohnung bei einer älteren Dame, die eigentlich gar nicht mehr vermietet. Ich sehe aber ganz offensichtlich so erbarmungswürdig aus, dass sie dann doch eine Ausnahme macht. Frühstück gibt's aber keins. Macht nix. Wozu gibt es diesen wunderbaren Gasthof? Die Ferienwohnung liegt im ersten Stock. Mein Bett muss ich selbst beziehen. Macht auch nix, das schaffe ich grad noch. Ein Balkon vor dem Schlafzimmer, der auf einen zauberhaften Garten mit einem plätschernden Brunnen hinausgeht. Ach Mensch, als wenn's nicht schon genug plätschern würde!

Bin restlos und vollständig am Ende aller Kräfte. Mariaberg war gegen die heutige Tour ein einziges Kinderspiel. Ganz plötzlich ist es wieder da, das Gefühl von Verlassenheit und Einsamkeit. Hinzu kommt jetzt auch noch das Gefühl, nie, nie wieder aufstehen zu können.

Und wieder Tränen in Form von Sturzbächen. Diese ständige Heulerei macht mir langsam Angst. Tränen reinigen die Seele, sagt man. Vielleicht sind es die nicht geweinten Tränen der letzten Monate? Los, Anna, wenigstens rein in trockene Klamotten. Beweg dich! Raffe mich schließlich auf, um rüber in den Gasthof zu gehen. Mir wird bewusst, dass ich mal wieder einen wahnsinnigen Hunger habe. Hunger und Lust auf was richtig Gutes. Wenn sich die bisherigen Strapazen für irgendetwas gelohnt haben, dann dafür, dass ich wieder Lust am Essen und auf Essen habe. Anna! Wie grenzenlos bescheuert kann man eigentlich sein? Was ist denn damit? – Kein Husten bisher, keine Schmerzen, keine

Blasen an den Füßen. Ein bisschen mehr Dankbarkeit dürfte es schon sein, meine Liebe.

Die verschiedenen Governmenträume sind noch immer proppenvoll. Ich bekomme aber einen besonders schönen Platz in einem noch schöneren Wintergarten, in dem es warm und gemütlich ist. Und in dem außer mir aber sonst kein Mensch mehr ist. Hallo? Was soll denn das, was ist denn los? Der Weg entwickelt sich immer mehr zu einer Art Einzelhaft. Worüber beschwere ich mich eigentlich? Ich wollte doch unbedingt alleine gehen. Aber habe ich wissen oder ahnen können, dass man sich so furchtbar einsam fühlen kann? Achtung, Achterbahn, Sturzfahrt in das nächste Tal der Tränen. Auch nicht überflüssig zu erwähnen, dass auch draußen mal wieder die Welt untergeht, heute hat sich zur Abwechslung auch noch Hagel dazugesellt. Auch heute habe ich es wieder gerade noch rechtzeitig geschafft. Jakobus und allen anderen Heiligen im Himmel sei Dank. Heule und heule, schniefe selbstmitleidig (!) in mein Tagebuch. Wozu so ein Tagebuch doch alles gut ist. Anna, jetzt also auch noch Selbstmitleid. Na, ganz super. Wie viele Tränen habe ich eigentlich noch?

Im Hintergrund läuft Musik und irgendwann dann der Titel: »Verdammt! Und dann stehst du im Regen«. Achtung, Achterbahn, diesmal geht es steil bergauf. Fange laut an zu lachen und freue mich plötzlich grenzenlos, einfach nur hier zu sitzen. Komme so ganz langsam an und wieder zu mir. Erstes Weißbier. Bekomme dann noch ein ganz wunderbares Mittagessen, obwohl die Küche nach dem Mittagsgeschäft eigentlich schon lange geschlossen ist. Fürsorglicher, freundlicher und wirklich perfekter Service. Ich muss wirklich schon einen sehr, sehr erbarmungswürdigen Eindruck gemacht haben. Der Nachtisch, der auf der Karte steht, ist eigentlich auch schon lange aus. Der Koch macht aber extra für mich dann doch noch einen warmen Vanillepudding, dazu gibt es Schokoladeneis mit Schlagsahne. Einfach nur noch ein himmlisches Vergnügen! Bin inzwischen mal wieder völlig euphorisch. Ganz plötzlich ist auch die Sonne wieder da. Nicht nur am Himmel. Vorhin noch völlig am Boden, wieder mit dem Scheißgefühl der Einsamkeit und Verlassenheit. Jetzt das Gefühl der Wärme, Geborgenheit und Sicherheit. Genuss und Freude pur.

Warum tue ich mir dieses tägliche Tal der Tränen eigentlich an? Streng genommen sind es sogar ganze Täler. Dazu der ständige Wechsel von Hölle und Himmel, Himmel und Hölle. Auf dem Schild heute Vormittag stand: »Neue Trassenführung Jakobsweg«. Brauche ich vielleicht selbst auch eine neue Trassenführung? Eine neue Trasse, um meinem Lebensendgefährten zu entwischen? Wenn ja, wohin? Was ist falsch an meiner bisherigen Trasse? Ach, Anna! Das Thema hatten wir doch gestern schon. Hab jetzt keine Lust auf fundamentale Ansätze. Nicht heute. Nein! Bin zu keinem vernünftigen oder unvernünftigen Gedanken mehr fähig. Mein Hirn hat sich für heute doch schon längst verabschiedet. Will auch gar nicht mehr denken. Alles nur noch ein Gefühlsmischmasch! Scheißemotionen! Scheißachterbahn! Altes Mädchen, musste das alles wirklich sein? Glaubst du wirklich, dass dich das hier alles wirklich weiterbringen wird?

Melde mich für das Frühstück am nächsten Morgen an und schleppe mich über die Straße und rauf in die Ferienwohnung. Zwinge mich noch mal zu einer heißen Dusche, dann nur noch ins Bett.

Wie gesagt, mein Hirn hatte sich bereits verabschiedet, inzwischen fühle ich auch nichts mehr, gar nichts mehr. Nicht einmal mehr Freude darüber, dass ich auch heute nicht gehustet und auch sonst keine Schmerzen habe. Nur noch grenzenlose Leere. Nur noch NICHTS!

SMS an Klara:
Rettung in letzter Minute vor Gewitter und Hagel, habe wunderbares Essen im Bauch, einschließlich warmem Nillepudding mit Schoki-Eis.

Von wegen keine Schmerzen. Wache irgendwann mit heftigen Muskelkrämpfen und Gelenkschmerzen auf, die mich prompt schon wieder in das nächste Tal der Tränen stürzen. Dort treffe ich dann erwartungsgemäß auf die inzwischen alten Bekannten *Einsamkeit* und *Verlassenheit*. Liege zusammengekrümmt im Bett und bin absolut bewegungsunfähig. Hatte schon eine doppelte Magnesium-Dröhnung heute Abend. Mehr macht gar keinen Sinn. Es wird und muss irgendwann schon wieder besser werden. Will jetzt nur noch nach Hause. Nichts geht mehr. Nach Hause! Völlig egal, ob falsches oder richtiges Leben.

»Meine Güte, Anna!«, kommt es von Susanne staunend. »Das würde ich niemals schaffen. Ich bin ja allein vom Zuhören schon geschafft.« »Ich halte es mit Emanuel Kant«, schaltet sich Ilse ein. »Bei dem heißt es: ›Ich kann, weil ich will, was ich muss.‹ Anna hatte das dringende Bedürfnis, diesen Weg zu gehen. Also ist sie ihn gegangen, ohne Wenn und Aber und mit allen Konsequenzen. Dass das so manch anderer nicht durchgehalten hätte, steht auf einem ganz anderen Blatt. Ich habe es vorhin schon einmal gesagt, ich werde mich so schnell wie möglich auf den Weg machen. Vielleicht hole ich dich eines Tages ja noch ein, Anna.« »Du musst erst einmal gesund werden«, erwidert Anna, »ich bin auch nicht sicher, wann ich diesen Weg weitergehen werde. Jedenfalls nicht sofort. Sobald man uns hier aus diesem Erdloch befreit hat, fahre ich erst einmal nach Hause.« »Also Planänderung bei Anna«, stellt Theresa nachdenklich fest. Ilse bittet Anna darum weiterzuerzählen.

Tag 5
Werde wach. Der Brunnen plätschert noch immer. Aber nur der. Kein Regen, es ist trocken. Döse im Halbschlaf weiter. Plötzlich fühlt sich alles wieder gut an. Alles ziemlich entspannt. Habe fast 10 Stunden geschlafen. Bin ich inzwischen auch wieder entspannt? Keine Ahnung, noch immer zu keinem Gedanken fähig. Nur Leere und NICHTS, immer noch. Bedeutet Loslassen gleichzeitig auch Leere? Kann ich, soll ich, will ich mit dieser Leere wirklich nach Hause fahren? Und wie geht's dann weiter? Heute Nacht zum ersten Mal auf dieser Reise bewusst geträumt.

Von der Schachtel mit den Briefen. Vielleicht liegt es auch daran, dass ich in den Wochen vor meiner Reise mein Zuhause wieder mal »aus-, auf- und umgeräumt«

habe. Auch die Schachtel mit den unzähligen Briefen, Liebesbriefen.

Schlafe noch mal ein, um beim erneuten Wachwerden festzustellen, dass es wieder angefangen hat zu regnen. Ein leichter Nieselregen, bei dem ich gut weitergehen könnte. *Können* könnte ich ja vielleicht noch, aber *wollen* will ich noch immer nicht. Hirn mal wieder verwässert? Habe bisher nur zwei Pilgerstempel, gestern auch wieder keinen bekommen. War halt mal wieder außerhalb der Öffnungszeiten des Tourismusbüros. Wieso werden die Pilgerstempel jetzt nur noch in Tourismusbüros vergeben? Ach, ist eigentlich ja auch egal. Ich gehe ja nicht, um Pilgerstempel zu sammeln. Ich weiß, welche Strecke ich gelaufen bin, ausschließlich gelaufen. Bisher keine Bahn, kein Bus, nur zu Fuß. Bei diesem Wetter! Anna! Das hatten wir schon, du musst in diesem Leben NICHTS und NIEMANDEM mehr irgendetwas beweisen. Auch dir nicht. Kapiere das doch endlich. Entspann dich, sonst tust du dir gleich schon wieder selber leid. Selbstmitleid ist wirklich das Allerletzte, was ich jetzt gebrauchen kann. Geht es eigentlich noch schlimmer, noch härter?

Vertage meine Entscheidung mal wieder wie gewohnt auf nach dem Frühstück, das einfach nur wunderbar ist. Es wäre einfach so himmlisch, hier den restlichen Tag zu vertrödeln. Trödeln, sitzen bleiben und genießen. Behaglichkeit pur. Tagebuch schreiben, lesen, erholen. Nach dem Frühstück, später vielleicht noch ein zweites späteres Frühstück oder doch eher ein frühes Mittagessen, Kaffee, Weißbier, Abendessen. Schlafen. Gefühlter und geträumter Luxus. Vielleicht traue ich mich ja dann auch wieder weiterzudenken. Fühle mich im Moment so grenzenlos wohl, absolut perfekter Service und eine wirklich bemerkenswerte Freundlichkeit. Wirklich, einfach nur perfekt und, wie gesagt, einfach nur genau mein Ding. Bin versucht zu fragen, ob für heute Nacht ein Zimmer frei ist. Ein Tag Pause wäre wirklich nicht schlecht und verdient hätte ich es in jedem Fall. Wieso muss man sich eigentlich alles immer erst verdienen? Ist das wirklich so oder meine ich das nur? Fürchte aber, dass ich dann morgen wirklich nicht mehr weitergehe. Traue mir noch immer nicht. Mist! Aber dann werde ich wenigstens wiederkommen. Irgendwann. Draußen regnet es mal wieder Bindfäden.

Kann ja mal nach dem weiteren Weg fragen. Erfahre dann, dass ich mich gar nicht so sehr verlaufen habe. »Aus dem Ort heraus, dann bei der nächsten Gelegenheit rechts hoch.« Kein Muskelkater, ein sehr gutes Frühstück und ein noch besseres Gefühl im Bauch. Regen erträglich, warum also nicht? Also doch los? Ja, was denn sonst.

Rechts hoch! Da ich inzwischen im Gebirge angekommen bin, ist rechts hoch ganz schön hoch. Na gut. Also schraube ich im leichten Regen wieder den Berg hoch. Laut Hinweistafel dauert es bis zur ersten bewirtschafteten Alm circa 50 Minuten. Gut, ein erstes überschaubares Ziel. Überflüssig zu erwähnen, dass ich mal wieder der einzige Mensch weit und breit bin. Macht mir heute Morgen nichts aus.

Der Weg ist ein befestigter Wirtschaftsweg und leicht zu gehen und auch die Steigung macht mir gar nichts aus. Komme wie im Flug zur ersten Alm. Erst durch einen Wald, dann an Almwiesen und Almbuckeln vorbei. Treffe auf immer mehr bimmelnde Kuhleins. Es ist trotz Regen nicht ganz so nebelig wie in den letzten Tagen. Habe daher einen grandiosen Ausblick auf die umliegende Berglandschaft. Auf einigen Gipfeln liegt immer noch Schnee. Der Blickwinkel ändert sich fast mit jedem Schritt, sodass ich immer wieder stehen bleibe und die Aussicht regerecht aufsauge. Schönheit pur! Der Weg, jetzt eher ein schmales Weglein, führt über verschiedene Almbetriebe und Sennhütten weiter bergauf. Treffe auch hier auf keinen Menschen. Das gefürchtete Gefühl der Einsamkeit bleibt heute Morgen aber Gott sei Dank aus. Hinter der vorerst letzten Alm führt der Weg durch ein Drehgatter über eine Wiese hoch auf den nächsten Weg. Damit ist auch meine Hose mal wieder hüfthoch klatschnass. Nass von oben und unten, wie gehabt. Bisher aber ohne Auswirkungen. Kein Schnupfen, keine Erkältung. Alles ist gut. Vielleicht ist das ja alles sogar gesünder, als man allgemein denkt. Vielleicht ist so manches ganz anders, als man denkt oder einem vorgedacht wird?

Komme dann auf einen Wirtschaftsweg, der aber nur noch an den Rändern befestigt ist. Dazwischen meine alten Freunde Schlamm und Morast. Da ist mal wieder Schachspielen angesagt, Anna. Zug um Zug. Schritt für Schritt. Kein Problem, aber einfach nur scheißanstrengend, immer wieder das eine Bein für den nächsten Schritt aus dem Morast zu ziehen, während das andere Bein gleichzeitig weiter tiefer einsinkt. Es regnet inzwischen immer stärker. Dazu kommen jetzt immer dichter werdende Nebelschwaden und Windböen. Habe inzwischen vollständig die Orientierung verloren und auch keinen weiteren Wegweiser mehr gesehen. Mal wieder keine Ahnung, wo ich überhaupt bin und wohin es wie weitergeht. Durch den Nebel sehe ich aber immer mal wieder ganz weit oben eine Almhütte, die zu meinem Fixpunkt wird. Das beruhigt mich. Also, kein Grund zur Sorge. Weiter! Mensch, ich bin so unbeschreiblich nass, was mich aber inzwischen schon gar nicht mehr stört.

Stelle mir gerade vor, dass ich im Büro sitze und müsste raus in diesen Regen, in einen solchen Regen. Unvorstellbar! Es kommt halt immer auf die Perspektive oder den Blickwinkel an. Na, meine Liebe, mal wieder so verdammt schlau unterwegs? Klugscheißerin! Sag ich doch!

Lachen, Ironie und Fröhlichkeit bringen mich dann erstaunlich schnell und leicht nach ganz oben. Bin oben dann ziemlich erledigt, aber nur erledigt. Mehr nicht. Da ist noch viel Luft drin, für den weiteren Weg. So schlimm es auch gestern gewesen ist, so unglaublich froh bin ich, dass ich auch heute Morgen nicht aufgegeben habe. Ab sofort werde ich mir das tägliche und vor allem nervige Zweifeln »Soll ich – soll ich nicht?« ganz einfach sparen, reine Energie- und Zeitverschwendung. Ich geh ja doch, immer wieder.

Stehe inzwischen völlig rat- und planlos irgendwo im absoluten Nirgendwo. Verschiedene Wege, die bergab führen, aber keine Ahnung wohin. Auch keinerlei Hinweise mehr auf den Jakobsweg. Kein Muschelzeichen mehr irgendwo erkennbar. Kein Name, der mir etwas sagen würde, und keiner, der auf meiner Wegbeschreibung zu finden gewesen wäre. Was jetzt und wohin?

Entscheide mich für einen breiten, festen Waldweg, wohin auch immer der führen wird. Habe zwar keine Ahnung, aber ganz plötzlich wieder ganz große Lust auf diesen unbekannten Weg, der mich zu einem unbekannten Ziel bringen wird. Wer weiß, wo ich heute noch landen werde. Bin ich eigentlich noch ganz dicht? Bei dieser Nässe eigentlich eine ganz ausgesprochen blöde Frage, Anna. Als wenn das alles bisher nicht schon abenteuerlich genug gewesen wäre. Inzwischen muss es Mittag sein und noch immer habe ich niemanden getroffen. Alles ist immer noch gut.

Komme dann zu einem Wegweiser: »Bühl am Alpsee«. Entfernung 2 Stunden. Na, da hab ich mich aber gründlich verlaufen. Statt westlich muss ich irgendwann nach Süden gelaufen sein. Macht aber gar nichts. Da kenne ich mich nämlich aus, einer der Urlaubsorte meiner Eltern. Meine Mutter hatte hier mal eine ziemlich unerfreuliche Begegnung mit und in einer Gletscherspalte. 2 Stunden sind ja auch keine Entfernung, denke ich. Aber wie gesagt, das ist halt so eine Sache mit dem Anna-Denken. Wie gut, dass ich nicht gewusst habe, dass mir die wirkliche Herausforderung meiner Pilgerreise erst noch bevorsteht. Unmittelbar bevorsteht. Zunächst geht es ganz bequem und ganz leicht bergab. Unterwegs kommen mir dann tatsächlich zwei Radfahrer und zwei Wanderinnen entgegen.

Der Weg durch den Wald ist zunächst nur leicht abfallend. Wird dann irgendwann abwärts zunehmend ungemütlicher, vor allem aber ziemlich tückisch. Also, meine Liebe, auf zur nächsten Runde Schlammschach und zu einem erneuten Strategiewechsel. Der Waldweg wird nicht nur immer steiler, sondern auch immer schmaler. Irgendwo muss ich in diesem Nebel mal wieder vom richtigen Weg abgekommen sein. In den morastigen und ziemlich tiefen Schlammlöchern machen mir Wurzeln zu schaffen, die auf den ersten Blick nicht erkennbar sind und an denen ich immer wieder hängen bleibe. Also wieder schrittweises Vortasten. Und wieder Vorsicht, damit mir der Dreck nicht in die Stiefel läuft. Der Weg wird zunehmend steiniger, Schlamm und Morast verschwinden. Es regnet inzwischen wolkenbruchartig. Dann nur noch Steine und Felsen. Rutsche, wie gehabt, auf den glitschigen Steinen immer wieder aus. Auf der linken Seite steil ansteigender Wald, auf den ich nicht ausweichen kann, rechts nur noch Abgrund. Vielleicht doch besser wieder zurück? Nein, weiter. Jetzt bin ich mittendrin, ob vorwärts oder zurück, bleibt sich gleich. Dachte ich.

Der Weg wird immer noch schmaler und glitschiger, rechts davon geht es wirklich höllisch tief abwärts. Meine beiden Stöcke sind inzwischen gefühlt überlebenswichtig geworden. Ich hatte sie irgendwann in den vergangenen Tagen auf die Namen Ruben und Lukas getauft. Anna, nicht runterschauen. Konzentration. Weitergehen, langsam. Ganz langsam, keine Hektik, immer wieder tief durchatmen, du hast alle Zeit der Welt. Denk an den guten alten Konfuzius. Gerade jetzt fällt mir ein Kollege ein, der mir vor der Reise den guten Rat mitgegeben hatte: »Brechen Sie sich keinen Fuß.« Ich hatte ziemlich verständnislos reagiert. Wieso sollte ich mir ausgerechnet einen Fuß brechen? Hatte mir in meinem ganzen Leben noch nichts gebrochen. Jetzt liegt das hier durchaus im Bereich des Möglichen. Ein verstauchter Knöchel wäre ja auch schon schlimm genug. Wer weiß, wann hier mal wieder jemand vorbeikommt. Handyempfang gibt's hier oben auch nicht, vielleicht liegt es ja auch nur an meinem sogenannten Vorkriegsmodell. Also, wenn ich hier heil runterkomme, kaufe ich mir wirklich ein neues. Wenn ich von hier oben heil runterkomme, dann, dann, dann!!! Mit jedem Schritt, mit jedem Stein ein neues Versprechen, was ich alles machen werde oder auch nicht oder nie mehr mache, wenn ich das hier alles heil überstehe. Überstehe ohne verstauchte oder gebrochene Knochen. Vor allem ohne Sturz in diesen höllischen Abgrund. Nur ein einziger falscher Schritt und ich habe einen ungebremsten Freiflug ins Nirwana gewonnen.

Die Angst lähmt mich derart, dass ich immer wieder in Schockstarre stehen bleibe. Angst, nur noch Angst und wieder Panik. Ich schwitze saumäßig und habe gleichzeitig Schüttelfrost. Zwinge mich zu jedem einzelnen tastenden Schritt, den ich mit meinen Stöcken vorbereite. Anna, alles nur eine Frage der Strategie! Weitergehen! Absolute Konzentration! Es hat doch bisher auch funktioniert. Die Angst verschwindet mehr und mehr. Nur noch Ruhe und absolute Konzentration auf jeden Zentimeter und jeden einzelnen Stein, der vor mir liegt. Schritt für Schritt tastend bergab.

Keine Ahnung, wie lange ich so weitergetastet bin. Jedenfalls bis der Weg irgendwann wieder breiter wurde und in normalen Waldboden überging und in einen Wald führte. Stehen bleiben, Luft holen, durchatmen, das inzwischen übliche Ritual nach einer überstandenen Strapaze. Zum Kotzen ist mir auch schon wieder. Egal.

Der Weg wird zu festem Waldboden, der mit Schotter und Kies aufgefüllt und inzwischen fast eben geworden ist. Keine Morast- und Schlammlöcher mehr, keine glitschigen Felssteine. Komme aus dem Wald heraus und habe trotz Regen- und Nebelmischmasch einen wunderbaren freien Blick auf den Alpsee. Scheint aber noch ganz schön weit zu sein. Von wegen 2 Stunden. Muss mich mal wieder tierisch verlaufen haben. Keine Ahnung, wie lange ich tatsächlich schon unterwegs bin.

Mit meinem heutigen Endpunkt vor Augen geht es mir sofort wieder sehr, sehr viel besser. Meine Beine haben aufgehört zu schlackern, schlecht ist mir auch nicht mehr. Gehe auf dem Weg weiter und komme zur nächsten Alm. Menschen! Wanderer, die Brotzeit machen. Ich bin unter Menschen und in Sicherheit. Grenzenlose Erleichterung und Tränen, die ich mal wieder nicht zurückhalten kann. Egal. Entscheide mich aber, dafür keine Pause zu machen. Will nur noch unten ankommen. Grenzenlose Sehnsucht nach heißem Wasser, Wärme und trockenen Klamotten. Und als Krönung ein Königreich für ein Weißbier. Gefühlte Lust auf ein ganzes Fass Weißbier. Der Weg von der Alm weg ist ein befestigter Wirtschaftsweg, der auch das Gehen jetzt auf einmal wieder sehr leicht macht. Mir begegnen immer mehr Menschen, die auf dem Weg hoch zur Alm sind, die sich auch von diesem Regen nicht abhalten lassen. Habe den Eindruck, dass sie alle ganz besonders freundlich grüßen. Oder geht es mir jetzt gerade einfach nur ganz besonders gut? Werde jetzt aber keinen einzigen Gedanken daran verschwenden, wie es mir gerade mal wieder geht.

Komme gut weiter, obwohl mal wieder einer aus der Familie Wolkenbruch unterwegs ist. Dann ein Schild: »30 Minuten bis Bühl«, das ich fast übersehen hätte. Es steht am Rand einer Almwiese, über die es weiter abwärtsgeht. Allerdings ziemlich steil abwärtsgeht. Blöd ist nur, dass ich, um auf diese Almwiese zu kommen, wieder einige dieser bereits bekannten hohen Holzstufen überwinden muss. Na ja, diesmal geht es abwärts, sollte also leichter gehen. Ich habe inzwischen ja so mit meinem Erfahrungsschatz mit so was! Angeberin!

Nein, keine Angeberin. Nur gewusst wie! Ratzfatz bin ich auf dem kleinen Pfad in der Wiese, der zu einem Wald weiter abwärtsführt. Mir kommt ein Paar entgegen, das ausgesprochen offen und sehr freundlich lächelt. Sehr bemerkenswert. Na ja, vielleicht ist das hier ja eine Gegend mit besonders freundlichen Menschen. Egal, gleich bin ich im Wald, der den Regen dann hoffentlich etwas abhält, somit werde ich meinem Ziel wieder ein ganzes Stück näher sein. Der Weg macht dann einen Abzweig auf den Wald zu und ich bleibe wie vom Donner gerührt stehen. Mir wird schon wieder schlecht. Glaube nicht, was ich sehe. Weigere mich ganz einfach zu glauben, was ich sehe. Vielleicht doch nur eine optische Täuschung? NEIN!

Tatsache ist, dass es auf diesem Weg erst mal kein Weiterkommen mehr geben wird. Unmittelbar und ganz dicht an das Drehgatter gedrängt, durch das ich jetzt gehen müsste, steht eine Ansammlung von Kuhleins. Vollkommen unbeweglich stehen sie dort und schauen zu mir herüber. In Anbetracht dieser Situation finde ich die Bezeichnung Kuhleins dann doch reichlich unpassend. Eine Herde von richtigen Kühen, keine Kälber, keine Jungkühe, sondern ausgewachsene Exemplare, die sich ganz offensichtlich vor dem Regen hier hoch in den Wald geflüchtet haben. Siehst du Anna, selbst Kuhleins-Kühen macht dieser Regen zu schaffen. Was jetzt? Keine Ahnung! Wo ist denn dieses Paar von eben hergekommen? Die können doch nur diesen Weg genommen haben, einen anderen gibt es nicht. Oder doch? Nein. Weit und breit nicht. War das eben vielleicht doch die reine Schadenfreude? Keine Ahnung, ist mir jetzt auch völlig egal. Werde mich jetzt nicht mit solchen Nebensächlichkeiten aufhalten. Ich muss weiter. Und jetzt, zurück oder durch? Auf gar keinen Fall zurück. Keine Chance. Nicht nur, dass ich inzwischen kräftemäßig mal wieder über die aller-, allerallerletzte Ritze weit hinaus bin, ich will nur noch vorwärts. Vielleicht sollte ich Thomas Müller mal schreiben, dass auch weit jenseits der wirklich allerletzten Ritze tatsächlich immer noch was geht. Aber das weiß er vermutlich. Nur noch circa 15 Minuten bis nach Bühl. Vielleicht bin ich ja nur noch 15 Minuten von der Erfüllung meiner heutigen Träume entfernt, von ganz heißem Wasser, trockenen Klamotten und einem Fass Weißbier. So kurz vor dem Ziel.

Also weiter und durch! Aber wie denn? Alles nur eine Frage der Kommunikation, Anna. Du bist so unglaublich schlau! Ich muss mit den Mädels ins Gespräch kommen. Sind doch Mädels, oder? Aber wie? Die eine und andere Sprache habe ich ja gelernt. »Kuhisch«, vielleicht heißt es ja auch »Rindisch«, war jedenfalls nicht dabei. Gehe erst mal langsam näher. Die Mädels stehen noch immer völlig unbeweglich da und schauen mich mindestens genauso unbeweglich an. Wenigstens das erste Kuhlein, das direkt am Drehgatter steht, müsste sich etwas bewegen, zur Seite gehen und mich durchlassen. Je näher ich komme, umso deutlicher sehe ich, dass das richtig schwierig werden wird. Da ist nämlich fast gar kein Platz zum Ausweichen. Wenn sich das erste Kuhlein bewegt, müssen sich alle anderen auch bewegen. Aber wohin bewegen? Da ist nur noch eine Art Absatz, auf dem die Kühe stehen. Rechts davon immer noch der Abgrund, mit dem ich schon weiter oben Bekanntschaft geschlossen habe.

Ich will aber jetzt da durch! Ich will! Stehe inzwischen unmittelbar am Gatter und direkt vor meinem ersten Kuhlein. Wie schauen uns ganz intensiv an und in die Augen. Ich fange mal wieder an zu lachen. Die Kuhleins schauen jetzt schon etwas interessierter. Casablanca lässt grüßen. »Schau mir in die Augen, Kleines!« Nur, dass dieses Kuhlein nicht Ingrid Bergmann ist und ich nicht Humphrey Bogart bin. In Casablanca sind wir schon gar nicht. Ich schaue jetzt jedes einzelne Kuhlein beschwörend an. »Kuhlein Ingrid« müsste sich nur etwas bewegen und alle anderen auch. Nur so viel, um das Drehgatter ein kleines Stück auf- und wieder zuzumachen.

Mein Problem heißt Kuh. Mein Regenproblem habe ich durch Mutation zum Regentropfen gelöst. Dann scheint es ja jetzt wohl an der Zeit für eine Umwandlung vom Regentropfen zur Kuh zu sein. Oh nein, Anna. Wirklich nicht. Ausgerechnet zur Kuh! ICH, eine Kuh? Das ist wirklich das Allerallerletzte, was ich in diesem Leben hatte werden wollen. Anna, die Kuh. Nein. Hilft aber alles nix! Jetzt stell dich nicht so an! Los, du Kuh!

Stehe hier mitten im Wolkenbruch wie ein Dirigent vor seinem Orchester. Baue mich gefühlt im Halbkreis vor dem Gatter und den Mädels auf und halte laut und deutlich meine Ansprache:

»Ich bin eine von euch, wirklich. Ich sehe nur etwas anders aus. Ich bin so eine Art Migrantin. Auf der Flucht vor meinen ehemaligen Verwandten Starkregen und Wolkenbruch. Ich will so wie ihr auch nur raus aus diesem Scheißregen. Dafür müsst ihr mich aber bitte, bitte durchlassen. Bitte, bitte! Nur ein kleines, ein ganz kleines Stückchen zur Seite gehen. Ich werde ganz vorsichtig sein und ihr seid es auch, damit keine von uns abstürzt.«

Schalte wie vorhin oben auf dem Berg mein Hirn aus. Konzentriere mich nur noch auf das Drehgatter und auf jede einzelne meiner immer noch unbeweglichen Halbschwestern. Drehe ganz vorsichtig am Gatter, das sich tatsächlich leicht bewegen lässt. »Kuhlein Ingrid« bewegt sich dann wirklich ganz langsam zur Seite und alle anderen tun es auch. So eine Art »Kuh-La-Ola-Welle«. Dann bin ich durch, vorbei an meinem »Kuhlein Ingrid«. Ganz blöd wäre es allerdings, wenn sie jetzt doch noch austreten würde. Tut sie aber nicht, wie alle anderen, an denen ich mich dann ganz langsam vorbeitaste und -drücke, Gott sei Dank auch nicht. Die Kuhleins stehen anschließend wieder bewegungslos auf ihren alten Plätzen und schauen mir hinterher. Ich bedanke mich sehr für ihre Hilfe und wünsche ihnen und mir sehr bald sehr viel besseres Wetter.

Wann habe ich das letzte Mal Schach gespielt? Gesucht wird wieder eine Strategie für den weiteren Weg nach unten. Mensch! Dieser schmale Hohlweg abwärts ist nur noch ein einziger Sumpf. Zerstampft von meinen Halbschwestern auf vier Beinen, die sich hier hinaufgeflüchtet haben. Ich als zweibeinige Kuh bin da eindeutig im Nachteil. Aber auch mein Kuh-Sumpf-Schach geht auf. Ich komme voran, zwar nur sehr, sehr langsam, aber immerhin. Nein, kein wirkliches Problem mehr. Auch kein Problem, als plötzlich dann noch eine weitere Kuh auftaucht. Sie steht etwas oberhalb, auch völlig bewegungslos, ebenfalls auf einem Absatz, und sieht eher wie ein Kuh-Denkmal aus. Ich müsste eigentlich gut an ihr vorbeikommen, solange sie sich nicht bewegt und vor allem nicht austritt. Ich lasse wieder meinen bewährten Spruch von der lieben Verwandtschaft los, rede ihr und mir gut zu und verabschiede mich freundlich balancierend auf dem Weg nach unten. Der weitere Weg ist alles andere als leicht und schon gar nicht ungefährlich. Aber nicht mehr weiter erwähnenswert. Kein Vergleich zu den Wegen, die ich heute schon gegangen bin. Auch diesmal bin ich wieder ohne Schrammen unten angekommen. Das Kruzifix, das am Ende des Weges stand, hätte ich am liebsten umarmt, habe es dann aber doch gelassen.

Dann fällt mir auf, dass das tägliche Gewitter bisher ausgeblieben ist. Glückskind! Nein, diesmal ist es absolut keine Ironie. Es gibt heute mehr als nur einen Grund, sehr, sehr dankbar zu sein. Die Bahngleise, die ich jetzt sehe, werden mich morgen irgendwohin bringen. Ganz egal wohin.

Stapfe über die einsame Seepromenade mit menschenleerer Stille, wabernden Nebelfetzen über dem Wasser, prasselndem Regen und Wellen, die an die Ufersteine klatschen. Bleibe stehen, einfach unfähig weiterzugehen. Schaue den unzähligen Regentropfen fasziniert zu, wie sie auf dem Wasser aufschlagen, um dann Kreise ziehend einzutauchen. Konzentrische Kreise. Ein einziger winziger Augenblick, ein Wimpernschlag nur, in dem jeder Regentropfen zum See wird. Jetzt, jetzt und wieder jetzt. Eben noch ein kleiner, dicker Regentropfen, jetzt geht seine Reise im See und als See weiter. Jetzt. Eigentlich ist es immer nur »Jetzt« und nichts scheint wirklich verloren zu gehen.

Die Verkaufsbuden am Ende der Seepromenade sehen genauso einsam und verlassen aus wie der ganze Rest hier. Frage bei einem Verkäufer in einer dieser Verkaufsbuden nach einem Gasthof oder Hotel, das dann genau der Seepromenade schräg gegenüberliegt. Nigelnagelneu! Ein ehemaliges Bauerngehöft umgebaut zum Hotel. »Ist aber nicht ganz billig«, erklärt mir der Verkäufer. Das ist mir jetzt so was von egal. Scheißegal. Wenn ich jetzt wirklich etwas ganz dringend nötig habe, dann ist es genau dieser Luxus, der mich dann auch tatsächlich erwartet. Und auch hier nur noch schräg über die Straße, dann bin ich im Trockenen. Auch hier ein sehr freundlicher Empfang. Es gibt freie Zimmer, nur ist noch keines bezugsfertig. as Haus war übers Wochenende vollkommen ausgebucht.

Die Inhaberin erzählt mir von der Pilgerwallfahrt, die hier gerade zu Ende geht. »Es findet nachher oben neben der Kapelle noch ein Pilgergottesdienst zum Abschluss statt. Nicht sehr weit von hier.« Nein danke. Ich gehe heute nirgendwo mehr hin. Auch zu keinem Pilgergottesdienst mehr. Ich bin ja schließlich nicht wegen Maria Loreto, sondern wegen Jakobus unterwegs.

Im Skiraum kann ich dann wenigstens schon mal meinen Rucksack abstellen und meine komplett vermatschten Stiefel ausziehen und endlich, endlich auch mein Regencape loswerden. Bin mal wieder vollkommen durchnässt und absolut bewegungsunfähig, dafür aber sehr euphorisch. Die Inhaberin bietet mir an, das Bier hierher in den Skiraum bringen zu lassen. Nein danke, das fehlt noch. Wird schon wieder. Es gebe auch einen Schuhtrockner. Nein danke, kein Bedarf. Meine Stiefel sind innen immer trocken geblieben. Zwar immer noch in nassen Klamotten, aber wenigstens auf trockenen Stümpfen gehe ich zurück ins Restaurant und bekomme ein Weißbier, auf Kosten des Hauses. Mein Königreich kann ich diesmal behalten. Die Inhaberin erklärt mir, dass die Sauna gerade angeheizt wird. Sauna!!! Oh, wie wunderbar. Manchmal werden Träume doch sehr, sehr schnell Wirklichkeit. Geträumte Tiefenwärme für Knochen, Muskeln, Haut, Hirn und Seele. Was für grandiose Aussichten, was für ein Luxus. Dann ist das Zimmer fertig. Ein Traum von einem Bett, obwohl ich das alles gar nicht mehr so richtig wahrnehme. Dann heiße Dusche in Vorfreude auf die Sauna. Muss einfach nur noch wach bleiben. Es reicht nur für zwei, dafür aber intensive Saunagänge. Dann schlagen Erschöpfung und Müdigkeit gnadenlos zu. Nur noch ins Bett. Ich bin so erledigt, dass ich heute auch nichts mehr essen will. Nur noch schlafen.

Schlafen geht aber nicht. Bin schlagartig hellwach. Inzwischen die Frage aller Fragen: »Wie oder was wäre dieser Weg ohne diesen Regen mit seinen ungezählten Regentropfen? Ist es das, geht es genau darum? Ist das vielleicht *die* Antwort?«

Stopp! Eines noch, das auch heute unbedingt noch erwähnt werden muss: kein Husten, keine sonstigen Schmerzen, noch immer keine Blasen an den Füßen.

SMS an meine Klara:
Mal wieder oberklitschnass bis auf die Knochen und Kuhleins-Alarm.
Hotel mit Sauna. Jakobus sei Dank.

Tag 6
Bin nach einer traumlosen Nacht wieder sehr früh wach und fast zu Tode erschrocken. Im Zimmer steht eine Kuh. Eine Kuh in voller Lebensgröße! Hier im Zimmer! Jetzt bin ich ganz endgültig und komplett durchgeknallt. Das war gestern doch wohl alles etwas zu viel. Woher kommt denn diese Kuh? Zugelaufen oder nachgelaufen ist mir jedenfalls keine. Sieht auch nicht aus wie »Kuhlein Ingrid«. Das Thema Kuh scheint mich inzwischen genauso zu verfolgen wie der Regen. Beim genaueren Hinsehen ist es dann aber doch nur eine Art von plastischer Fototapete, die mir gestern Abend gar nicht mehr aufgefallen ist.

Nach dem Frühstück mache ich mich auf den Weg. Inzwischen muss ich morgens Muskeln und Gelenke nicht mal mehr sortieren, alles geht wie geschmiert. Nur meine Beine wollen heute noch nicht. Es ist zum ersten Mal tatsächlich trocken. Mach mich bergauf auf den Weg zu der Kapelle, in der gestern die Pilgerfeier stattgefunden hat. Heute bin ich nur noch im Kriechgang und im Schneckentempo unterwegs. Stopp, Anna! Die Beine wollen heute noch nicht so recht und ich will eigentlich auch nicht. Die Pilger-Kapelle ist nicht nur eine Kapelle, sondern es sind ganz offensichtlich zwei Mini-Ausführungen. Mir reicht das erste Kirchlein, in das ich gehe, um mich gleich wieder auf die nächstbeste Bank fallen zu lassen. Heute Morgen geht von Anfang an absolut rein gar nichts. Muss auch nicht sein, ich habe alle Zeit dieser Welt. Alles ist gut.

Die Kapelle ist sehr schlicht und einfach. Ungewöhnlich schlicht und doch schön, mit einer sehr klaren Atmosphäre, so richtig zum »Durchatmen«. Dies hilft vor allem mit Blick und Gefühl auf den gestrigen Tag. Ein Mann kommt neugierig herein und ganz zielstrebig auf mich zu. Gehört wahrscheinlich zu den Männern, die da draußen gerade das riesige Pilgerzelt abbauen. Er erzählt ganz stolz von der Pilgersternfahrt am vergangenen Wochenende. Pilger aus dem ganzen Allgäu haben sich nach einem Sternlauf hier getroffen, um den 350. Geburtstag der Maria-Loreto-Kapelle zu feiern, dies ist die Kapelle gleich nebenan. Er redet mir ungefähr so in der Art gut zu, wie ich gestern wohl »Kuhlein Ingrid« gut zugeredet haben muss: »Sie müssen nur durch diese Türe da drüben gehen, dann sind Sie schon drin. Tun Sie sich den Gefallen, gehen Sie. Sie werden sehen. Gehen Sie! Außerdem finden Sie dort auch einen Pilgerstempel. Auch wenn Sie sich verlaufen haben, sind Sie immer noch auf dem Jakobsweg. Nicht mehr auf

Ihrem Jakobsweg, dafür aber auf dem, der aus Schwaben nach Bregenz führt.« Na gut, überredet. Allein schon wegen des Pilgerstempels, der lockt mich dann doch sehr. Hieve meinen Bartel-Rucksack wieder hoch, deponiere ihn aber vor der Kapelle und schleiche zurück in diese Maria-Loreto-Kapelle. Der Mann ist ganz plötzlich verschwunden.

Gefangen in dem Sonnenlicht, das jetzt durch die Fenster scheint, bleibe ich beim Eingang mal wieder wie festgewurzelt stehen. Eine ganz winzig kleine Kapelle. Fast eine Miniaturkapelle mit nur ein paar Bankreihen. Versuche zu verstehen, was ich sehe und fühle. Setze mich sofort wieder hin und vergesse alles um mich herum. Unglaublich, nicht zu beschreiben. Ich versuche es auch gar nicht erst. Muss auch nicht sein, weil ich es sowieso nie, nie wieder vergessen werde. Zünde die obligatorischen zwei Kerzen an, bevor ich mich später wieder auf den weiteren Weg mache.

»Diesmal habe ich Gänsehaut. Vor allem die Geschichte von den Kreise ziehenden Wassertropfen ist mir direkt unter die Haut gegangen«, wirft Ilse leise ein. »Ja, mir ging es genauso«, erwidert Anna. »Das war wirklich ganz unbeschreiblich. Ich habe dort am Ufer gestanden, den Regen gar nicht mehr wahrgenommen und nur noch der Wandlung vom Regentropfen zum See zugschaut. Vor allem die Erkenntnis, dass nichts wirklich verloren zu gehen scheint, das hat mir sehr, sehr viel Gelassenheit geschenkt. Auch wenn sich die äußere Form offensichtlich immer wieder verändert, es bleibt die Energie oder der Kern oder wie immer man das beschreiben will. Ich sehe das jedenfalls so.«

Gerlinde fängt an, Anna zu beneiden, und denkt: »Sie hat sich auf den Weg gemacht. Anstrengungen, Angst und Unsicherheit überwunden, um am Ende irgendwie getröstet zu sein.« Wer oder was würde sie trösten? Und wer sollte das denn tun? Sie hatte ja niemanden. Die Familie von Klaus ganz sicher nicht. Die sahen sie lieber von hinten als von vorne. Da machte sie sich nichts vor. Nicht umsonst hatten sie ihr diese furchtbare Reise geschenkt. Damit war man sie auf diplomatische Art losgeworden. Wenn sie die Gene ihrer Großmutter geerbt hatte, würde sie mindestens 90 Jahre alt werden. Wie lange konnte ihr Alkoholkonsum noch gut gehen? Dass der inzwischen zu einem Problem für sie geworden war, konnte sie nicht mehr länger leugnen. Sie war fett, aber nicht blöd. Die Vorstellung, mehr als 30 Jahre noch alleine in ihrer Wohnung, ohne nennenswerte Kontakte, so weiterleben zu müssen, öffnet bei Gerlinde alle Schleusen. Sie bricht in einen nicht enden wollenden Weinkrampf aus. Die anderen reagieren mit Unverständnis. »Auch das noch! Frau Huber, niemand hat dir etwas getan. Niemand hier, der dich beleidigt hätte, nicht einmal ich. Was soll das jetzt? Reiß dich zusammen. Es ist doch schon alles schwierig genug«, stöhnt Theresa und fragt sich erneut, ob sie tatsächlich den Mut und die Lust haben würde, sich mit Gerlinde auseinanderzusetzen. Warum sollte sie sich das überhaupt antun? Gerlinde würde sie tatsächlich an ihre Grenzen bringen, eine größere Herausforderung konnte sie sich gar nicht vorstellen. Nein, eine größere konnte es wirklich nicht geben. Sie hat aber jetzt keine Kraft, um eine Entscheidung zu treffen. Nicht wissend, was die nächsten Stunden noch bringen werden, ist sie langsam am Ende ihrer Kräfte angekommen. Sie spürt die zunehmende Müdigkeit. Empfindet Feuchtigkeit und Kälte, die auch an ihren Nerven zehren. Genauso wie der faulige Geruch, der aus den Toiletteneimern kommt. Diese Nacht, die ihr alles abverlangt. Was würde sie alles dafür geben, jetzt und auf der Stelle einfach auf und davon laufen zu dürfen. Dass sie sich dies jemals wünschen würde, hatte bisher vollkommen außerhalb ihres Vorstellungsvermögens gelegen.

Alia spürt die schwindenden Kräfte von Theresa, der Härtesten unter den Harten. Die, mit der es so viel Streit und böse Worte gegeben hatte. Die andererseits aber seit gestern Abend immer wieder Zuversicht und Ausdauer bewiesen und das alles hier irgendwie zusammengehalten hat. Stark und unerschütterlich wie die Felsen da draußen. So hatte es wenigstens den Anschein gehabt. Gestern Abend hat sie Zutrauen und Vertrauen zu Ilse gefasst. Susanne und Anna haben ihr in dieser Nacht das Gefühl von Zuwendung und Freundschaft vermittelt. Und jetzt? Jetzt ist sie sogar der beinharten Theresa für die Führung durch diese Nacht mehr als dankbar. Andere Lebenswelten und -formen, Wertsysteme, die unterschiedlicher nicht sein könnten, und streitende Glaubensrichtungen waren das eine. Das andere aber war die direkte menschliche Verbindung dieser Nacht und die damit verbundene Überwindung von Vorurteilen, Misstrauen und Hass. Wachsendes Verständnis füreinander. Nicht nur durch Zuhören, sondern vor allem durch Anhören. Sogar der Beginn von Freundschaften. All das hatte die vergangene Nacht völlig unerwartet hervorgebracht.

Gerlinde beruhigt sich langsam wieder. Sie spürt, wie ihr noch immer die Tränen übers Gesicht laufen. Außerdem quält sie der Hunger immer mehr. Ihr Körper ist nun mal nicht auf Verzicht angelegt. Wann immer er Bedürfnisse meldet, Gerlinde befriedigt sie sofort und auf der Stelle. Sie traut sich aber nichts mehr zu sagen. Theresa wäre tatsächlich imstande, sie rauszuschmeißen. Andererseits würde sich Theresa damit möglicherweise strafbar machen, denkt sie kämpferisch. Es wäre im Fall der Fälle immerhin als vorsätzliche Körperverletzung anzusehen. Da kennt sie sich genau aus. Allein die Vorstellung, dem Wetter da draußen schutzlos ausgeliefert zu sein, ängstigt sie maßlos. Aber Theresa hatte versprochen, dass es Wurst und Käse geben würde, sobald es hell wird. So wie sie Theresa einschätzte, würde diese trotz allem Wort halten. Und es war fast hell, wenn sie das richtig sah. Durch die Ritzen der Wolldecken, die am Türstock hingen, konnte sie die gerade aufkommende Helligkeit erkennen. »Es wird hell«, teilt sie den anderen mit, jetzt plötzlich wieder so selbstzufrieden, als hätte sie höchstpersönlich für diese Tatsache gesorgt.

04:30 Uhr
Es wird tatsächlich langsam hell. Der Regen der letzten Nacht hatte nicht wieder eingesetzt. Die Sterne sind verblasst. Es ist noch immer wolkenlos. Bald wird auch die Sonne aufgehen. Endlich Sonne! Die Decken, die sie letzte Nacht zum Schutz vor die Türe gehängt haben, schiebt Theresa beiseite und sieht nach draußen in den beginnenden Morgen. »Es hat seit Stunden nicht mehr geregnet«, stellt sie fest und weiter: »Ich bin ganz sicher, dass wir das Schlimmste hinter uns haben.« »Na ja, hof-

fentlich ist das jetzt nicht nur Zweckoptimismus«, wirft Ilse flüsternd ein und spuckt dabei wieder Blut. »Obwohl es euch ganz offensichtlich immer noch besser geht als mir.« »Hast du wieder Schmerzen?«, will Alia wissen. »Ja, ziemlich stark sogar. Außerdem habe ich Angst. Ziemliche Angst davor, dass mein Körper tatsächlich schlappmachen könnte. Das kann ich mir im Moment überhaupt nicht leisten. Ich bin zu allem Überfluss auch noch ziemlich pleite«, eröffnet Ilse den anderen völlig überraschend. Erst totale Sprachlosigkeit, dann kommt es mit Inbrunst von Theresa: »Ach du heilige Scheiße. Das wird ja immer spannender. Ich finde, wir sollten unbedingt sofort, hier und jetzt, einen Wettbewerb veranstalten.« »Was denn für einen Wettbewerb?«, will Josefa verständnislos wissen. »Ganz einfach. Wer von uns ist die ultimative Drama-Queen dieser Nacht? Diejenige, die den ersten Preis gewinnt, wird dann später das Vergnügen haben, als Erste gerettet zu werden.« Anna lacht schallend. »Theresa, du bist einfach unglaublich. Aber im Ernst, Ilse, was bedeutet denn *am Ende* und *ziemlich pleite* genau?« »Das heißt genau, dass meine Mutter vor ein paar Wochen gestorben ist.« Ilse erzählt ihnen von den Ereignissen, die sich in den Wochen vor Antritt dieser Busreise abgespielt haben.

Ilse

Ilse kommt erschöpft aus dem Krankenhaus, in dem die Mutter vor ein paar Stunden gestorben ist. Ganz friedlich war sie am Abend eingeschlafen und am Morgen einfach nicht mehr aufgewacht. Ein schöner und leichter Tod war es gewesen. Fast schon ein gerechter Ausgleich zu den letzten Jahren, besonders zu den letzten Monaten. Natürlich ist sie traurig. Bis weit in die Anfänge der Krankheit hinein hatten sie immer ein gutes, ja freundschaftliches Verhältnis zueinander. Im Moment spürt Ilse aber nur noch grenzenlose Erleichterung darüber, dass es endlich, endlich vorbei ist. Sie ruft noch aus dem Krankenhaus ihre beiden Brüder Bernhard und Wolfgang an, um ihnen den Tod der Mutter mitzuteilen. Beide waren am Vorabend das letzte Mal im Krankenhaus gewesen. »Wir müssen die Beerdigung organisieren und die Gästeliste zusammenstellen und alles Weitere besprechen, was im Moment noch wichtig sein könnte«, hatte sie ihnen bereits am Telefon mitgeteilt und beide gebeten, am Nachmittag ins gemeinsame Elternhaus zu kommen.

»Wann habe ich den Zeitpunkt verpasst, an dem ihr euren Verstand verloren habt?«, tobt Ilse fassungslos, nachdem die erste Betäubung abgeklungen ist. »Wie hirnlos kann man eigentlich sein? Wir verlieren alles. Nicht nur das Haus hier, sondern auch die Eigentumsanteile des Stadthauses mit der Buchhandlung. Mir bleibt dann nur noch das Kellergewölbe. Was ist mit euren eigenen Häusern und Grundstücken? Sind die auch verpfändet? Oder kommt ihr mit einem blauen Auge davon? Wovon wollt ihr leben? Wie großzügig waren denn eure Entnahmen aus dem Geschäft in den letzten Jahren? In Zukunft wird es nicht mehr möglich sein, euren verwöhnten Ehefrauen und Bälgern weiterhin einen solchen Lebensstandard bieten zu können.

05:00 Uhr
»Das war der größte Schock meines Lebens«, erzählt Ilse den anderen. »Am Abend des Todes unserer Mutter haben sie mir eröffnet, dass die Buchhandlung kurz vor der Insolvenz steht. Die Buchhandlung wurde seit dem Tod meines Vaters und seit Beginn der Krankheit meiner Mutter von meinen beiden Brüdern geführt. Aber das war ja noch nicht alles. Sie erklärten mir, dass auch noch unser Haus bis auf den letzten Ziegel bereits der Bank gehört, die es zwangsversteigern lassen wird. Wenn nicht ein Wunder geschieht, sogar schon sehr bald. Angeblich gibt es einen Kaufinteressenten. Einen, der ganz versessen auf das Haus ist und glaubt, auf diese Art und Weise billig daran zu kommen.

Von dem Vermögen meiner Mutter ist kein Cent mehr da. Sie hat alles Geld meinen Brüdern geliehen. Geliehen, dass ich nicht lache. Sie war doch gar nicht mehr in der Lage, klar zu denken. Eine demenzkranke Frau, die seit mindestens einem Jahr keinen lichten Moment mehr hatte. Wer wüsste das nicht besser als ich. Sie haben sie einfach immer wieder unterschreiben lassen, und das alles hinter meinem Rücken. Mich haben sie seit Jahren völlig im Unklaren darüber gelassen, wie es wirklich um unser Geschäft steht. Aber ich bin selbst schuld. Ich habe auch nicht nachgefragt. Ich hätte mir die Quartalsabrechnungen oder Bilanzen zeigen lassen müssen. Sie hätten das Sortiment umstellen und neue Kundenkreise finden müssen. Ergänzend dazu wäre ein Onlinehandel aufzubauen gewesen. Ich frage mich, womit die beiden eigentlich ihre Zeit verbracht haben. Ich habe mit unserem Steuerberater gesprochen. Offensichtlich leider viel zu spät. Nicht nur, dass sie sich dem allgemeinen Trend nicht angepasst oder versucht haben, Alternativen zu finden, nein, sie haben sich auch noch mehr als großzügig aus dem Geschäft in Form von viel zu hohen Gehältern bedient, um die Ansprüche ihrer jeweiligen Familien zu befriedigen. Mein monatlicher Anteil dagegen war vergleichsweise nur ein Taschengeld. Irgendwann kamen sie nicht umhin, zugeben zu müssen, dass sie versagt haben, auch wenn sie sich dafür in Grund und Boden schämten. Der heilige Traditionsbetrieb, seit Generationen in Familienbesitz. Es konnte nicht sein, was nicht sein durfte. Sie waren ernsthaft davon überzeugt gewesen, sich dauerhaft gegen die Filialen der Bücherketten und den Onlineversand behaupten zu können. Wie arrogant und blind kann man eigentlich sein? Aber wie gesagt, das gilt auch für mich. Ich war so grenzenlos naiv. Ich habe ihnen vertraut. Ich bin überhaupt nicht auf die Idee gekommen, dass die Anzahl der Kunden, die Umsätze und die Gewinne zurückgehen könnten. Ich hätte nachfragen müssen! Ich habe doch die allgemeine Entwicklung gesehen! Aber ich hatte dafür einfach keinen Kopf mehr. Für gar nichts mehr. Ich selbst habe durch die Pflege meiner Mutter in den letzten drei Jahren keine Aufträge mehr ausführen können. Jetzt plötzlich wieder einzusteigen, wird verdammt schwer werden. Ich war mehr als drei Jahre weg von der Bildfläche. Abgesehen davon habe ich damals keinen besonders ruhmreichen Abgang hingelegt. Die Pflege meiner Mutter hatte oberste Priorität. Wenn die Buchhandlung Insolvenz anmeldet, verliere ich nicht nur meine regelmäßigen Einnahmen daraus, sondern auch mein Elternhaus, außerdem meine Wohnung in unserem Haus sowie mein gesamtes Erbe.«

»Was hast du denn jetzt vor?«, will Susanne mitfühlend wissen. »Zuerst einmal muss ich zusehen, dass ich schnellstmöglich wieder fit werde. Das ist das Erste. Das Zweite ist, dass ich versuche zu retten, was noch zu retten ist. Dass ich meine Wohnung verliere, damit habe ich mich inzwischen abgefunden. Auch damit, dass mein Leben zunächst nicht mehr ganz so bequem sind wird wie bisher. Keine fertigen Mahlzeiten und keine geputzte Wohnung mehr. Auch Gin und Rotwein werde ich mir in Zukunft selbst besorgen müssen. Aber das Stadthaus, in dem sich unsere Buchhandlung befindet, hat ein riesiges Kellergewölbe. Und das gehört mir. Das ist unantastbar. Das Haus gehörte ursprünglich meiner Großmutter. Sie hat die Wohnungen im Haus vor Jahren in Eigentumswohnungen umgewandelt und verkauft. Die Eigentumsrechte an der Ladenfläche und dem darunterliegenden Lager gingen zu drei gleichen Teilen an meine Brüder und an mich. Meine Brüder sind Eigentümer des Erdgeschosses, also der reinen Verkaufsfläche, die inzwischen aber auch schon der Bank gehört. Mir gehört das darunterliegende Kellergewölbe.« »Was willst du denn mit einem Kellergewölbe anfangen?«, will Theresa verständnislos wissen. »Man muss wissen«, erläutert Ilse, immer wieder von starken Hustenanfällen unterbrochen, »dass dies das frühere Lager der Buchhandlung war und seit Ewigkeiten leer steht. Inzwischen gibt es nur noch minimale Lagerbestände, die auch im hinteren Teil der Buchhandlung gelagert werden. Ansonsten wird sowieso nur auf Kundenwunsch bestellt. Dieses Kellergewölbe ist eine Besonderheit und eine Rarität. Es handelt sich nämlich um ein Kreuzgewölbe. Es gibt einen direkten Zugang zur Straße mit einem Treppenabgang, der in Naturstein gehauen wurde, mit einem besonders schönen, schmiedeeisernen Geländer. Außerdem gibt es eine riesige Fensterfront, die in lauter kleine Fenster unterteilt ist. Das Schönste aber ist die Eingangstüre. Grün gestrichen und mit Messingbeschlägen. Ich habe mir dieses Gewölbe ganz bewusst von meiner Großmutter gewünscht, weil ich schon immer ganz bestimmte Pläne damit hatte.« »Und wie sehen diese Pläne aus?«, unterbricht Anna fragend. »Ich werde dort eine Buch- und Schreibwerkstatt einrichten.« »Eine Buch- und Schreibwerkstatt? Was soll das denn sein?«, fragt Gerlinde kopfschüttelnd. »Als meine Großeltern die Buchhandlung noch geführt haben, war dies nicht einfach nur eine reine Buchhandlung, sondern sehr viel mehr. Es war ein Treffpunkt für Leute unterschiedlichster Art. Neben den Verkaufsräumen gab es noch einen ganz besonderen Raum. Er war das eigentliche Herzstück der Buchhandlung. Der sogenannte Leseraum. In dem konnte man entweder die aktuellsten Tages- oder Wochenzeitungen lesen oder in Büchern schmökern. Auf einer Anrichte standen immer Kannen mit heißem Tee oder Kaffee. Dazu gab es verschiedene Sorten von Gebäck. Dieser Leseraum hatte sehr viele Stammkunden. Nachdem mein Vater die Buchhandlung übernommen hatte, wurde dieser Leseraum abgeschafft, um noch mehr Platz für ein immer noch größer werdendes Sortiment zu machen. Ich glaube, das war bereits der erste Fehler, der in die jetzige Katastrophe geführt hat. Aber die schönen alten Tische und die Anrichte, die gibt es noch immer. Die sind derzeit im hinteren Teil des Kellers gelagert und müssten nur ordentlich aufpoliert werden.« »Das beantwortet aber nicht die Frage nach der Schreibwerkstatt«, wirft Theresa ein. »Nein, natürlich nicht. Das Kellergewölbe ist zwar riesengroß, aber durch die Gewölbeart in viele einzelne kleine Bereiche unterteilt. Ich werde mir im hinteren Teil meine Wohnung einrichten. Es gibt zwar nicht sehr viel Tageslicht, aber es wird für den Anfang voll und ganz genügen. Im mittleren Teil werde ich mein eigenes Arbeitszimmer mit all meinen eigenen Unterlagen unterbringen und auch dort wieder selbst schreiben. Aber der vordere Teil wird etwas ganz Besonderes. Es wird wieder eine kleine Buchhandlung mit ganz speziellen Themengebieten geben und außerdem ein großes Sortiment an Zeitungen und Magazinen. Vor allem aber werde ich wieder diesen Leseraum einrichten. Ein neues Herzstück, mein neues Herzstück. Ich habe damals diesen Leseraum so sehr geliebt. Ein Raum einerseits voller Stille, andererseits konnte man deutlich das Rascheln der Zeitungen hören oder die Bücherseiten, wenn sie umgeschlagen wurden. Es roch immer nach frisch gebrühtem Kaffee oder warmem Gebäck. Ich sehe meinen neuen Raum genau vor mir. Dort werde ich die Bibliothek aus unserem Haus unterbringen. Die habe ich mir nämlich gesichert. Meine Brüder haben da gar keine Chance, dafür haben sie viel zu viel wiedergutzumachen. Eine Bibliothek, ausgestattet mit den alten Tischen und der Anrichte und vielen guten Leselampen, die eine warme Atmosphäre ausstrahlen. Eine einzigartige und gemütliche Ausstattung wird es werden. So ähnlich wie die Einrichtungen der berühmten Londoner Clubs. Und damit kommen wir zur eigentlichen Schreibwerkstatt. Es wird einen weiteren Raum, ebenfalls mit einem Teil der alten Einrichtung ausgestattet, geben. Dort kann sich jeder hinsetzen und selbst schreiben. Gedichte, Kurzgeschichten, Artikel, Konzepte, Kochbücher oder was auch immer. Um dem Ganzen noch eine weitere besondere Note zu geben, werde ich Texte oder Bücher selbst binden. Außerdem werde ich Kurse anbieten, so nach dem Motto ›Wie schreibe ich das perfekte Buch?‹ oder Kurse zur Einführung in bestimmte Themenbereiche der Literatur.« »Genial«, findet Theresa. »Ein Platz der Entschleunigung, sozusagen.« »Und was sagt das Gewerbeaufsichtsamt dazu?«, will Gerlinde wissen. »Sie kann es einfach nicht lassen«, windet sich Theresa innerlich stöhnend. »Kein Problem«, erwidert Ilse, jetzt wieder stärker hustend. »Es gibt eine Teeküche noch aus früheren Zeiten und sogar eine Toilette. Das heißt, die notwendigen Investitionen zur Renovierung bleiben damit im überschaubaren Rahmen. Die Kosten für meinen Umzug werden meine Brüder zu übernehmen haben. Theresa, du hast den Nagel auf den Kopf getroffen. Es geht tatsächlich um Entschleunigung. Mitten in der Stadt ein Ort der Ruhe und Stille, in die man sich für einige Zeit zurückziehen kann. Die Welt und ihre Hektik bleiben einfach draußen. Ich werde auch wieder, so wie früher, Tee und Gebäck anbieten und natürlich Kaffee. Aber auch Sandwiches für die Mittagspause.« »Was soll so eine Entschleunigungspause kosten?«, will Anna jetzt von Ilse wissen. »Für Kaffee, Tee und Gebäck etc. werde ich das gleiche Preisniveau anbieten wie die anderen Cafés ringsherum. Ziel ist natürlich, dass ich mittel- und langfristig wieder genug Einnahmen aus der Buchhandlung erwirtschafte, um davon dauerhaft leben zu können. Wer weiß, ob und wann ich wieder ein eigenes Buch unterbringen kann. Außerdem wird mir bei diesem Konzept genug Zeit bleiben, wenigstens wieder Artikel zu schreiben. Ich hoffe sehr, dass ich meine alten Kontakte wieder aktivieren kann und man gewillt ist, meinen unrühmlichen Abgang zu vergessen.« »Na ja, immerhin hattest du ja zwingende Gründe«, wirft Susanne ein. »Als ob das jemals jemanden interessiert hätte«, gibt Theresa zu bedenken. »Dein Plan hört sich jedenfalls toll an. Allerdings ist mir noch nicht klar, welche Art von Büchern du verkaufen willst.« »Zugegeben, mir auch noch nicht so ganz«, antwortet Ilse. »Es muss sich um Themen handeln, die von den großen Buchhandelsketten nur am Rande bedient werden. Ich bin mit meiner Recherche noch zu keinem abschließenden Ergebnis gekommen.« »Wie wäre es denn mit reinen Frauenthemen?«, will Susanne wissen. »Du hast Bücher über Feminismus und Emanzipation geschrieben, dann würden sich solche Themen doch anbieten.« »Das Letzte, was ich will, ist ein Ort nur für Frauen. Das ist mir nicht nur zu einseitig, sondern einfach auch viel zu anstrengend. Das hat mir die Erfahrung der letzten Nacht nur noch einmal bestätigt. Wie gesagt, ich bin noch in der Findungsphase. Wir werden sehen.« »Hast du jetzt für den Anfang genug Geld, um das realisieren zu können?«, will Theresa skeptisch wissen. »Ja, ich habe noch Ersparnisse und die Mieteinnahmen aus der Eigentumswohnung. Die müssten für die Anfangszeit ausreichen«, erwidert Ilse. »Ich dachte, du bist pleite?«, fragt Gerlinde verständnislos nach. »Ja, so ziemlich, gemessen an der Vergangenheit. Die Einrichtung der Buch- und Schreibwerkstatt wird, wie gesagt, nicht viel Geld kosten. Wie gesagt, fast alles ist bereits vorhanden. Weiße Farbe, Holzlasur, Möbelpolitur und Reinigungsmittel, das dürfte im Wesentlichen alles sein. Ansonsten noch passende Utensilien aus dem Fundus meines Elternhauses und schon kann's losgehen.« »Wie willst du das alleine bewerkstelligen, vor allem jetzt, wo du gesundheitlich angeschlagen bist?«, interessiert Susanne. »Wie gesagt, ich muss schnellstens wieder fit werden. Aber auch dann werde ich ohne Aushilfen nicht auskommen können. Bei der Gesamtfläche des Gewölbes und den verschiedenen Räumen brauche ich mindestens ein oder zwei Aushilfen, wenigstens zu den Hauptgeschäftszeiten.«

Gerlinde kommt mehr und mehr ins Grübeln und denkt: »Die Nächste, die sich in ein unbekanntes Abenteuer stürzt.« Warum konnte sie nicht auch so sein? Was hatten sie alle, was sie nicht hatte? Sie hatte immer nur eins: Hunger.

06:00 Uhr
»Es ist inzwischen taghell und ich habe furchtbaren Hunger«, meldet sich Gerlinde, »wie war das mit dem versprochenen Käse und der Wurst?« Theresa schaut Gerlinde kopfschüttelnd an. »Kannst du dich nicht einmal zusammenreißen, so wie wir alle? Glaubst du, du bist hier die Einzige, die Hunger oder sonstige Bedürfnisse hat?« Theresa versucht, ihren aufsteigenden Ärger zu unterdrücken. Nicht ahnend, welchen Hintergrund Theresas Frage wirklich hat, antwortet Gerlinde nervös: »Das geht dich gar nichts an. Du bist nicht der Moralapostel dieser Welt und meiner schon gar nicht.« Theresa lässt sich aber nicht beirren, sie spürt Gerlindes zunehmende Unsicherheit. »Mengen von Alkohol, die bei jedem anderen zu einem Totalabsturz oder Schlimmerem führen würden. Wovon versuchst du dich abzulenken? Wovor hast du Angst? Was quält dich derart, dass du neben deinem Witwentröster offensichtlich auch noch Berge von Nahrung und Süßigkeiten in dich hineinstopfst?« Die fast verständnisvollen Fragen und der neue Tonfall von Theresa lassen Gerlinde jetzt erneut zusammenbrechen

und schon wieder in einen Weinkrampf ausbrechen. Die empfundene Ablehnung und erneute Ausgrenzung, ihre wütende Hilflosigkeit, der Mangel an Zuwendung und Nähe, aber am allerschlimmsten ist die Hoffnungslosigkeit, die in den letzten Stunden immer stärker geworden ist. All die verletzten Gefühle dieser Nacht kommen jetzt ungefiltert und ungebremst an die Oberfläche.

Gerlinde

Was hatten die anderen, was sie nicht hatte? Diese Frage lässt Gerlinde einfach nicht mehr los. Alle anderen hatten nach Schicksalsschlägen nicht aufgegeben, sondern gekämpft, und sie würden es auch nach dieser Nacht erneut wieder tun. Allen voran Ilse. Sie selbst hatte gar nicht erst versucht, ihre Situation zu verändern. Noch nie. Theresa hatte ihr am Vorabend zum Vorwurf gemacht, dass sie sich in und mit Katastrophen offensichtlich wohlfühlen würde. Vielleicht hatte sie sich ja wirklich zu sehr in ihrer eigenen Katastrophe eingerichtet. Hatte die Opferrolle nicht nur angenommen, sondern regelrecht ausgelebt. Immer hatten die anderen Schuld. Ihre Mutter, die Großeltern, die Schwestern in der Klosterschule. In ihrer Ehe war es nicht viel anders gewesen. Ihrem Ehemann hatte sie immer Lieblosigkeit und Ungeduld vorgeworfen. Wo lag ihr eigenes Versagen? Hatte sie überhaupt versagt? Was konnte sie denn dafür? Sie war damals ein Kind, das sich nicht hatte wehren können, das Angst vor allem und jedem hatte. Sie hatte sich immer wieder die Ohren zugehalten, um all das überhaupt ertragen zu können. Hatte sie vielleicht zu früh aufgehört zuzuhören? Hatte sie Chancen überhört, die ihr Leben hätten verändern können? Hatte sie Annas und Josefas Gott nicht gehört, weil sie ihn nicht hatte hören wollen? Weil es so einfach gewesen war, ihn für all ihr Unglück verantwortlich zu machen? Hätte sie dann vielleicht zugeben müssen, dass er eben nicht ein strafender, sondern doch ein liebender und barmherziger Gott ist? Es wird ihr immer klarer, dass sie sich mehr hätte anstrengen müssen. Aber sie hatte es nie gelernt, sich anzustrengen. Niemand hatte sie an die Hand genommen und ihr das Leben erklärt. Hätte sie nicht fragen müssen? Aber es war einfach bequemer gewesen, Frust und vermeintliches Unglück mit maßlosem Essen und seit einigen Monaten mit ungebremstem Alkoholkonsum zu kompensieren. Allen anderen die Schuld an ihrem Unglück zu geben. Unbewusst hatten ihr Susanne, Anna, Ilse und vor allem Theresa in der vergangenen Nacht erbarmungslos einen Spiegel vorgehalten. Natürlich mit Worten, die sie verletzt hatten. Aber sehr viel mehr damit, dass sie so waren, wie sie waren. Wie sie dachten und danach auch handelten. Jede hatte nicht nur einen Plan A, sondern wenigstens auch noch einen Plan B in der Tasche. Sie schämte sich in Grund und Boden. Alles, was sie im Spiegel dieser Nacht sah, machte sie fassungslos. Es entsetzte sie mehr und mehr. Sie würde sich Hilfe suchen. Suchen müssen! Alleine könnte sie weder die Fresssucht noch das Alkoholproblem lösen. Abgesehen davon würde es viel Zeit kosten. Aber noch mehr Mut, Disziplin und eisernen Willen. Alles Dinge, denen sie bisher erfolgreich aus dem Weg gegangen war.

Zeit! Sie würde sich die Zeit nehmen. Sobald sie wieder zu Hause war, würde sie ihren Arbeitsvertrag kündigen. Sie hatte genug Dienstjahre, um abschlagsfrei in Rente gehen zu können, hinzu kam die Witwenrente. Den täglichen Demütigungen im Amt würde sie sich nicht mehr länger mehr aussetzen. Schon gar nicht nach dem Vorfall mit der Jeans. Allein dieser Gedanke wirkte schon wie ein ungeheuerlicher Befreiungsschlag, der sie aufrichtet. Ein Schritt nach dem anderen. Damit würde sie anfangen. Sie würde anfangen herauszufinden, was tatsächlich alles in ihr steckte. Sie wurde regelrecht neugierig auf sich und darauf, was alles zum Vorschein kommen würde, sollte sie auf die Drogen Essen und Alkohol wirklich verzichten können. Sie wollte verzichten lernen, um jeden Preis. Sie wollte eine Gerlinde kennenlernen, die sich mochte und andere dann vielleicht später auch einmal.

Während Gerlinde grübelnd ihrem neuen Ich auf der Spur ist, geht es Ilse immer schlechter. Immer stärkerer Husten, mit immer mehr Blut. Alia ist verzweifelt. Nicht auch noch Ilse. Sie hat doch schon viel zu viele Menschen verloren. Welche Opfer hat sie denn noch zu bringen? Und wofür? Sie betet inständig für Ilses Leben und dafür, dass die Rettung noch rechtzeitig kommen möge.

07:00 Uhr
Motorengeräusche? Tatsächlich, sie hört immer näher kommende Motorengeräusche, die ganz offensichtlich von der oberen Passstraße kommen. Ein vertrautes Ge-

räusch, das sie inzwischen nur zu gut kennt. Es scheint ganz offensichtlich der Versorgungswagen zu sein. Theresa stößt eine Art Urschrei aus, in dem die gesamte Anspannung der letzten Nacht liegt. Mit geballter Faust hebt sie den rechten Arm und schreit noch einmal laut auf, während die anderen sich erschrocken und völlig verständnislos anschauen. »Seid ihr über Nacht taub geworden?«, schreit sie die anderen an. »Hört doch, es kommt endlich Hilfe!« »Ich höre nichts«, antwortet ihr Gerlinde und auch Anna und Susanne schütteln die Köpfe. Theresa versucht, das eben Gehörte intensiv herbeizubeschwören, aber umsonst. »Da ist tatsächlich nichts mehr. Ich habe es aber doch ganz deutlich gehört!«, beklagt Theresa bitter die eingetretene Stille. »Vielleicht war es einfach nur dein verzweifelter Wunsch nach Rettung, der dir da einen Streich gespielt hat«, vermutet Anna leise und weiter, »der Wunsch, dass endlich, endlich Hilfe für Ilse kommen möge.« Theresa wendet sich ab und schaut nach draußen in das helle Sonnenlicht. Plötzlich wird ihr bewusst, dass sie betet. »Lieber, lieber Gott, ich kenne dich nicht und ich habe auch keine Ahnung, wie man zu dir oder mit dir spricht. Aber bitte, bitte, lass Ilse das hier überleben. Vielleicht machen wir beide ja eines Tages doch noch Bekanntschaft miteinander? Ich wünsche mir so sehr, dich einmal so hören zu können, wie es offensichtlich Anna gelegentlich kann.«

Und dann hören sie es alle. Wieder Motorengräusche, diesmal kommen sie offensichtlich von oben. »Es scheint ein Hubschrauber zu sein, den sie uns geschickt haben«, jubelt Susanne. Josefa bekreuzigt sich, ein »Gott sei Dank« kommt aus tiefster Seele. Dazu kommen weitere Geräusche, diesmal wieder oben von der Straße. »Es scheinen mehrere Fahrzeuge zu sein«, kommt es überglücklich von Theresa. »Alles ist gut. Wir haben es tatsächlich geschafft. Wir haben die Nacht und die Dunkelheit überstanden. Mädels, es ist völlig egal, wer von uns nun die Drama-Queen der vergangenen Nacht ist, Ilse muss schnellstens hier raus!« »Theresa, wo wird der Hubschrauber landen können?«, will Anna wissen. »Oben auf der Passhöhe ist ein riesiger Parkplatz. Dort, wo Gerlinde und Ilse von ihrem Reisebus im Stich gelassen wurden und Susanne ihrem Thomas den Laufpass gegeben hat.«

Alia reißt sich in Windeseile ihr langes Tuch vom Kopf und springt auf. »Ich muss da raus und mit meinem Kopftuch Zeichen geben.« Das Abnehmen des ihres Kopftuches enthüllt eine Flut sehr langer, schwarzer Haare. »Was für eine wunderschöne Frau«, denkt Susanne, »und was für eine Verschwendung, all das unter diesem Kopftuch zu verbergen.« Alia versucht, sich in ihrem langen Kaftan einen Weg durch die beschädigte Gaststube und den zerstörten Wintergarten zu bahnen. Sie springt über Matsch und Geröll. »Alia, bleib hier, das ist doch lebensgefährlich!«, schreit Theresa hilflos hinter ihr her. »Die da oben müssen sofort wissen, dass wir hier ganz dringend auf ärztliche Hilfe angewiesen sind. Es geht um Leben und Tod. Es kann um jede Sekunde gehen«, ruft Alia zurück und sucht sich weiter unbeirrt ihren Weg nach draußen. Theresa unternimmt einen weiteren Anlauf: »Warte doch, sie scheinen den Weg zwischen Parkplatz und Hütte von oben runter schon freizuräumen. Die werden gleich hier sein.« Doch Alia lässt sich nicht aufhalten. Sie stürmt regelrecht zum Eingang, immer ihr Kopftuch festhaltend. Dabei stolpert sie über einen Balken, der sofort eine ganze Kettenreaktion auslöst, an deren Ende zwei weitere Balken von der Decke stürzen und sie erschlagen. Alia ist auf der Stelle tot.

Wortloses Entsetzen und fassungslose Stille. Die Fassungslosigkeit und das Entsetzen über den Tod von Alia und sowie die Anspannung der letzten Nacht lassen jede Einzelne auf die eine oder andere Art zusammenbrechen. Sturzbäche von Tränen, hemmungsloses Schluchzen und Schreie. Als Erste kommt Theresa wieder zu sich und flüstert kaum hörbar: »Da ist sie nun mehr als 3.500 Kilometer gelaufen, um ihr Leben zu retten. Sie hat Strapazen und Qualen auf sich genommen, die wir uns nicht einmal ansatzweise vorstellen können. Hat ihre Mutter unterwegs begraben müssen, ohne zu wissen, ob sie jemals wieder an ihr Grab kommen darf. Doch es hat ihr alles nichts genützt. Der Tod hat sie schließlich doch eingeholt und ausgerechnet hier gefunden. Er hat sie einfach nicht vom Haken gelassen.« »Erinnert ihr euch an das, was sie uns vom Großen Buch erzählt hat?«, fragt Josefa leise. »Vielleicht hat auch das schon sehr lange in diesem Großen Buch gestanden, dass es für sie genau hier und jetzt an der Zeit war zu gehen«, ergänzt Josefa leise, während ihr weitere Tränen unaufhaltsam übers Gesicht laufen.

Theresa steht in der Küchentüre und wartet auf die Retter, deren Stimmen sie schon hört. »Ich höre die Stimme von Giovanni«, meldet sich Josefa wieder. »Ich wusste doch, dass er als einer der Ersten hier oben sein wird.« »Dazu hat er sich zu große Sorgen um seinen Besitz gemacht«, kommt es von Theresa, die vor Erschütterung und Entsetzen fast keine Stimme mehr hat. Giovanni und seine Kameraden stützen zuerst die Dachkonstruktion und räumen dann mit Bedacht, aber zügig Schutt, Geröll und Trümmer nach und nach beiseite. So lange, bis sie sich zu dem Leichnam von Alia vorgearbeitet haben. Verständnisloses Entsetzen auch bei den Rettern und dem Notarzt, der sie begleitet. Behutsam bergen sie Alia und bringen sie nach draußen. Alle anderen folgen nach und nach unbeschadet ins Freie. Giovanni stürzt auf Josefa zu und reißt sie in seine Arme, als wolle er sie nie wieder loslassen. Theresa ist die Letzte, die sich auf eine der Bänke im Biergarten fallen lässt. Sie spürt weder die Sonnenstrahlen noch die Wärme, die sich immer mehr ausbreitet. Und sie sieht auch nicht die vielen bunten Schmetterlinge, die, immer näher kommend, um sie herum tanzen. Vorn übergebeugt, die rote Haarmähne vor dem Gesicht, den Kopf in die Hände gestützt weint sie hemmungslos, ohne sich wieder beruhigen zu können. Alias Tod war völlig überflüssig. Ihre Hilfsaktion wäre nicht notwendig gewesen. Nicht nur einen Notarzt, auch einen Rettungswagen hatten sie bereits mitgebracht. Ilse wird zunächst vom Rettungsarzt versorgt, der Entwarnung gibt. Kein Grund zu ernster Sorge. Sie wird dann aber doch mit dem Hubschrauber in das nächstgelegene Krankenhaus gebracht. Anna begleitet sie, um dann von dort aus ihre Heimreise anzutreten.

08:00 Uhr
»Also Mädels, was immer die nächste Zeit bringen wird und wie oft wir uns in der nächsten Zeit vielleicht auch sehen werden, genau heute in einem Jahr werde ich wieder hier oben sein. Ich warte dann auf euch, genau hier

in diesem Biergarten, genau auf dieser Bank und genau zur gleichen Zeit.« Giovanni dreht sich abrupt zu Theresa um: »Ist das eine Drohung oder ein Versprechen?«, will er lächelnd wissen. »Keine Sorge, das ist nur ein Versprechen, ich werde mich nie wieder in deinen Betrieb einmischen. Ich bin keine Wirtin. Mein Bedarf ist mehr als gedeckt.« »Ich wüsste nicht, was ich ohne dich getan hätte«, sagt Giovanni und nimmt Theresa ganz fest in die Arme. »Lebenslanges Essen und Trinken auf Kosten des Hauses«, verspricht er ihr dankbar. »Ich bin sicher, ich werde nicht alleine kommen. Alle hier werden wir kommen.« »Und wir alle werden dann an Alia denken. An Hass, verletzende Vorurteile, Misstrauen und verpasste Gelegenheiten. Aber auch und vor allem daran, dass es möglich ist, all das zu überwinden. Alia wird ganz bestimmt in irgendeiner Form bei uns sein. Sie wird immer bei uns sein. So, ich steige jetzt da oben in dieses Auto und dann im besten Hotel, unten im Tal, ab. Susanne und Gerlinde, ich lade euch zu dem besten Frühstück eures Lebens ein. Du, Gerlinde solltest dich noch einmal so richtig satt essen, danach kommen harte Zeiten auf dich zu. Danach will ich nur noch schlafen, schlafen, essen und trinken und wieder nur schlafen. Der Zimmerservice kann sich schon mal auf was gefasst machen. Dem werde ich heute so richtig Beine machen.«

Susanne folgt Theresa lächelnd und lässt sich von einem der Helfer den Hang hinausbegleiten. Sie wird später vom Hotel aus ihren Flug nach New York buchen. Nach ihrer Rückkehr in ein paar Wochen wartet zusammen mit Theresa die Realisierung von »Theresa's Queen« auf sie. Sie wird nach Hamburg umziehen. Was für ein wunderbares Ende hat diese entsetzliche Nacht für sie persönlich gefunden. Ihre Erschöpfung spürt sie eigentlich schon gar nicht mehr. Ilse wird wieder gesund werden. Es ist nur noch eine Frage der Zeit. Das hat ihnen der Notarzt versichert. Sie wird sich dann um ihre Buch- und Schreibwerkstatt kümmern können. Anna wird ihren langen, sandsteinfarbenen Weg mit Leben, vor allem aber mit Menschen füllen. Josefa hat offensichtlich nicht nur ihren Platz, sondern auch Giovanni gefunden. Und Gerlinde? Die hat mit dem Los »Theresa's Queen« sogar einen absoluten Hauptgewinn gezogen. Ausgerechnet Gerlinde. Theresa ist sehr gespannt darauf, wie sich ihr »Vorzeigemodel« entwickeln und präsentieren wird. Nur Alia, sie hat mit ihrem Leben einen unbezahlbaren Preis gezahlt. Oben auf der Passstraße angekommen, wartet Gerlinde ungeduldig darauf, dass man auch sie einsteigen lässt. Angesichts ihrer Fülle benötigt sie jedoch zwei Sitzplätze, sodass Theresa und Susanne sich noch einmal umsetzen müssen. Dann aber ist auch Gerlinde endlich verstaut und der Wagen setzt sich in Richtung Tal in Bewegung.

Josefa schaut ihnen wehmütig hinterher. Sie hat alle in der letzten Nacht ganz in ihr Herz geschlossen. Nur bei der Krampfhenne Gerlinde, da tut sie sich noch immer schwer. Wozu die Eile? Kein Grund, irgendetwas zu überstürzen. Giovanni hat sie nach der Verabschiedung von Theresa wieder fest in den Arm genommen. Aber so leicht wird sie es ihm nicht machen. Ganz bestimmt nicht. Sie wird auf keinen Fall nur ein weiteres Abenteuer von ihm sein. »Lass ihn ordentlich zappeln, er muss sich ein für alle Mal entscheiden!« Das hat ihr Theresa noch beim Abschied zugeflüstert. Ja, er wird sich schon ziemlich anstrengen und sich etwas Besonderes einfallen lassen müssen, um sie zu gewinnen. Aber jetzt werden sie erst einmal gemeinsam die Hütte wiederherrichten. Giovanni wird heute noch mit der Versicherung sprechen, damit schon morgen mit dem Aufbau begonnen werden kann. Auch müssen sie sich um eine neue Hilfskraft kümmern. Als Josefa an Alia denkt, laufen ihr schon wieder die Tränen über das Gesicht. Es hatte für sie beide genügend Gelegenheiten gegeben, aufeinander zuzugehen. Beide hatten sie ihre Chancen nicht genutzt.

Bei der nächsten Biegung wirft Gerlinde noch einmal einen Blick auf die Hütte und der treibt auch ihr schon wieder Tränen in die Augen. »Hör jetzt endlich mit dieser Heulerei auf, Gerlinde«, kommt es barsch von Theresa. »Susanne und ich haben Großes mit dir vor. ›Theresa's Queen‹ wird dein Leben nicht nur komplett umkrempeln, es werden sich auch ungeahnte Möglichkeiten ergeben. Freu dich darauf. Es wird zwar erst in paar Wochen losgehen, aber bis dahin erwarte ich, dass du angefangen hast, deine Ernährung umzustellen, und bereits ein paar Pfunde leichter bist.« Gerlinde ist noch immer fassungslos über das Angebot von Theresa. Ausgerechnet von ihr. Jetzt fängt sie erst recht an zu heulen. Und wie.

»Ja«, denkt Theresa, »ungeahnte Möglichkeiten, nicht nur für Gerlinde.« Auch für sie selbst und für Susanne. Die würde jetzt erst einmal für ein paar Wochen nach Amerika fliegen. Sie selbst würde in dieser Zeit den Betrieb an ihre Söhne übergeben und sich auf die Suche nach einem geeigneten Atelier oder Studio für »Theresa's Queen« machen. Den Namen für ihre gemeinsame Firma hatten sie schnell gefunden. Es war ja eigentlich nur logisch, die beiden Namen zusammenzufügen. Die passten ganz wunderbar zusammen und sagten so viel über ihr neues Unternehmen aus. Selbst das neue Logo hatte sich daraus schon fast zwangsläufig ergeben. Ein kleiner, ganz zarter Schmetterling mit einer winzigen Krone zwischen den Flügeln. Jetzt fehlte ihnen dazu nur noch ein unverwechselbares Motto, das die Besonderheit von »Theresa's Queen« hervorheben sollte. Sie machte sich darüber keine Sorgen mehr. Es würde plötzlich ganz einfach da sein. Woher auch immer. Zurück in Hamburg würde sie sich um alle notwendigen Formalitäten für die Firmengründung kümmern. Eine Gesellschaft, an der sie Susanne mit 50 % beteiligen würde. Sobald Susanne wieder zurück war, könnten sie den Notartermin vereinbaren. Was für eine Nacht. War das erst gestern Nachmittag gewesen, dass sie fast am Verzweifeln war? Vielleicht hatte der alte Herr da oben ja doch seine Finger im Spiel? Aber wer wusste das schon.

Kurz bevor der Wagen vor dem Hotel im Tal hält, hat sich Gerlinde nicht nur beruhigt, sondern sie hat auch den Wunsch und den Drang, dass alle Pläne schnellstmöglich in die Tat umgesetzt werden. Theresa würde schon dafür sorgen, dass sie nicht schlappmachen würde. Theresa würde absolut keine Schwäche oder Durchhänger dulden. Das war sonnenklar. Ausgerechnet Theresa als ihr ganz persönlicher Coach. Was für eine unglaubliche Wendung. Ab heute keine weiteren Absichtserklärungen mehr. »Machen« hieß ihr neues Zauberwort, das sie sich um keinen Preis der Welt mehr würde nehmen lassen. Jetzt würden sie erst einmal gemeinsam frühstücken, so wie es Freundinnen gelegentlich taten. Ab morgen würde alles anders werden. Bis morgen konnte sie jetzt auch noch abwarten. Nein, sie hatte schon viel zu lange gewartet. Also, warum erst morgen? Warum nicht schon heute? *Warum nicht jetzt?!* Nur der Augenblick zählt! Jetzt! Es ist immer jetzt, Gerlinde!

»Der Glaube an die Unmöglichkeit schützt die Berge vor dem Versetztwerden.« (Demokrit, 400 Jahre v. Chr.)